호러스 언더우드와 함께한 조선

호러스 언더우드와 함께한 조선

초판 인쇄 2013년 9월 16일
초판 발행 2013년 9월 23일

지은이   릴리어스 호턴 언더우드
옮긴이   정희원
펴낸곳   아인북스
펴낸이   윤영진
등록번호 204-93-08829
주소   서울시 종로구 내수동 72
       경희궁의 아침 3단지 오피스텔 1104호
전화   02-926-3018
팩스   02-926-3019
메일   bookpd@naver.com

ISBN 978-89-91042-46-9 03810

• 잘못 만들어진 책은 바꾸어 드립니다.

호러스 언더우드와
함께한 조선

릴리어스 호턴 언더우드 지음 | 정희원 옮김

아인북스

눈물을 흘리며
씨를 뿌리는 자는
기쁨으로 거두리로다

시편 126:5

추천사

'사실상 선교사들 대부분이 내가 그들에 대해 아는 한, 신실하지만 불완전한 대부분의 다른 기독교인들과 다르지 않다. 내가 판단할 수 있기로는 그들 모두가 그들의 책임이 놓여 있는 땅에 대한 깊은, 그리고 너무도 강렬해서 저항하기 힘든 압도적인 확신 하에서 외국 땅으로 떠나왔다.'

—『초기 개신교 선교사의 시와 헌신』 선교사도 사람이었다(8장) 중에서

지금까지 초기 개신교 선교사들의 글을 많이 접하였지만, 여자로서 이렇게 마음에 와 닿는 책은 없었다. 원서 『With Tommy Tompkins in Korea』 제목처럼 이 책은 언더우드 1세 부부의 외아들인 원한경의 성장을 자세히 기록한 소중한 자료이다. 서구인의 시각으로 볼 때 문명이 발달되지 못한 조선, 위생적으로 청결치 못한 조선에서 아들을 키우는 의료선교

사이자 어머니로서의 시각이 두드러지게 잘 드러난다.

이 책을 읽으며 가장 공감했던 부분은 하나님의 소명을 받아 한국에 왔지만, 갈등하는 어머니의 모습이 드러나는 문장들이다. 하나님의 소명을 받고 신혼여행조차 포기하고 결혼 후에 한국에서 와서 의료 선교 활동을 하던 릴리어스 호턴 언더우드는 무엇보다도 한국의 위생환경이 매우 견디기 힘들었을 것이다. 전염병이 창궐하는 시기에 시신이 있는 옆방에서 하룻밤을 지낸 언더우드 부인이 나중에 알고 놀라움을 표현했던 문장들은 이와 같이 위생적으로 견디기 힘든 상황을 잘 대변해준다. 환경이 열악한 상황에서 아이를 키우는 일은 언더우드 부인이 무엇보다도 힘든 생활의 어려움이었을 것이다. 살균 처리되지 않은 우유를 그냥 먹여 설사하는 아들을 보며 고통을 느꼈던 언더우드 부인, 어쩌면 이런 상황은 어머니로서 도망가고 싶었던 상황일 수도 있다.

아들 토미의 정체성 문제도 언더우드 부인의 고민 중 하나였다. 한국에서는 외국인 아이로 한국 아이들과는 진실로 동화될 수 없는 아이지만 모국에서도 토미가 아시아에서 태어났다는 그 이유 자체로 미국 아이들에게 '칭키, 칭키, 차이나맨!'이라 놀림 받는 모습은 그야말로 어머니로서 아이를 위해 중대한 결단을 내려야만 하는 상황이 아니었을까 하는 생각이 든다.

이 책은 어머니이자 선교사로서 열악한 상황에서 아이를 키우는 고민과 갈등, 그리고 무엇보다도 이와 같은 갈등을 현명하게 해결해나가는 언더우드 부인의 모습이 잘 드러난다. 유년 시절의 애칭이 토미, 어린 시절의 애칭 브라운 아이즈, 청소년 시절의 이름은 해리이자 한국 이름 원한경인 아들의 성장 과정을 기록한 글을 통해 이런 어려움을 현명하게 풀어가는 언더우드 부인의 모습을 엿볼 수 있다. 어머니의 따뜻한 애정으로 정체성의 어려움을 겪을 수도 있는 아이를 훌륭한 교육자, 특히 아버지의 뒤를 이어받아 일제 강점기 시대에 연세대학교를 보존해 나간 인물로 만들었다. 현재 개발도상국이나 미개발 국가로 선교를 나가 아이들 문제로 고민하고 있는 선교사들이 있다면 이 책을 강력하게 권하고 싶다. 비록 시대는 다르지만 선교사로서 겪어야만 하는 육아의 문제를 현명하게 해결하는 언더우드 부인의 모습을 통해 선교사로서의 비전을 잃지 않고 아이를 돌보는 예증을 찾을 수 있다.

  이 책의 다른 특징은 여성 저자만이 가질 수 있는 그 당시 여성과 아이들에 대한 시각이다. 결혼한 여자가 기독교 신자가 되어 시댁의 미움을 받아 쫓겨나는 상황에 대한 묘사라든가, 어린 나이에 결혼하는 신랑과 신부의 모습을 통해 결혼 후 일만 해야 하는 조선 여자들에 대한 묘사, 여승에 대한 묘사 등 일생을 힘들게 살아가야만 하는 여성들에 대한 연민이 본문에 잘 나타나 있다. 아이들에 대한 시각 역시 마찬가지이다. 폰 가베라는 조선 아이를 입양하여 자신의 아이처럼 키우는 조선 아이의 어머니로서 언더우드 부인이 느끼는 가난한 조선 아이들에 대한 각별한 사랑, 그 장면에서 드러나는 언더우드 부인의 연민과 사랑은 우리가 그분을 사랑하고 존경해야만 하는 바로 그 요소인 것이다.

  이 책은 또 초기 개신교 선교사가 한국에서의 삶을 찾아볼 수 있는 역사적으로 귀중한 사료(史料)이기도 하다. 명성황후의 개인적인 시의로서 일본의 침략을 바라보는 냉철한 시각도 보여줄 뿐 아니라, 1900년대 초 조선의 풍습, 그리고 남편과 함께 방문했던 한국 곳곳의 여행지 묘사, 그리고 중국과 일본 등 그 시대의 풍습을 읽을 수 있는 귀중한 사료이다.

  마지막으로 이 같은 소중한 사료를 번역한 정희원 씨에게 감사를 드린다. 선교사들의 글을 번역하고 출판하는 것은 지금과 같은 출판 현실에서는 거의 헌신에 속한다. 한국의 기독교인으로서 우리의 기독교 뿌리를 찾는 것이 매우 가치 있고 중요한 일이다. 이런 상황에서 헌신적인 마음으로 이 책을 출간한 아인북스에도 감사를 드리며 앞으로도 이와 같은 소중한 사료가 계속 출판되기를 바라는 마음이다.

이현주(감리교신학대학교 교수)

차례

추천사 5
머리말 13

1장 소년의 탄생　　　　　　　　　　　　　　　15

시차 • 조선인 어머니들 • 캡틴의 인내 • 톰킨스가 조선인이었더라면
서구인들의 사치 • 엉망진창 뒤죽박죽 • 조선식 성 • 알파벳
조선 암소에게서 우유 짜기

2장 소년이 본 것　　　　　　　　　　　　　　　39

조선의 기와장이 • 캡틴의 집 • 정원 • 조선의 꽃 • 조선의 채소 • 가정생활과 병고
조랑말과의 씨름 • 엔타이에서 휴가 • 조선 또는 대한 • 톰킨스 가계와 혈통
크리스마스 파티 • 트리 장식 • 모두를 위해 중요한 것 • 게임 즐기기

3장 폰 가베　　　　　　　　　　　　　　　　　75

그 아이는 살아날 것이다 • 점점 더 미국인이 되다 • 애완견 패니
조선 토종개의 쓰임새 • 캡틴의 귀가 • 미국으로

4장 조선 아이들의 생활 95

다시 일터에서 · 강인한 조선 어린이들 · 천연두 귀신 · 어린 간호사들 · 전쟁의 폭음
톰킨스의 생일 · 얼룩말 · 중국식 연극 · 브라운 아이즈의 친구들
조선 소년이 하는 일 · 소녀들이 하는 것 · 빨간 앞치마 · 학교에서의 조선 소년들
조선 소녀들을 향한 희망

5장 선물로 쓰는 글 129

브라운 아이즈의 오두막 · 휴식의 위안 · 마을 주민의 식생활 습관
먹다(eating)의 조선식 의미 · 조선인의 축일과 휴일 · 조선의 새해맞이 관습
여름 축제 · 조선의 묘지 · 땅 매입의 어려움 · 난감한 상황의 돌파구
언더우드, 승소하다 · 브라운 아이즈의 양심 · 소년의 믿음 · 소년의 도움

6장 브라운 아이즈 161

브라운 아이즈의 몇 가지 교통수단 · 국왕을 알현하다 · 두 명의 마술사
크리스마스 양말 주머니 속의 선물 · 상자를 열어보니 · 크리스마스 파티
매일 일상의 고된 일 · 성서 번역 · 연례행사, 조선 관광과 시찰 · 음악은 매력이 있다

7장 조선 유람 187

위험한 다리 • 기독교인 신부가 겪는 고난 • 어느 도박꾼의 회심 • 유 씨와 그의 책
억지로 기도하는 사람들 • 여행 중의 여러 숙소 • 고인을 모셔 놓기 • 한 영웅적 여성
마을 주민들이 장기를 둔다

8장 강가에서 211

언더우드가 가장 좋아하는 경관 • 거룩한 고요함 • 산이 보여주는 경관
집 페인트칠하기 • 선교사도 사람이었다 • 콜레라 치료하기 • 해리, 백일해 병을 얻다
어느 강도의 침입 • 맹인들이 오다 • 궁극적인 평화

9장 비 오는 계절 237

승려와 여승 • 수영하며 • 힘겹게 전진 • 운송 수단 나룻배 • 5월에
블라디보스토크에서 • 정원 수호하기 • 소풍 장소 • 이별을 말하다 안녕!

10장 꼬마 신랑들 259

이방인 소년 • 소년과 황제 • 옛 영광에 기인하여 • 꼬마 유부남 • 신부의 결혼식 복장
결혼식 의례 • 신부의 운명 • 좋지 않은 소식 • 떠남 • 보상 한 조각

11장 일본과 중국으로   283

관리가 부실한 호텔 • 일본의 어느 도로 • 그림 같은 땅 • 호텔의 온천
어느 험난한 여행 • 상하이에서 쇼핑하기 • 느리게 운전하기 • 인력거 타기
교회 방문 • 꼬마 정치인들 • 스켄자 타기 • 노새는 노새가 될 것이다
황량한 중국 북부 • 최선을 이끌어 내기 • 진정으로 굶주린 • 또 한 명의 언더우드

12장 살림하기   319

건포도와 크래커 • 가정의 문제 • 실수투성이 만찬 준비 • 기쁜 안도감 • 진정한 환대
음울한 경관 • 화가 난 가마꾼들 • 가마꾼의 습성 • 떨어져 내린 오두막 지붕
친절히 그러나 박력 있게 • 구덩이에서 탈출 • 조선의 명문가들 • 인삼 재배
우리의 집, 서울로

13장 소년들의 기독교 공려회   351

집을 팔다 • 새로운 집 • 왕자 전하의 방문 • 해리의 놀이 친구 • 전쟁의 나날들
전시 풍경을 바라보다 • 일본의 격식 • 미군과의 만남 • 세계적인 아이들
여러 소년 선교사 • 아이들을 위한 집 • 야만의 부랑자들 • 희생과 씨앗

부록 호러스 언더우드 연보 383

머리말

동양에서 서양인이 살아가고 있는 매일의 삶과 가정생활을 구체적으로 기술해 달라는 요청으로 인하여 나는 조선의 친구들, 그리고 실제의 한 소년과 그의 가정이 현실에서 겪는 경험들을 성실하게 자세히 묘사하려고 노력해왔다. 그런가 하면 조선인의 가정생활을 상당히 많이 글로 엮었고 조선인 대다수의 관습에 대한 자세한 진술도 기록해 두었다. 그들의 관습, 말하자면 출생, 죽음, 결혼, 종교, 축제일 등 우리와는 대조되는 모습들을 적었다.

내가 기록한 언더우드 가정은 마치 특혜를 누리듯 훨씬 삶의 조건이 좋았을지도 모르겠다. 그들은 가장 흥미로운 조선의 수도에서 삶을 꾸려 왔으며, 그들은 앞서 말했듯이 상세하게 그 삶이 기록되어 알려지지 않은 것만큼이나 언더우드 가의 실험적인 조선 생활에 대한 이야기는 매우 적은 것이 사실이다.

이 책을 통해 행복한 서양인 꼬마 소년의 가정과 어둠속에 태어난 동양의 가난한 어린이들을 비교해 대조적인 삶을 보여주고 싶다. 그럼으로써 독자의 가슴은 아마도 질문을 던지게 될 것이다. '어떻게 해야 이 조선의 어둠이 변할 수 있을 것인가' 그리고 '이와 관련해 나는 무엇을 할 수 있는가'라는 질문은 우리 전체에 던져진 질문이기도 하다.

1905년 8월
서울에서 릴리어스 H. 언더우드

1

소년의 탄생

일러두기

1. 미국 기독교 선교사였던 언더우드(Horace Grant Underwood, 元杜尤, 1859~1916)의 외아들인 톰킨스의 본명은 호러스 호턴 언더우드(Horace Horton Underwood, 元韓慶)이고 토미 톰킨스(Tommy Tompkins)는 조선 사람들이 무례하게 부르는 이름이었다. 그 외에도 브라운 아이즈, 해리로 불렸다.
2. 성경구절은 대한성서공회의 개역개정판을 따랐다.

시차

＼

　미국인 갓난아기가 오래된 나라 조선에서 막 태어났다. 이 아기는 태어난 지 두세 시간밖에 안 될 만큼 어린 신생아다. 그런데 나이 계산 방식이 조선과 미국은 많은 차이가 있다. 민족과 국가가 마치 이 아기처럼 성숙하지 않았을 때 나이는 이야기하기에 민감한 문제가 된다. 내가 너무 짤막하게 추측한다면 누군가는 감정이 상할지도 모른다. 그래서 나는 곤란한 주제들을 다룰 때 항상 그렇듯이 이 문제에 관하여 어느 정도 너무 완고하지 않은 태도를 취할 것이다. 이는 수천 년의 역사를 지닌 오래되고 낡은 조선이란 나라를 말해 주는 것일 뿐이다.

　미국인 아기 톰킨스(Horace Horton Underwood, 1890~1951. 미국의 선교가이며 교육가)가 조선에 오게 된 경위는 다음과 같다. 아기는 앵글로 색슨이라 불리는 종족이며, 이 종족의 특성은 결코 고향에서 머물러 사는 것에 만족하지 않고 지구를 이리저리 왔다 갔다 이동하면서 살아왔다. 이 꼬마의 조상은 지금으로부터 200년 전 영국을 떠나 네덜란드와 스코틀랜드를 거쳐 대서양을 건너 종교적, 시민적 자유를 얻기 위해 미국 땅으로 왔다. 이 아기의 부모는 마음에서 이와 동일한 정신이 불일 듯 샘솟아 태평양을 건넜고 그 종교를 노예 생활을 하는 민족에 전해 주기 위해 이곳에 온 것이다. 그래서 토미 톰킨스(Tommy Tompkins, 사람들이 무례하게 부르는 이름)도 부모와 함께 이곳에 오기로 예정된 운명이었다.

 그가 대단히 중요한 존재는 아닐지도 모른다고 여러분은 말할 수 있다. 그러나 속단은 하지 마라. 우리들의 마음과 집, 그리고 우리가 아름다운 구약에서 읽는 것 가운데 이집트에서의 이야기라든지, 아니면 이곳 조선에서 방방곡곡에 찬란한 빛을 발산시킬 거룩한 가정에서 아기란 존재는 어려운 것을 손쉽게 얻도록 하는 매력을 발산한다. 예수께서 중심에 계시고, 그 가정의 규범, 생각과 행동에 계시므로 어떤 가정이든지 거룩하지 아니한가? 물론 그 가정에 한 명이라도 아기가 없다면 결코 완전한 가정이 아니다. 톰킨스의 부모는 아무튼 아기가 한 가정을 완전하게 만드는 데 꼭 필요하다는 생각이었으며, 하나님께서 톰킨스를 주시기 전까지는 한 아기를 입양해 기르고 있었다. 아마도 이 상황이 적절하지 못하다고 볼 수도 있겠지만, 입양한 아기 역시 확실히 하나님께서 주신 것이 틀림없다. 어떻게 될지 모르는 가난하고 작은 고아를 우연히 발견했을 때, 여러분에게는 풍요로운 가정, 음식, 그리고 사랑이 넘쳐 나고 있다면 하나님께서 그 아이를 보내시지 않았다고 이야기하는 것은 불공평하지 않은가?

하나님은 따뜻한 보금자리를 완성할 기회를 잡으려 애쓰며 자신을 행복한 가정 속으로 이끌어 가는 많은 사람들에게 바로 그런 작은 생명을 보내주신다. 그들은 하나님의 방식으로 작은 생명을 바라보려 하지 않는 것뿐이다. 나는 그들에게 조금도 유감이 없지만, 그 사람들이 아기가 있는 온전한 가정을 꾸리게 되지 않는다면 반쪽짜리 삶을 가지고 행복하려고 애쓰면서 둘로 나뉜 점점 더 이기적인 독립체로 자라날 것이다. 나는 바로 여기서 다른 이야기를 좀 하고 싶다. 톰킨스가 태어나기 전에 그들이 받아들인 하나님이 보내 주신 첫 번째 아이에 관해서인데, 이 아이 폰 가베(Pon Gabe, 1881~1950. 우사 김규식으로 추정된다. 옮긴이)에 관한 이야기는 머지않아 곧 말하려고 한다.

그럼 먼저 톰킨스 이야기부터 말하면 그는 태어난 지 두세 시간밖에 되지 않았다. 그러나 나이는 기묘한 것이다. 톰킨스는 아시아, 즉 조선에서 9월 6일 새벽 2시에 태어났다. 반면에 9월 5일 오후 3시에는 미국 시카고에 있는 톰킨스 어머니의 친구 집에 또 다른 아이가 태어났다. 그러나 우리 영웅이 먼저 생명을 받았다. 태양은 이 세상에서 가장 영광스러운 나라에서 추방당하여 특권을 박탈당한 채 극동에 사는 사람들의 소유에 몇 시간을 덤으로 채워 줌으로 보상을 해준다. 이에 관해 우리는 처음엔 그리 중요하게 생각하지 않았지만 몇 시간 그리고 몇 분은 사람이 나이가 들고 성장해 갈 때나 우리의 시간 잔고가 줄어들 때 가치가 증가하는 유용한 것이다. 시간은 수백만 달러를 주고도 살 수 없는 것이며, 세상의 많은 왕들도 수백만 시간을 얻을 수 없으며, 심지어 한 왕국도 한 시간조차 소유할 수 없다. 내가 말했듯이 톰킨스는 나이가 더 많았다. 그러나 여러분이 달력을 본다면 그는 시카고의 소년보다 어리다. 그는 틀림없이 토요일 아침에 태어났고, 다른 한 소년은 금요일 오후에 이 세상에 태어났다. 이렇게 본다면 톰킨스는 여덟 시간 어리다. 그렇지만 실제로 톰킨스는 이 오래된 지구에 시카고의 소년이 태어나기 전에 여러 시간을 앞서 도착한 것이다. 천구의 자오선이나 시간표는 이 사실이 옳다는 것을 증명해 줄 것이다.

톰킨스의 짐은 태어나기 한 달 전에 도착했다. 할아버지와 할머니가 굉장히 크고 중요해 보이는 패킹 상자 안에 짐을 넣어 보냈고, 아기 유모차가 상자의 큰 공간을 차지하고 있었다. 유모차는 온통 스프링과 쿠션, 레이스와 실크로 된 큰 파라솔로 되어 있었다. 이것을 보낸 조부모의 말로 다 표현하기 어려운 사랑스러움과 기분 좋은 탄성에 이끌리어, 아기를 이 안에 앉히니 유모차 안의 톰킨스가 어떻게 보이는지 설명하기 위해서는 온갖 말을 다 갖다 붙여야 할 정도였다. 그는 아주 행복한 천사 같았다! 아기가 까르르 웃으며 두 손을 마주치고 스프링 시트 안에서 꼼지락거리자 아기를 둘러싼 주변이 온통 찬란한 후광으로 가득했다. 이 유모차에 얽힌 이야기가 또 하나 있다. 유모차는 13년 동안 사용했으며 무려 다른 다섯 가정의 아기 아홉 명에게 충실히 사용되었다. 톰킨스가 첫 번째 주인이었고 이 유모차를 다른 아기들에게 물려주었다. 큰 짐 속에는 이와 비슷한 상자가 하나 더 있었는데 아기 옷 네 개가 담겨 있었다. 얇은 소재로 된 우아하고 섬세한 아기용 드레스, 아주 작고 앙증맞은 아기 모자들, 온통 레이스와 루슈 장식(천을 겹겹이 접어 끈을 잡아 죄면 생기는 주름 장식 옮긴이) 리본이 가득 달려 있었다. 부드럽고 솜털이 뒤덮인 보송보송한 작은 재킷, 분홍색과 흰색, 푸른색 울과 하얀 실크로 만든 화려하고 고급스러운 조그만 가운, 아기용 숄과 담요, 아름다운 수를 놓은 푹신푹신한 쿠션과 베개, 유모차 덮개와 내가 보기에 외출용인 듯한 우아한 망토들도 들어 있었다. 그러나 모든 것 중에 가장 정교하고 기묘한 것은 실크로 짠 아주 세미하고 조그마한 아기 속옷이었다. 마치 이것들은 응접실 액자에 넣어 걸어 놓아야 할 것 같았다. 원 목사 부부는 가정의 격이 높아진 것만 같았고 이제 어린 왕이 왔으며 그의 물건들이 실제로 여기에 있다.

빛나는 한 존재가 집안을 곰곰이 되돌아보게끔 하고 있다. 기쁨으로 모든 것이 찬란해진 거룩한 경외감이 그들의 마음을 가득 채웠다. 이 물건들은 모두 조심스레 서랍장에 넣었고, 거의 매일 작은 성지순례를 하게 해주었다. 우리는 서로 손을 맞잡고 경건하게 서랍장을 열고, 사랑스러운 손길로 이 작은 물건들 하나하나를 부드럽게 다루고 펼쳐 보았으며, 빛나는 눈길로 서로 바라보며 행복한 긴 한숨과 함께 입맞춤을 하고 조심스레 서랍장을 닫은 뒤 자리를 떴다.

원 목사 부부가 매우 바보스럽지 않은가? 그래서 그들 부부에 대해 말하는 것이 부끄럽기까지 하지만 부부는 매우 행복했고 나는 그들 부부가 기꺼이 바보가 되는 것에 개의치 않는다고 생각한다.

조선의 어머니들

\

조선에서 어머니는 자기만의 이름이 없다. 그녀는 한 아이의 어머니일 때 'Mrs. 아무개'도 아니고, 심지어 '도야지 어머니(Toyagi Amonni)'라든가 '잘생긴 그 녀석 어머니' 등으로만 알려져 있다. 여러분은 이렇듯 조선인은 한 여성이 누군가의 어머니가 되는 최고의 영예에 대해 무지하거나 폄하하는 것을 볼 수 있다. 그들은 미개하여 아주 많이 계몽되고 교육받아야 할 필요가 있다. 그러나 우리의 어린 미국 아이가 조선에서 살려고 왔기 때문에 나는 조선 관습에 따라야 하고 그의 어머니를 '톰킨스 어머니' 또는 '어머니'로 부르게 될 것이다. 내가 알기로 그녀 자신은 별로 거리낌이 없을 것이다. 사실 그녀는 너무나도 현지화 되어 있기 때문에 그런 것도 진정으로 자랑스럽게 여기고 그 자랑스러움을 표현할 것이라 믿는다. 하지만 내가 말하려고 했던 것은 톰킨스 엄마는 미국에서 건너온 모든 매력적이고 앙증맞은 아기 용품들에 만족하지 못하는 마음이 강해서, 아기 왕 톰킨스의 신분에 걸맞은 물건들을 손수 만들고 싶었다. 그래서 하루 종일 앉아서 황홀할 지경인 무늬가 새겨진 옷감들을 마르고 잘라서 기묘하고 정교한 작은 요크(장식용으로 덧댄 어깨나 허리 꾸밈 또는 조여지는 부분 옮긴이)와 소매를 만들고, 여기에 앙증맞은 자수를 놓고, 바늘땀이 들어가는 순간마다 한 땀 한 땀 사랑을 담았다. 얇고 찢어지기 쉬운 옷감이 덧댐 장식과 자수가 더해지면서 튼튼해질 때까지 말이다. 그녀는 이 일을 하면서 최고로 기쁜 잔잔한 전율이 등골을 타고 흘러내렸고, 이따금씩 너무 행복해서 잠시 일손을 멈추고 꿈에 잠기기도 했으며 한두 번씩 그녀의 심장은 너무도 충만하고 벅차올라 기쁨이 최고조에 달해, 두 뺨을 반짝반짝 빛나게 했다. 이런 고슴도치 엄마가 있다니! 또, 한 벌로 입힐 수 있는 옷에는 주머니 두 개가 달려 있어, 하나는 톰킨스의 배설물을 가득 받아 내는 역할을 했으며 온통 핑크색 실크와 리본, 하얀 레이스가 가득 달려 있었다.

이 물건들은 아기 방의 가장 아늑한 구석, 아기가 차지한 성스러운 곳에 놓여 있었다. 그리고 여기에는 또 다른 것이 있었다. 조선인들이 시렁이라고 부르는 것으로 과일이나 채소를 담아 두는 곳이다. 그러나 선교사 부부는 이것을 아기용 침대로 사용했기에 시렁은 제법 역할을 다 했다. 이 안에는 바닥을 인위적으로 만들어 붙들어 매고, 부드러운 모슬린과 잘 마름질한 주름 장식, 결이 고운 면으로 만든 바닥까지 길게 늘어뜨린 침대보, 손바닥만 한 시트와 담요들, 아기 베개가 그 안에 정돈되어 있었다. 그리고 캡틴(톰킨스 아빠의 별명)은 자신의 침대 곁에 이 아기 침대를 놓아두기로 했다.

캡틴의 인내

＼

캡틴은 때로는 고압적이고 타인을 지배하려는 쪽으로 마음이 기울었던 것을 회개했고 실제로 이 문제점을 많이 드러내기도 했다. 그는 영향력과 힘 있는 자들 사이에서 이러한 태도 때문에 관계가 손상되기도 했다. 그러나 캡틴은 자기 방식을 고집했다. 내가 추정하기로 이런 문제는 그들이 조선에서 지내고 있었기 때문에 발생한 것이었다. 이미 말했듯이, 사람들은 어디에서 살고 있는가에 영향을 받고, 조선은 절반만 개화되고 문명화되었으며 낯선 관습과 의례들이 현지에 존재했다.

말하자면 옛적에 쓰인 성경만큼이나 구식으로 조선에서 남자들은 실제로 가정의 지배자가 되어야 마땅하며, 남자가 어디서나 자기 방식대로 행동할 수 없다면 그는 자신이 처한 곳에서 그런 권력을 꼭 쟁취해야만 한다고 믿고 있다. 이것이 바로 내가 남편을 '캡틴'이라고 부르는 이

유다. 그런데 톰킨스가 태어난 뒤로 그는 가사의 대부분을 담당했으며 아기의 배가 아플 때 치료하고 돌보는 일도 맡았다. 그리고 항상 아기를 스스로 돌보는 일을 포함해 이 위대한 특권에 따르는 부담과 짐을 기꺼이 감당하는 것을 내가 확인했다. 나는 남편이 인정받을 만하다고 본다, 안 그런가?

남편이 이 고귀한 일을 감당하도록 기다리는 동안 일하는 사람을 두기도 했다. 나이가 어리고 몸이 마른 조선인 여자였는데 키가 150센티미터도 안 될 만큼 작고, 모든 옷을 항상 흰옷으로 입고 걸을 때 전혀 발소리가 나지 않는 발목까지 오는 작고 하얀 버선을 신고 다녔으며(조선인은 문밖에 신발을 벗어 두고 들어온다), 정직하고 믿음직하게 보이는 창백하고 순한 얼굴을 하고 있었다. 톰킨스 엄마는 그 여자에게 한 달에 2달러와 순금 반 돈을 지불했는데, 이 고용료는 일본 돈으로 5엔이었다. 5엔이면 당시 기묘하고, 작고, 놋으로 만든, 중앙에 구멍이 나 있는 조선 동전(한 개에 현금 5전) 600개의 값이었다. 이 600개의 동전은 모두 실에 꿰어져 있었고 굉장히 무거워서 그녀는 집에 갈 때 남편을 오게 하여 운반해 갈 지경이었다. 물론 그녀는 자기 집에서 살고 있었으며―작고 어두컴컴한 오두막이 그들에겐 '집'으로 불린다―그렇게 상당한 봉급을 받아 생계를 해결했다. 그 여자는 이제 부자가 되었고 가족을 부양하는 중요한 사람이 되었다.

내가 이처럼 길게 설명했듯이 톰킨스는 이제 갓 태어났고 모든 것이 고요하고 평화로웠으며 캡틴을 제외하고 모든 이들이 만족스러워했다. 캡틴은 현재 상황이 어느 것 하나라도 올바로 돌아가지 않는 것을 잘 알고 있었고, 그는 선교 보고로 북미의 선교사들에게 아시아의 상황에 대한 정보를 전달해야 하는 임무는 평화라는 의미에 걸맞지 않게 위선적인 저 장구한 태평양 한쪽 편에 있는 대륙의 전시체제 때문에 기다리고 지켜보면서 잘 해결되지 않았다(북미대륙의 전쟁으로 전보 시스템이 제대로 작동되지 않았다는 뜻으로 추정된다. 톰킨스가 태어난 1890년은 세계열강이 제국주의적 전쟁을 전 세계적으로 벌이고 있었다. 특히 이 시기에 영국이 북미대륙을 장악하기 위해 프랑스, 스페인, 네덜란드 등의 열강과 전쟁을 벌이고 있었다. 옮긴이). 그는 북미 선교사들에게 아시아에서 일어나고 있는 중요한 사건에 대한 정보를 통지할 수 있을 때까지 기다려야만 했다. 그리하여 캡틴은 태양이 떠오르기 전 한밤 내내 계속되는 길고 긴 기습 공격들과 관련해 가치 있는 헌신을 하느라 바빴다. 형편없는 느린 전보 시스템을 통해 소식을 전송하는데 서해와 유럽을 가로질러 시베리아와 저 멀리 격동하는 대서양 중심부를 통과해 흔적을 남기지 않게 비밀스럽게 전보를 치느라 두렵고 떨리는 신성한 말씀, 그 오래된 평화의 메시지를 보냈다. 한 가정과 국가에 전해질 때마다 언제나 언약 안에서 가장 달콤하고 풍성한 그 메시지를.

"우리에게 한 아기가 태어났습니다. 우리에게 아들을 주셨습니다."

톰킨스가 조선인이었더라면

\

조선인들은 아기를 좋아하지만 그 작은 꼬마에게 귀를 기울이는 사람은 아무도 없다. 심지어 이 땅에서는 남녀를 불문하고 아이들이 살해되기도 한다. 이 꼬마들은 가끔씩 돼지, 꼬챙이, 애물단지 등으로 불리기도 하고 그밖에 흉한 이름으로 불린다. 그들에게 상처를 줄 가능성이 있어 우리에게 오는 모든 조선인에게 시기심을 유발하지 못하도록 더 많이 그들을 환영해줘야 할 것 같다. 그리고 한 가지 규칙을 정했는데 특별히 그 어린이들을 더 총애해주고 어느 정도까지는 응석을 받아주기로 하였다. 마을 주민들의 많은 관심 속에서 조선인이 사용하는 정확한 출생 시각을 음력으로 알려주면 점쟁이들은 톰킨스의 앞날에 대해 알맞은 점괘를 말해 줄 텐데, 그럴 수는 없다.

우리 집 대문과 겹겹이 잠금장치로 된 입구도 꽉 닫아 가족이 아니면 아무도 못 들어오게 해야 하지만 우리는 그러지 못했다. 톰킨스 엄마는 산후 3일 만에 일어나 7일째 되던 날 방에서 자리를 옮겼다. 14일째 되던 날은 누군가의 스물한 번째 생일이라 엄청나게 즐거운 축하 행사가 있었고 톰킨스가 100일이 되던 날에는 독특한 종류의 빵과 질 좋은 쌀과 밀가루로 만든 케이크를 곁들인 잔치가 벌어졌다.

그런데 아, 어쩌면 좋아! 톰킨스는 단지 한 미국인 남자 아이, '외인(wayin)'이어서 우아하고 위풍당당한 조선식 축하 의례인 화려한 광경은 우리가 아무것도 볼 수 없었다. 만약 톰킨스가 조선인이었다면 톰킨스 아버지는 조상을 기리는 음식상 앞에서 절을 해야 하고 가문의 전통을 계승하며, 조상에 대한 기억을 생생하게 되새겨야 하고 이 영적 세계에 소원을 비는 의식을 치르도록 요구받았을 테지만, 거창한 의례 잔치 중에 어느 것도 톰킨스에게는 해당되지 않았다. 숱하게 들어왔던 대로 단지 '백인에게는 부담스러운 짐'이었을 뿐이며, 이 잔치가 의미하는 바가 있다면 갈보리 십자가 수난에 걸린 인자의 슬픔에 의해 전파되는 중요한 무엇이 되어야만 한다고 생각할 뿐이다. 또한 톰킨스가 이런 조선의 풍습에 기절할 것 같을 때면 흑인 동료들의 말대로 흑인 형제들과 나눠 짊어졌기에 덜 무거웠던 짐일 뿐이다. 조선인들과 같은 그런 부담이 아니다. 오, 그렇지 않다. 이 부담들은 단 한번, 단 한 분이신 주님이 짊어질 뿐, 결코 짐이 되지 않았다. 슬픔과 고통, 허물, 인간의 죄와 같은 그런 종류가 아니라면! 아아, 아가야 그런 짐과 부담과 책임은 너의 요람에서부터 기다리고 있었단다. 너는 아직 그것을 느끼지 못할 것이다. 그러나 그것은 기다리고 있을 것이며 인내를 요구할 것이지만 어느 날 너는 여기에서 벗어날 것이다. 톰킨스야, 이것들은 슬픔이라는 고독의 그림자가 드리운 경계선과 어느 캄캄한 골짜기에서 너와 마주할 것이며, 거기에서 고통과 고생을 나눠지는 동료애가 생겨날 것이며, 너는 머리를 숙이고 그것들을 받아들일 것이며 담대하게 앞으로 나가 기쁘게 감내할 것이다. 네가 반드시 되어야 한다고 우리가 믿고 있는 그런 종류의 사람이 된다면.

그러나 지금 이 미국인 꼬마는 갓 태어났을 뿐 무엇이 자신을 기다리고 있는지, 비밀스러운 이름이 새겨진 흰 돌을 가진 왕과 제사장이 되어 새 노래를 부르며 종려나무 가지를 가지고 왕관을 쓴 모두와 함께, 어느 날인가 톰킨스가 동참하게 될 숭고하지만 지독한 동료애가 무엇인지 알 수 없었다. 톰킨스는 이를 알아차리지 못했고 자신의 작은 둥지에서 사람들의 포옹을 받으며 깊은 잠을 잤다.

서구인들의 사치

＼

 비록 톰킨스는 이런 낯선 조선에 태어났지만 그에게 잘 훈련된 보모가 없었다고 생각하지 않길 바란다. 만약 톰킨스가 보모를 한 사람 얻을 수 없었다면 조선에서 머물러 살기 위해 자신을 낮출 수 있었을까 의심스럽다. 요즘에는 보모들이 너무 많아, 모두가 누리는 특권을 포기할 수 있는 올바른 정신을 지닌 미국인 아이로 키워 내기를 기대하기가 어렵다. 그러나 이런 사역을 하는 천사 한 사람이 있었다. 그녀는 선교사로 불렸지만 자신을 조금도 높이지 않는 사람이었다. 톰킨스가 점잖고 편안한 모습이 되었을 때 그녀는 매일 와서 톰킨스의 엄마가 손수 만든 새 인형을 갖고 함께 놀이를 할 수 있을 때까지 아주 즐겁게 기뻐하도록 헌신했다. 그리고 그런 시간이 왔을 때 영국 여왕도 러시아의 차리나(Czarina, 제정 러시아 황후)도, 그들이 무릎을 꿇고 그럴 수 있는 특권을 누리길 애걸했다 해도 톰킨스가 이른 새벽에 깨어 기침을 하고 보채는 것을 허락할 수는 없었을 것이다.

 톰킨스의 정교한 변기가 만들어지고 이유식을 조금씩 먹게 되었을 때, 아이는 하인의 심장을 놀라게 할 만큼 큰 소리로 갑자기 울어댔다. 톰킨스는 유모차에 들어가 있었고 유모차에 달린 햇빛 가리개는 적절한 각도로 이 천사를 내려 덮어 바람을 쐬러 정원으로 데려갈 수 있었다. 가끔 이런 상황에서 캡틴은 보모에게 유모차를 밀라고 명령하면서 불쾌하게도 언제나 횡포와 고압적인 태도를 보여주었다. 엄마가 아기의 유모차를 미는 것이 마땅한 일이 아니라면, 나는 누구나 유모차를 밀 수 있도록 손을 뗄 것이다. 그리고 유모차를 미는 일이 바보스럽고, 여자 같아 보이고, 남자가 하기에는 창피하게 보이는 건 아닌지 여긴다면, 사실상 모든 일이 남자답지 못한 게 아닐지. 그런데 우스꽝스러운 캡틴은 너무 이기적이었고 제멋대로 고집이 세고 괴팍했으며 자기 방식대로 결정하고, 실제로 그랬다. 긍정적으로 보면, 사실상 그는 톰킨스가 '톰킨스 어머니(Amonni, 세상 모든 어머니들이 조선식 '어머니'라고 믿는다면 아주 어리석은 추측이다)'와 똑같이 자신의 것이라고 생각하고 있었다. 그래서 그가 아기 엄마를 옆에 대동하고 앞에 놓인 작은 유모차에 있는 아기와 함께 한껏 뽐내며 껑충거리며 활보하고 있었을 때(여자처럼 유모차를 밀 수 있는 남자는 없다), 당신은 이렇게 생각할 것이다(실제로 그렇게 생각하지 않을 수가 없다). 캡틴은 이로 인해 황홀경에 빠져 있고 실제로 그런 자신을 자랑스러워했을 거라고. 얼간이 제2호!

엉망진창 뒤죽박죽

\

 어린 미국 아기는 톰킨스라고 불렸는데 이름은 재미를 위해 붙여진 별명이었다. 왜냐하면 아기는 다소 근엄한 얼굴 표정을 하고 있었기 때문이다. 생후 두 달이 될 때까지 아기에게 조용하고 조그만 느낌의 명칭을 붙여 웃음거리가 되지 않도록 한 것이다. 그러나 우리는 아기가 서울에 있는 미국 공사관에서 발행하는 책에 기록된 아버지와 할아버지의 이름을 따라 제대로 된 미국식 이름도 가질 수 있도록 연구했다. 아기는 한국식 이름도 있었는데, 조선에 있는 모든 외국인들은 한자로 표현될 수 있는 자기 이름 하나씩은 반드시 있어야 했기 때문이다. 이런 이름은 조선식으로 표기될 수 있고, 조선인들이 읽을 수 있고 발음할 수 있는 이름이다. 외국인들 가운데 누군가는 읽거나 발음하지 못한다 해도 말이다.

조선이란 나라는 지구의 하반구에 존재하고 있으며 거의 모든 관습이 엉망진창이다. 읽고 쓰는 데 있어서 조선인들은 성을 처음에, 이름은 나중에 쓴다. 여기서 미국에 편지를 쓰면 주소는 이렇게 표기해야 한다.

Mr. John Brown

No. 495, 32 St.,

New York

USA

그러나 그들은 다음과 같이 쓰고 있다.

The United State of America,

New York,

32 St.,

495th number,

Brown John Mr.

조선 방식에 따르면 철자 표기는 우편물을 제일 먼저 다루는 우체국장이 주소를 알아보도록 국가 이름이 제일 처음에, 도시 이름은 두 번째, 다음에 기타 정보를 쓴다. 이런 표기는 합리적이지 않다. 미국식 관습과는 판이하게 달라서 우리는 이를 합리적이고 실용적인 방식이라고 생각해야 할지도 모르지만, 동방 나라들은 너무 무지하고 우스꽝스럽다. 이런 것들은 물론 심각하게 고려해야 할 만큼은 아니지만 관행은 전부 실제로 그랬다.

이제 나는 톰킨스의 조선식 이름에 대한 이야기를 하려고 한다. 그리고 이쯤에서 나는 마치 전서구(傳書鳩, 편지를 보내는 데 쓰도록 훈련된 비둘기 옮긴이)처럼 뉴욕식으로 되돌아가는 길이 무엇인가 전반적으로 궁금해하고 있었다.

톰킨스 아빠의 한국 이름은 '미스터 윈(Mr. Wun)'이며, 조선인 친구 조평사 장군은 우리 아기가 '한경이'라고 불려야 할 것이라고 조언해 주었다. 한(漢)이라는 말은 코리아를 뜻하며, 아기를 의미하는 전체 이름 석 자는 원한경이다. 이 이름은 '코리아의 축복'이라는 의미이거나 '그의 부모가 코리아에 온 것을 축복한다'는 뜻이다. 그래서 우리는 이 두 가지 의미가 톰킨스의 진실이기를 희망하며, 그 이름을 매우 신중하게 택하였다.

조선 소년들은 '아명' 또는 어린 시절에만 불리는 이름이 주어지는데, 꼬챙이, 돼지, 으뜸이, 애물단지, 첫째와 같은 것들이다. 조선 소년은 중요한 의례들, 즉 성인이 되었음을 축하하는 의식과 관련해 통상적으로 혼인을 포함하여 머리를 올릴 때까지 계속 이런 명칭으로 불린다. 그런 다음 이 아명은 부모를 제외하고는 더는 쓰지 않는다. 그리고 일상적으로 쓰는 통상적인 이름으로 '자(字, '자'란 전통적으로 보통 혼인을 한 뒤에 붙여지는 일상적인 이름이다. 옮긴이)'가 있으며, 또 하나 위엄 있고 공식적인 이름으로 '관명(kwan myeng)'이 있다. 관명은 공식적인 때와 사업상, 국가적인 목적을 위한 때에만 특별한 의복처럼 착용하고, 그럴 때 존경의 뜻으로 호칭된다. 관명은 특정한 공식적 규칙을 따라 매우 신중하게 고려해 선택하는데, 특히 명문가의 소년인 경우 그러하다. 일부 명문가에서는 심지어 아이가 태어나기도 전에 일가의 성(姓)만큼이나 이 공식 이름을 중요하게 고려해 선택한다. 연중 특정한 주기에 따라 기간을 정해서 같은 조상의 후손들, 즉 같은 종족이나 씨족에 속한 집안의 어른들은 회합을 하고 그 공식적 이름이 따라야 할 규칙(항렬)을 조정하기도 한다. 그리고 가문의 세대마다 중국식으로 표기되는 독특한 이름이 있다. 아마도 조선인은 가족의 이름을 분류할 때 다섯 가지 요소, 즉 금속, 나무, 물, 불, 흙 중에 하나를 선택하는데, 금속은 중국식에 뿌리를 둔 이름으로 의미상 필수적으로 선택된다. 그리고 한 가문의 어느 세대가 금속을 선택하면, 그다음 세대는 다른 것, 말하자면 나무를 택해야 한다.

조선식 성

성이 민 씨인 집안에서 이름은 한 세대를 구분 짓는데, 이 세대에 속한 각각의 집안은 '호'자 돌림을 사용하며 이름의 맨 나중에 온다. 예를 들면 우리는 민태호, 민주호, 민치호 등으로 불리는 혈연 가계의 한 집단을 볼 수 있다. 다음 세대에서는 그 돌림자가 '영'자로 선택된 것으로 추정되고 이는 번갈아 정한 바에 따라 이름의 첫 자에 위치한다. 그래서 이 혈연 가계의 젊은 세대는 민영천, 민영환, 민영익 등으로 알려져 있다. 그 다음 세대에는 또 다른 돌림자가 선택될 것이고 또다시 이 돌림자의 위치는 이름에서 상호 합의에 따라 정해진다. 이런 방법으로 그 가계에서 모두가 아는 누군가라면 그 이름만 들어도 즉시 그가 속한 세대와 가정이 어딘가를 알 수 있다. 이런 이름들은 돌로 된 가족의 명판(중요한 인물, 사건 등을 기념하는 글귀 등을 적어 벽에 박아 놓은 것 옮긴이)에 새겨지며 수백 년 동안 그 가계의 미래 세대를 염원하면서 반복되어 불려진다. '자'를 말하자면 같은 세대에 주어진 이 통상적 이름은 한자로 되어 있어야 하며, 그 의미가 공식적 이름과 적합하게 맞거나 상응한다.

게다가 때로는 그들 고유의 바람에 따라 특별한 이름을 취해 자기 친구들이 알도록 하고 자신들의 상황에 적합하게 이름을 짓는다. 조선의 이 관습은 그분의 특별한 친구들을 향한 주님의 약속에 대한 이해를 도와줄 수 있다. 주님은 선택하신 특별한 동역자와 더 가깝고 친밀한 관계를 나타내면서 그분이 주시는 새 이름을 드러내 보여주시기 때문이다.

조선인은 이름이 많은 민족이다. 거의 모든 사람은 별명이 하나쯤 있다. 이 별명은 그를 아는 모든 지인에 의해서 붙여지고 또 그들에게 알려진 별명이다. 가끔은 그 사람의 성격, 외모, 행동, 아니면 그가 살아온 어떤 도시나 마을을 참고해서 붙여지며 자신을 타인들과 구분하게 하는 별명이다. 조선인이 셰익스피어 같은 이름에 절대로 공감하기 어렵다는 것은 상당히 근거가 있는 이야기다. 이런 이름은 의미나 상징하는 바가 거의 없기 때문이다. 만약 조선인이 셰익스피어에게 그들의 통념상 궁금한 이름에 관한 진부하고 오래된 의문을 던진다면(셰익스피어의 대답이 그들의 생각과 너무도 달라서) 어쩌면 내가 이 주제에 관해 쓰려고 알고 있는 것보다 더 길고 장황한 한 장을 기록할 것이다.

조선 성씨의 종류는 아주 적다. 수천만 인구 가운데서 서로 다른 성씨는 백 가지 이하이다. 조선의 성씨 중에서 가장 평범하고 흔한 것은 이

(Yi), 민(Min), 윤(Yun), 연(Yon), 홍(Hong), 김(Kim), 노(No), 박(Park)이며, 원(Won), 백(Paik), 필(Pil) 이나 그 외의 다른 성씨도 본 적이 있다.

톰킨스의 조선식 이름에 대한 이야기로 돌아가 보자. 톰킨스의 이름이 조선말로 쓰인다면 언급한 것처럼 유사하게 보일 것이다. 조선 사람들은 수채화 붓과 인디아산 잉크로 너무 정확하고 맵시 있게 이름을 쓰기 때문에 나의 펜글씨는 마치 아기가 낙서를 한 것처럼 보인다. 그러나 톰킨스의 이름을 카드에 쓰거나 어느 때든 공식적으로 한자로 써야 한다면 내 글씨체는 다르지 않을 것이다.

알파벳

\

관습은 인간의 본성이라는 것이 매우 유감스럽다. 외국인에게는 다소 우스꽝스럽고, 어색하고, 불편하고, 비효율적인 것을 영구적으로 적용하는 관습에 내재된 인류의 본성 말이다. 그 때문에 이들 관습이 지닌 고유한 것들을 무시하거나 경멸하게끔 한다는 것도 유감이다. 더 간결하고 유용해져야 한다. 프랑스 왕비 조세핀(나폴레옹 1세의 첫째 왕비)은 사용에 중요한 가치가 결여된 긴 명칭의 프랑스식 번수(셈을 나타내는 숫자)보다는 그녀 자신이 직접 채택한 글자는 확실하게 간략하고 옳아 농부들도 즐겨 쓰고 일반인이 집에서 상용할 수 있는 소박한 글자를 선호했다.

그런데 어리석은 조선인에게 영어는 세계에서 보기 드물고 동양에서는 견줄 바가 없는 놀랍고 탁월한 알파벳 스물여섯 자이다. 석학에게는 놀라움이요, 오만한 이웃인 중국과 일본을 훨씬 넘어서서 입헌 군주제를 수립한 국가들의 언어인 알파벳을 알면서도 알파벳의 으뜸가는 영예를 멸시하고 있다. 그들은 상용되는 알파벳을 학자들과 양반들에게는 적합하지 않다고 여겨서 상스럽고 저속한 것으로 깎아내리고, 공식 문서와 중요한 서류와 학자들이 읽는 서책에는 전부 불분명할 뿐 아니라 어렵기 짝이 없고 가독성이 엉망인 중국 한자를 쓰고 있다. 조선의 선비들과 양반은 한자로 쓰인 것이 아니라면 다른 어떤 문자라도, 책 한 권을 읽거나 글 한 자 쓰는 것도 경멸할 것이다. 그러나 선교사들이 들어온 이후로 영어로 된 신약과 이들 민족이 사랑하는 찬송가를 인쇄하고 있으니, 우리는 먼지 속에 감춰진 보석이 무엇인가를 이들에게 가르치려고 노력하고 있다.

그리고 이제 우리의 꼬마 소년, 미국과 조선 양쪽의 사상에 따라 깊이 생각하여 이름 붙여진 아명 톰킨스는 미국 공사관이 발행하는 책에 기록되어 있고 나중에는 그로브 교회(Grove Church N. J., 뉴저지 허드슨 카운티에 있는 교회로, 1847년부터 미국의 기독교 지도자들의 묘지를 조성해왔다. 기독교 역사에서 중요한 가정을 발굴해 이곳에 기념비적인 묘지를 두고 있다. 여기서는 그로브 교회가 펴내는 중요 인물의 명단을 기록한 정기간행물을 뜻한다. 옮긴이)에 기록된 공식적인 미국 이름이다. 그리고 석 자로 된 공식적 한자 이름을 가진 우리 아기는 지적 능력과 애착, 의지, 이 세 가지 모두를 기르며 자신의 이력을 쌓기 시작했다. 지성, 감성, 의지는 아직까지는 아주 작지만 그에게 있었다. 주로 중심을 잃지 않고 젖병을 빙글빙글 돌리면서 절대로 큰 소리로 울지 않았으며, 아기의 지적 능력은 단번에 젖병을 가져오는 작은 발소리를 금세 알아차렸고, 우유를 먹기 위해 이 젖병이 왔을 때 조금도 의심 없이 바라본다. 엄마가 절대 놓쳐서는 안 될 기간 동안 아기의 활기찬 의지력도 스스로 형성될 것이다. 젖병을 달라고 보챌 때와 젖병을 꽉 움켜쥐고 어루만지면서 내는 그 사랑스럽고 조그만 끙끙거리는 소리, 이런 것들은 분명히 애착을 보이는 물건이 저 멀리 떨어져 있다는 것을 나타냈다. 이것이 나를 깨닫게 하는 것은, 서양인이 서양의 더 발전된 문화를 가르쳐주기 전까지는 조선인 아기에게는 젖병이 전혀 없었고, 결코 톰킨스처럼 젖먹이 모습을 할 수 없었다는 점이다.

조선 젖소에게서 우유 짜기

조선인은 전혀 우유를 먹지 않는다. 그들의 소는 단지 짐을 싣는 가축이며, 시장으로 엄청난 짐들을 실어 나르거나 불편하기 짝이 없는 달구지를 질질 끌고, 아니면 투박한 쟁기를 끌고 다닌다. 우유, 버터, 치즈, 버터밀크, 휘핑 크림(거품 크림), 샬럿(과일과 빵으로 만든 푸딩)도 없고, 아이스크림, 크림 그레이비(고기, 채소 즙을 섞은 크림소스)도 없다. 어떻게 한 나라에 이런 것들이 없이 살 수 있을까 하는 경악에 가까운 실망과 더불어 끝도 없이 줄줄이, 맛있는 우유를 사용한 음식 목록과 우유로 가능한 요리 목록만 생각났다. 이것은 영양가 많은 음식들이 전혀 쓸모없는 이 민족의 빈곤을 목격할 때 언뜻 스쳐 가는 생소함인 것 같다. 그러나 이 민족에겐 옛적부터의 경험에서 비롯한 지혜가 담겨 있을지도 모른다.

뉴욕건강협회(the New York Health Commissions) 보고서를 보니 어느 여름에 어떤 아기에게 평범하게 먹이는 우유를 매일 네 번 이상 먹였더니 죽었다는 소식이 있었으며, 우유는 박테리아를 옮기는 가장 위험한 매개체인데, 보건 당국이나 위생 시설조차 아무것도 갖추지 않은 이 민족을 규제할 수 있는 법령이나 그밖에 아무런 방법도 없는 조선에 그 누가 우유를 권장하는 무모한 짓을 할 수 있을까. 이들에게 우유를 섭취하라고 간청할 만큼 나더러 용감해야 한다고 누가 말할 수 있을까.

조선의 젖소는 기껏해야 매우 빈약한 것을 줄 수 있을 뿐이다. 씩씩거리며 분통을 터뜨리는 모욕을 당한 가축에게 우유를 추출해 하루에 약 7~8리터 짜낼 수 있다면 아주 훌륭한 지경이다. 그리고 조선에서 우유를 짠다는 것 자체도 놀라운 일이다.

젖소 다리는 꼭 묶어 놓고, 종아리를 손으로 쥐어서 바로잡고(정말로 젖을 짜는 자는 반드시 이것부터 해야 한다), 게다가 젖소의 머리와 앙갚음하느라 철썩대는 꼬리는 사람들이 손과 발을 동원해 붙잡고 있어야 한다. 붙들고 있어야 하는 것이 또 하나 있다. 이 젖소의 송아지인데 보아하니 젖소는 이전에는 절대로 이런 치욕(젖 짜기)을 당해 본 적이 없을 것이다. 그러니 이 모든 짓이 젖소에게는 완전히 의문투성이인 것이다.

엄마가 있더라도 젖을 줄 수 없는 엄마들―아기에게 젖을 먹일 수 없을 만큼 불행한 엄마들―뿐인 조선의 불행한 아기들은 유모라든가 보모를 두기도 하지만 가련한 어린 생명은 숱하게 죽어나갔다. 나는 톰킨스 엄마가 정당하게 젖병을 아주 싫어했다고 생각하는데, 그녀는 아주 냉혹할 정도로 젖병을 질투했다. 그러나 톰킨스가 끔찍한 야단법석을 피우는 상황에서 아무도 평안함을 되찾아 줄 수 없을 때 결국은 그렇게 된다. 아무도 톰킨스에게 젖 먹이는 일이 어떻게 잘 끝날지는 모르는 일이었다.

2

소년이 본 것

때때로 톰킨스가 바람을 쐬러 나갔을 때는 달콤하고 따스한 가을날이었다. 오래된 감나무 아래 멋진 점심이나 차가 잔디밭에 차려져 있었다. 톰킨스 아빠와 엄마는 둘 다 이 정원을 무척 좋아했다. 그러나 톰킨스가 건강하게 자라날수록 엄마의 몸이 매우 좋지 않게 점점 더 쇠약해져 가고 있어 캡틴은 달콤하고 신선한 공기가 아내의 상태를 호전시켜 주기를 바라고 있었다. 내 생각으로는, 엄마는—모유 수유가 아닌—젖병을 몹시 싫어하는데 톰킨스는 젖병에 애착을 보이고 있었다. 한편으로 부부와 아기가 함께 모여 작은 티 테이블을 놓고 둥글게 앉아 있는 모습은 당연히 누려야 할 것을 누리듯 꽤 안락하고 편안하며 행복해 보였다. 그리고 덧붙이면 이 정원을 어루만지면서 정원을 아주 아름답게 가꾸는 일이 필요하다는 것을 알았다.

    내가 생각하기로 이 정원은 에덴동산 그 자체였으나 행복한 사람들이 이 안에서 살고 있지 않다면 그저 외로운 곳일 것이다. 그리고 어쩌면, 누가 알랴, 만약 이브에게 톰킨스 같은 아기가 있었다면 그녀는 한가롭게 빈둥거리거나 불만을 품지 않았을 것이며, 간교한 뱀의 말을 주의 깊게 들으려고 준비된 상태도 아니었을 것이다.

나는 에덴동산이 슬픔에 찬 부부를 영원히 추방했을 때 에덴의 모든 매력도 완전히 잃어버렸을 것이 틀림없다고 확신한다. 가지를 쳐내지 않은 포도나무 넝쿨은 줄기와 잎사귀들이 전부 온통 뒤엉켜 자라고, 바람은 이들이 산책을 즐기는 외로운 오솔길에 내려와 그윽이 소리 높여 울고 있었을 것이다. 나무들은 가지를 떨어뜨리고 탄식하며 그 열매는 아무도 먹지 않은 채로 땅에 떨어져 썩어 가고, 꽃들은 모습을 보이지 않고, 가지는 시들어 말라 죽을 운명에 처해 있지 않았을까. 그러나 나는 이 천사같은 언더우드 가족이 이곳을 방치해 두거나 버려둔 것은 아닌가 의심해서는 안 된다. 내가 확신하기로 언더우드 정원은 그들이 이 안에 삶으로 인해서 훨씬 더 쾌적해졌다.

조선의 기와장이

\

톰킨스가 태어난 집과 정원은 매우 오래되고 낡아 있었다. 최소한 이 집의 일부는 300년 전에 지어졌다. 조선인의 집과 마찬가지로 담장은 안쪽과 바깥쪽 양면 모두 매우 두껍게 진흙 반죽과 나무를 섞어 만든 것이었고 나중에서야 벽돌로 덮여졌다.

비가 올 때 흙벽이 물에 쓸려 무너져 내리는 것을 막기 위한(조선에는 비가 오면 이런 일이 발생하고 때로는 한 번에 10주씩 비가 내린다) 집 꼭대기 지붕은 조선 선비들이 쓰는 널찍한 챙이 달린 갓처럼 넓은 처마와 함께, 담벼락 아래까지 무너져 내린다. 아마도 일본의 사원을 사진이나 그림으로 본 적 있다면 그 지붕을 어떻게 지었는지 금세 알 수 있다. 지붕의 끄트머리는 요염하게 자그마한, 위를 향해 구부러지면서 뻗은 처마가 있고, 알다시피 지붕 하나도 아찔하게 요사스럽다. 그러나 톰킨스 집 지붕에 있는 처마는 어두운 회색의 진흙 기와로 덮여 있었다. 하지만 가난한 계층의 작은 집들은 짚으로 엮은 초가지붕이 덮여 있다. 이 지붕들은 이따금 갈아주어야 한다는 게 정확한 답일 것이다. 기와집도 별다를 것 없이 우기에는 종종 물이 샌다. 그래서 해마다 비가 오기 전에 캡틴은 기와장이들에게 연락하여 지붕을 살펴보고 필요하다면 수리를 하게 한다.

   기와장이들은 매우 거만해서 진흙 한 점 손에 묻히지 않을 것이다. 그들 수하에 막노동꾼들이 도와주지 않는다면 기구들 가운데 아무거나 가지고 와서 여러분의 집이 마치 거름체처럼 물이 줄줄 샌다 해도 최소한의 동정도 하지 않을 것이다. 그리고 만약 당신이 수리비용이 너무 비싸다거나 그들이 하는 일이 부주의하다거나 이들이 하는 행태와 당신의 생각이 '다르다'고 여긴다면, 기와장이는 당신을 불쾌하게 만들고 그냥 가 버릴 것이다. 그렇게 되면 응접실이 물에 차서 연못이 되어 버리거나 침실이 늪이 될 때까지 기다려도 다른 인부들은 전혀 구하지 못한다.

   기와집 지붕은 묵직한 기둥과 서까래로 떠받쳐져 있고, 좀 더 큰 집의 지붕은 한 폭의 그림같이 퍽 고풍스럽다. 캡틴의 집 기둥들은 어마어마하게 크고 두꺼우며, 세월이 지나면서 검은 때가 탔으며, 너무 견고해서 그 틈으로 손톱 하나 집어넣기도 어려울 지경이다. 우리가 살고 있는 이 집은 한 부유층 귀족 집안의 소유였다. 이 집안은 부패한 당파에 속해 있었고 손아귀에 이 집을 소유하는 것을 허가받았던 것이다. 우리가 선교사로 여기 왔을 때 아름다운 정원이 딸린 이 집을 저렴한 값에 사들일 수 있음을 알았다. 그래서 그들은 훌륭하게 집수리를 해주는 조건을 포함해서 돈을 조금만 더 받고 우리에게 팔 수 있었다. 이 집은 완전히 대저택으로 불렸으며 다른 조선의 집과 마찬가지로 단층집이었다. 여기서 또다시 우리는 이들이 서구의 계몽을 필요로 함을 알 수 있다.

오, 가련한 조선인들! 그들이 한 번이라도 이 집과 별다를 것 없이 아주 정확하게 닮은 주택이라는 '건물' 안에, 모든 아늑한 것들을 갖추고 대략 열일곱 평 넓이의 뒤뜰이 있고, 지층에는 식당, 다락방에는 아기 놀이방을 갖춘 삼층 집, 그리고 지하실이 있는 집에서 사는 기쁨을 맛볼 수만 있다면, 수백 명이 넘는 이웃들이 와서 구경할 텐데!

톰킨스 엄마는 집안 어디에도 계단이 없어, 층계가 있는 집을 좋아했던 그녀는 의기소침해져 버렸다. 방의 천정은 3미터를 넘지 못하는 높이였다. 그러나 어느 방의 한가운데 있는 꼭대기 천정은 방바닥에서부터 적어도 5미터 높이였으며, 대략 보기에는 더 높아 보이기도 했다. 캡틴이 손수 지은 몇 군데 방에는 벽돌로 된 큰 벽난로가 있었고, 마른 소나무가 그 속에서 탁탁 하는 소리를 내며 거세게 타들어 갈 때(빈약한 벽난로에는 통나무 모양으로 된 연기를 내뿜는 굴뚝이 없었다), 더없이 아늑했고 이 이상 더 즐거운 광경은 찾아볼 수 없었다. 이 집을 지었을 때, 방바닥은 거의 전부 조선인이 캉(Kang, 돌로 만든 중국식 난로. 그 위에 앉거나 잠을 잘 수 있는 난방 장치로 온돌을 뜻한다. 옮긴이)이라 부르는 것으로 되어있었다. 이것은 돌과 흙으로 만들어졌는데, 연기를 뿜어내는 커다란 굴뚝이 달려 있고, 아궁이를 통해 불을 때면 반대편에는 환기할 수 있는 통풍구가 있다. 그리고 그 돌이 완벽하게 가열되고 방 전체가 골고루 신속히 따뜻해질 때까지 한 모금도 들이마실 수 없는 뜨거운 공기가 마루나 방바닥을 통과하거나 구들장 밑에서 순환한다. 이 방바닥은 두껍게 기름을 먹인 종이 장판이 발라져 있고, 그 위에는 몇 개 안 되는 깔개나 침구가 놓여 있다. 조선인은 일상적으로 매일 불을 피운다. 심지어 봄이나 여름에도 마찬가지인데, 그렇게 하지 않으면 방바닥이 눅눅하고 건강에 해롭기 때문이다. 하지만 캡틴은 차례로 하나씩 온돌 방바닥을 전부 없애 버렸다.

캡틴의 집

╲

이 집은 여러분이 상상하는 것처럼 눈에 띄거나 인상적이거나 호화로운 곳은 아니었으나 그저 아늑하고 내 집이다 싶을 만큼 마음이 편한 소박한 곳이었다.

오, 톰킨스 엄마는 유럽에서 왕궁을 거닐어 보았을 때, 불쌍한 왕과 여왕들을 얼마나 동정했는지! 아늑한 곳이나 조용한 구석, 최소한의 가정집 같은 요소는 전혀 없으며 견고하고 경직되어 있어 친밀감이라고는 느껴지지 않는 엄청나게 큰 갖가지 가구들이 빽빽이 들어찬, 왕궁 속 살롱(보통 이런 것을 방이라고 일컫지는 않는다), 어마어마하게 크고 우뚝하게 솟은 연회장 홀에서 살기를 강요받으며 산다는 것을 생각만이라도 해보라.

그러나 하나님께 감사하게도 캡틴의 집은 그런 양식이 아니었다. 바닥은 얼룩덜룩한 갈색이었으며 그 가운데 일부는 작은 카펫을 깔아 두었다. 응접실에는 등받이와 팔걸이가 있는 긴 의자와 커다란 안락의자가 있었으며, 이것들은 주인인 언더우드 씨가 자기 침대의 스프링을 활용하여 손수 만든 것이었다.

나는 천정은 낮고 널찍한 우리 집 방들이 모두 쾌적했다고 생각하기는 어렵다. 그러나 침실은 연한 하늘색으로 된 실크 커튼을 포함해 전부 연한 푸른색과 은색으로 장식했으며, 이런 것들은 이 집의 여왕인 톰킨스 엄마의 위풍당당함과 품격에서 나온 것이었다. 톰킨스 엄마의 가구는 태어나고 자란 고향 집, 미국에서 사들여 온 것이다. 그리고 널찍하고 야트막한 창문이 나 있어 꽃들이 가득 채워진 유리 온실을 훤히 들여다볼 수 있었다. 이 온실은 톰킨스에게 일광욕을 시켜 줄 수 있도록 언제나 데리고 나가 유모차에 태우고 거닐 수 있었으며 겨울이면 집안의 모든 것들 가운데 가장 즐겁고 쾌적한 장소였다.

캡틴과 그의 아내에게 소속되어 일하는 사람들이 있었는데, 이들에게는 고향에서 보낸 아이의 선물과 마찬가지로 온실이나 가구, 자그마한 장식품들, 태평양을 건너 도착한 꼭 필요하고 보기만 해도 즐겁고 기쁜 물건을 거칠게 다루거나 팽개쳐 버리는 것은 허용되지 않았다. 이 반가운 톰킨스의 짐 꾸러미가 먼저 도착하고서 그 뒤에 톰킨스가 태어났다. 오, 나의 아가! 그리고 나의 것들! 장난감과 새 옷 따위가 담긴 봉함된 상자의 물건들은 수 만 마일을 건너 온 우리 고향의 방식으로 만든 것이다.

정원

＼

　톰킨스 가족은 정원을 그 무엇보다 사랑했다. 정원은 넓이가 약 이천 평에 달하였고 흙벽으로 된 담이 둘러쳐져 있었으며 금이 가거나 낡은 곳에는 노란색 진흙으로 회반죽을 발랐다. 그리고 비가 새거나 무너지지 않도록 벽돌로 덮었다. 이 담벼락 중에서 어떤 곳은 버지니아산 덩굴식물이 두텁고 풍성하게 뒤덮여 있었다. 아름다운 포도나무 덩굴 더미는 담장 위를 느슨하게 걸쳐 장식해 주었고, 출입 대문까지 가는 출입구를 아주 매력적으로 진기하게 뒤덮고 있었다. 따라서 이 덩굴 장식은 그림처럼 매력적인 풍경이 되었다. 서재 바로 앞에는 오래된 죽은 소나무가 있었다. 이 소나무는 옹이가 많고 쭈글쭈글하며 몸통은 비틀려져 있고 야트막하게 퍼져 있는 가지들은 일본에서 캡틴과 그의 아내가 사 가지고 온 흰색 등나무로 뒤덮여 가려져 있었다. 캡틴 부부는 이 일본산 등나무가 조선에서도 그들의 고향처럼 되게 해줄 수 있다는 것을 나중에서야 알았다.

　캡틴 부부는 일본산 등나무를 두세 그루와 난초 몇 개를 사 왔으며, 양치식물은 끝도 없이 많이 샀다. 부부는 나가사키에서 너무 기뻐 제정신이 아닌 사람들 같았고, 이곳에는 꽃과 양치식물이 만발해 있어서 우리는 황홀경에 빠져 감탄사를 연발하며 길가를 따라 그 흔하고 오래된 식물을 모종삽과 바구니를 들고 캐내면서 언덕을 살금살금 돌아다녔다. 그리고서 플로리스트를 찾아가 장미, 아잘리아, 일본산 백합, 국화, 그리고 무엇이든 아름다운 식물을 '거의 파산할 지경으로' 엄청나게 사들였다.

등나무는 정원에서 정중하게 다루었고―그건 놀랄 일이 아니다―얼마 지나지 않아 가장 사랑스럽고 부드러우며 바람에 흔들리는 온화한 연둣빛 아름다운 나뭇잎들이 볼품없고 낡은 기형적인 나무의 듬성한 검은 가지가 한 개도 보이지 않을 때까지 전부 뒤덮어 가려 주었다. 그리고 5월에는 놀랍게도 가지에 꽃들이 만개해 대축제를 벌였다.

이 나무는 오직 하나님이 창조하신 자연만이 보여줄 수 있는 가득 넘치는 풍성함으로 등나무가 뿌리내린 대지에서 가장 높은 곳에 있는 가지에는 흰색과 분홍이 어우러진 정교하게 아름다운 벚꽃 한 무더기가 피었다. 자줏빛 등나무들은 두 침실의 창문 가까이에 심었고, 하얀 벚꽃 무더기는 이 등나무에 사랑스럽게 걸쳐서 그 팔을 휙 던져 놓은 듯했다. 자줏빛 등나무는 흰 벚꽃 나무에까지 뻗어 나가 서로 맞닿아 조화를 이루었다. 자줏빛 등나무와 벚꽃 나무가 만나 서재의 창문 가까이에서 고혹적인 시원한 숲과 나무 그늘을 만들면서 사려 깊은 사람의 작은 손길을 힘입어 서로 어우러졌다.

톰킨스 엄마에게 혼자만의 기도실이 하나 있었는데 거기서 그녀는 정신을 모아 그 모든 예리한 아름다움에 흠뻑 빠졌다. 그리고 마음을 녹여주는 빛깔과 정교한 자연의 향기와 은혜가 충만한 피조물을 영으로 품으시고, 마음과 생각이 섭리 안에 계획되어 손가락으로 자연을 지으시고, 그 사랑을 자연에 베풀어 그녀에게 주시는 한 분이신 하나님께 기도를 올리며 자신의 영혼이 성장하도록 노력했다. 그것들은 모두 하나님께로부터 그녀에게 보낸 편지였으며, 그분의 사랑, 아름다움과 지혜의 표현이었다. 그리하여 그녀는 기도실에서 이제까지 이 세상의 어떤 군주나 왕들도 장식하지 못한 자연으로 말미암아 예배하고 경배했다.

조선의 꽃

조선의 4월과 5월은 매우 찬란하고 영롱하다. 서울의 근방은 전부 오묘하고 아름다운 복숭아, 살구, 자두, 체리와 배 등의 과실수가 꽃향기를 내뿜는다.

조선의 과일은 그 자체로는 그리 훌륭하지 못하다(지금 여기서 잠깐 멈추고 다시 설명해야 할 것 같다). 그러나 과일 꽃들은 사랑스럽고 톰킨스네 정원은 미국의 과실수와 마찬가지로 조선의 복숭아, 살구, 그리고 감나무로 가득했다. 조선 과일은 산성 성분을 포함하고 좋은 향을 지녔으나 다소 딱딱하고 맛은 별로다. 그리고 때로는 맛이 아주 시큼하기도 하다. 조선의 사과(노랗고 붉으며 맛이 사과를 닮은 야광 나무 열매를 제외하고)와 배는 전부 나무 냄새가 나고 나무처럼 딱딱하다. 그래서 채소 즙과 설탕을 약간 곁들여 조리했을 때에만 먹기에 적합하다. 그러나 매우 훌륭하고 즙이 아주 많은 청포도와 즐겨 먹는 빨간 자두, 세계에서 가장 질이 좋은 감 종류들이 조선에 있다. 5월과 6월에는 이 과실수에서 피어난 꽃 무더기의 아름다움을 한껏 누릴 수 있다.

야트막한 언덕에는 온통 진달래가 활짝 피어 얼굴을 붉히고, 최고로 앙증맞은 향내를 발산하는 사랑스러운 조그마한 들장미가 길가와 담장을 따라 피어 있다. 또, 톰킨스 엄마가 가장 사랑하는 한 떨기 순결한 하얀 인동이 있다. 온종일 비가 퍼붓던 어느 봄날 저녁에 그녀는 문을 닫은 채 조금 외로움과 향수에 잠겨 있었고(이 때는 혼자 조선에서 꽤 잘 살며 언더우드 씨와 결혼하기 전으로 가족이 전혀 없던 때였다. 옮긴이) 오후 9시 정각쯤, 이 사랑스러운 덩굴식물의 꽃과 잎사귀가 어우러진 경이로운 나뭇가지 하나가 온통 비에 흠뻑 젖어 문가에 와서 그녀에게 손을 내밀고 있었다. 그녀는 이렇게 적어두었다. '비와 남산에 대한 찬가'.

이 모습은 마치 바람이 그저 부드럽게 그 문을 연 것처럼, 정다운 비의 영혼이 문 안으로 사뿐히 퍼져 들어온 것만 같았다. 비는 늘 쓰라린 눈물만을 의미하는 것은 아니기에 때로는 귀여운 꽃들에게 가장 신선하고 아름다운 영혼을 되찾게 해주기도 한다. 그녀가 비와 함께 하는 모든 축복을 혼자서 만끽하지 않았던 한 가지 이유는 당시 언더우드 씨가 친필로 보낸 편지가 있었기 때문이다. 이 편지는 정말로 그녀가 비와 함께 누리는 것들을 망치지 않았다.

다시 정원 이야기로 돌아가, 이로 인해 우리는 계속해서 일을 잊고 딴청을 피우고 옆길로 새는 것처럼 보였다. 정원은 거의 일 년 내내 사랑스럽게 존재했다. 우선 초봄에는 노란 개나리 무더기가, 다음에는 보랏빛 과수나무 꽃이 처음으로 모습을 보이고, 이어서 아몬드 나무와 하얀 라일락, 등나무가 꽃을 피우고, 또 솜털이 보송보송하고 녹색을 띤 흰색 눈덩이 같은 꽃 무더기가, 그리고 현관의 한 곁에서는 그리운 미국 할머니의 정원을 떠오르게 하는 노란 장미가 피어난 큰 관목 덤불 두 개가 자리 잡고 있었다.

6월이 오면 장미는 경이로울 만큼 빠르게 아름다운 모습을 보여준다. 이 장미들이 피어난 뒤로는 그 누구도 그밖에 다른 생각을 할 수가 없다. 향이 짙은 진홍색 다마스크 덩굴장미의 큰 울타리도 하나 있는데 이 장미가 피어나면 그들은 매일같이 무수히 많은 꽃을 잘라 집에 있는 모든 통, 항아리, 꽃병에 잔뜩 담아서 모든 이웃에 선물로 보냈다. 그럼에도 여전히 장미들은 절대로 지치지도 않고 쉴 새 없이 계속 꽃을 피웠고 언더우드 가족은 셀 수도 없이 피어나는 장미를 꽃다발 선물로 계속 보낼 수도 없을 지경이었다.

여러분은 캡틴의 정원에 있는 벌들처럼 윙윙거리며 바쁜 벌들을 절대로 보지 못했을 것이다. 벌은 너무 심하게 일을 해서 신경쇠약에 걸려 요양원에 보내질 위험에 처해 있었다. 아니, 그보다 훨씬 더 심했다! 그 윙윙거리는 소리는 여러분이 혼자만의 생각으로는 도저히 상상할 수도 없는 것이었다.

그 진홍색 다마스크 장미들은 유일한 존재가 아니었으며, 짙은 빨강 장미, 분홍빛 덩굴장미, 자그마한 분홍색, 흰색, 짙은 색채를 한 장미 무더기가 사랑스럽게 자라났다. 미국산 마샬 네일즈(Marshal Neils)라 불리는 장미와 장미과에 속하는 월계화도 있었고 예쁘고 조그만 조선의 장미도 있었다. 대문 가까이에는 커다란 들장미 넝쿨이 있었고, 내가 제일 사랑하는 찬란한 '라 프랑스(La Frances)'라고 이름 붙인 장미 두세 그루와 참으로 아름다운 커다랗게 활짝 피는 서양 장미도 있었다. 사람들은 정원에서 일하는 것을 아주 좋아했으며 캡틴이 주의 깊게 바라보는 모든 나무와 꽃들은 잘 자라났다. 과실수 외에도 그들은 모든 종류의 작은 과일과 채소를 가꾸고 있었는데, 조선에서 살 수 없는 것들이었다.

조선의 채소

\

조선의 채소는 과일만큼이나 형편없는데 아마도 잘 교육받은 농부들이 없었기 때문으로 여겨진다. 조선인들은 주식으로 쌀을 먹으며 살고 아주 가난한 사람은 수수를 음식으로 활용하며 쌀이 자라날 수 없는 고산지대에서는 감자를 경작했다. 그들이 먹는 김치(또는 독일식 김치)는 우리 미국산 양배추보다 훨씬 더 거칠고 억센 배추로 만든다. 그리고 김장을 담그는 계절에는 아낙네들이 한 해 중에서 정말로 가장 바쁘다. 무엇보다도 이들에게 절대로 없어서는 안 될 빨간 고추는 수확 철이면 거둬들여, 주민의 지붕에는 여기저기 널린 보자기 위에 빨간 고추들이 펼쳐져 태양빛 아래 마르면서 반짝거린다. 이 빨간 고추는 제철에 2~3주간 이렇게 지붕에서 말리게 된다.

빨간 고추는 맹렬한 7월의 태양 볕에 모두 거둬들여 날씨가 추워지는 계절에 대비해 저장해 두는 것 같다. 누군가 말하기를 "겨울바람과 서리와 눈을 두려워 마라. 내가 7월에 열심히 일해 저장해 둔 것으로 당신은 앞으로 90일 동안 살아갈 것이다"라고 했다. 그리고 역시나 엄청나게 많은 배추와 무를 씻는 작업이 있다. 마을 근처의 모든 작은 개울가는 아주 많은 채소를 물에 씻느라 남자와 여자, 어린아이로 가득 메워진다. 이 활기찬 나라의 아낙네들은 얼굴에 모두 신선한 푸른 배춧잎이 떨어져 붙은 채로 커다란 둥근 바구니에 배추를 가득 담아 머리에 이고 운반한다. 애교스럽고 매력적인 그림같이 생생한 광경이다.

김치 재료는 전부 칼로 자른 뒤에 거대한 식료품 저장고인 항아리에 소금을 잔뜩 뿌려 보관해 두며, 이 김치 항아리는 일 년 내내 대문 밖에 놔둔다. 김치 없이 식사를 잘하는 조선인은 아무도 없다. 필수 반찬인 김치는 배추, 무, 고추, 소금이 들어가 어디서나 똑같지만 다양한 음식을 김치로 요리할 수 있다.

조선인의 식용 채소는 김치를 기본으로 해서 제한되어 있다. 거친 상추, 양파, 마늘, 검은 콩, 조금 딱딱한 옥수수, 일부 특정 계층에서 먹는 채소는 토마토, 셀러리, 야생 아스파라거스도 포함된다. 또 미국 호박과 다르지 않은 다양한 호박들이 있다. 톰킨스 엄마는 이 호박을 상당히 좋아하여 달걀, 우유, 각종 양념 따위와 곁들일 수 있다는 것을 알았다. 미국식 호박파이를 만드는데 완벽하지는 않더라도 거의 적합했기 때문이다. 이 나라에서 얻을 수 있는 유일한 밀가루로는 어떤 이들은 가끔 메밀을 수확하기도 하며 비교적 소규모로 밀과 보리도 재배한다. 조선에는 제물포에서 외국인들이 재배하고 있는 것을 빼고는 밀가루나 밀가루로 만든 음식도 없다.

사실 조선에는 그 어떤 종류라도 제대로 된 공장이 없다. 비단은 가정에서 소규모로 재배하고 옷감을 짠다. 이 비단과 함께 면으로 된 옷, 신발, 모자, 기타의 물품들이 있다. 북쪽의 어느 지역들은 대규모로 제작되는 놋쇠 같은 특별한 제품 생산으로 유명하다. 조선산 종이는 옛적부터 오랫동안 나무의 섬유소로 만들어 왔으며 아주 억세고 질기다. 우리에게는 낯선 것으로 조선인은 도자기에 윤기를 내는 훌륭한 도공 기술을 보유하고 있었으나 지금은 사라지고 없다. 시골 마을에서 각기 심어 재배하는 파자마유는 독특한 기름을 짜내며 면과 담뱃잎도 대규모 수확을 할 만큼 기르고 있다.

가정생활과 병고

\
그 해에 톰킨스 엄마는 정원에 많은 흥미를 기울일 수 없었다. 그녀는 점점 더 약해져서 먹을 수 있는 음식이 아무것도 없었고 몸이 마르고 기력이 쇠하고 창백해져 갔다. 의사가 처방해주는 약도 효과가 없었으며 의사는 하루가 다르게 병세가 심각해져 가는 것을 목격했다. 그녀 역시 이를 조금은 걱정을 하고 있던 것으로 여겨진다. 그녀의 일기에 다음과 같이 적혀 있다.

> 너희는 마음에 근심하지 말라 하나님을 믿으니 또 나를 믿으라
> 내 아버지 집에 거할 곳이 많도다 그렇지 않으면 너희에게 일렀으리라
> 내가 너희를 위하여 거처를 예비하러 가노니 (요 14:1~2).

우리 주님은 말씀하셨다. '내 십자가 죽음이나 너희의 죽음 때문에 마음에 근심하지 마라. 이 거처가 너의 하늘 아버지와 나 예수가 소유한 하나뿐인 것이라 생각하지 마라. 이 지구는 아버지 집에 있는 거처들 가운데 그저 하나일 뿐이기 때문이다.'

우리는 이 세상에 작별을 고할 때 춥고 어두운 곳으로 가면 안 된다. 우리는 그분이 예비하신 거처로 갈 것이라는 생각을 내려 주시는 이 평화! 그리고 이 하나뿐인 지구에서 전능하신 주님의 권능과 자원들이 절대 고갈되지 않는 것이 얼마나 합리적이고 자연스러운 일이던가. 내 아버지 집에 거할 곳이 많도다. 그렇다, 또 다른 거처들이 있으니, 한 점 의심도 없는 행복하고 영광스런 존재들로 가득한 셀 수 없는 천사들의 무리, 완벽하게 지음 받은 머리 되는 그 교회, 그리고 결코 만나 본 적 없는 낯선 천사들과 고귀하고 높은 천사뿐만 아니라 우리 동료와 그립고 친밀한 얼굴들도 다 같이 볼 수 있는 곳. 그곳은 불확실하고 형태가 없어

보이지 않는 '황량하고 적막하고 외로운 영혼이 휩쓸고 지나간 곳'이 아니라 부활한 몸들이 끝없는 기쁨 속에 살게 될 한 처소다.

가련하고 병든 내 몸이 처한 실존하는 운명에 대해 말하자면, 너무 상태가 나빠서 그리운 모국으로 돌아가 꽃과 수풀, 새, 반짝이는 나뭇잎, 해 질 녘, 무지개 속에 파묻히지 않고 하나님께서 돌보아 주실 그 새로운 천상의 몸을 이룰 씨앗이 될 것이며, 내 삶이 예비된 가운데 훨씬 더 달콤하게 만들어 주실 주님을 나는 알고 있다.

여기서 그 숭고한 인류애를 내게 주신 그분은 그의 손으로 지으신 피조물보다 훨씬 더 큰 전능자이시기 때문에, 내가 몹시 두려워하는 어두운 골짜기를 통해 내게 주시는 내 모든 삶, 그 힘든 곳들을 그렇게 쉽게 지나게 하시고 결국 내 희망보다도 모두 더 좋게 만드시는—내 두려움들은 말할 것도 없다—그분은 확실히 승리의 나팔 소리 가운데 최후의 심판으로 모든 것을 나에게 가져다주실 것이다. 그분을 아는 일은 그 외의 모든 기쁨을 초월할 것이며 모든 눈물을 아시고 나를 그 일곱째 천사로 데려가 주실 것이다.

일곱째 천사가 나팔을 불매 하늘에 큰 음성들이 나서 이르되 세상 나라가 우리 주와 그의 그리스도의 나라가 되어 그가 세세토록 왕 노릇 하시리로다 하니 (계 11:15).

잠시 죽음이 가까이 와서 내 주위를 맴돌았지만 톰킨스 엄마는 아직 하늘로 가지 않았고 언더우드 가족은 모두 중국으로 해상 여행을 떠나야 했다. 캡틴, 톰킨스 엄마, 톰킨스, 그리고 옴이 동반했다. 옴은 요리사였지만 선한 천성을 지닌 친절한 동료라서 언더우드 가족은 톰킨스를 돕는 일에 그를 택했다. 또 옴이 해야 하는 일들이 톰킨스만큼이나 톰킨스 엄마를 돌보도록 캡틴은 모든 시간을 옴을 관리하는 일에 쓰는 것처럼 보였다. 하지만 옴은 처음에는 일을 아주 잘하는 편은 아니었다. 찜통을 다루며 그가 보여준 첫 동작은 곧바로 포기하는 모습이었기 때문이다. 그리고 중국 옌타이(산둥 성 동북부 항구 도시)에 도착할 만반의 준비가 다 되었을 때까지 옴은 관찰력이 뛰어나거나 경청을 잘 하는 편이 아니었다. 그러나 나는 늘 그렇듯이 아주 신속하게 옴을 훌륭하게 다루는 데 앞장섰고 그러기 위해서라도 조금은 건강이 회복되어야만 했다.

조랑말과의 씨름

그들이 서울에서 출발할 만반의 준비가 되었을 때 엄마와 아기는 가마꾼 네 사람이 메고 가는 가마를 타고 이동했다. 캡틴은 때로는 말을 탔지만, 조랑말 대부분이 그가 보기엔 너무 느려서 도보로 이동했다. 캡틴은 하루에 60킬로미터 이상을 바삐 가야만 했지만 짐꾼들은 거의 신경을 쓰지 않았다. 짐 가방과 아기 유모차는 먼 거리를 그 무게가 얼마든지 어깨에 질 수 있는, 그 놀라운 조선인 '짐꾼'의 등에 매달려 터벅터벅 움직였다.

캡틴의 말은 골칫덩어리였고 말들과 씨름하거나 매일 다른 조랑말을 바꿔 타는 수밖에 도리가 없었다. 사나운 폭우가 쏟아지는 동안 이곳을 통과하기 위해 사람을 부르며 한 작은 마을에서 기다리고 있었을 때 언더우드 씨의 고약한 조랑말은 고삐를 끊고 달아났다. 조그맣고 늙은 조선산 조랑말을 타고 있던 요리사는 도움을 청하기 위해 말을 타고 있던 외국인 일행을 불러왔다. 언더우드 씨가 이들 일행을 따라 폭우를 헤치고 길을 트기 위해 멈췄을 때, 엄마와 아기는 위험한 행로에서 서둘러 탈출해야 했다.

말하기 부끄럽게도 뒤쪽을 흘깃 쳐다보니 일행의 뒤에선 요리사의 말이 힝힝거리며 격분해 있는 것을 보았으며 그들은 불쌍한 요리사를 운명에 맡겼다. 그리고 외국인들이 빌려준 말들이 박차를 가하기를 참고 견디고 기다렸으나 이 말들은 고삐 한 번 끌지도 않았는데 익숙한 습관상 안전거리를 두고 불편한 상황에서 도망가려고만 했다. 우리는 땅에 내려 고통스럽게 시달리는 작은 중국인을 한 번 더 돌아보니 이 몹쓸 말은 말라비틀어진 요리사의 조랑말을 발로 차고 있었다. 두 마리가 괴상하게 지르는 소리는 공중을 가르며 울려 퍼지고 있었다. 그러나 잠시 씨름하면서 수치스런 승리를 거둔 우리는 우리를 고생하게 한 가해자를 꼼짝 못하게 하도록 해줬다. 이 녀석을 가질 수 있게 되어서 캡틴이 기뻐했을 거라고 추측하지는 않아도 된다. 이 녀석은 상황을 해결하는 동안 빌려온 것뿐이며 즉시 돌려줘야 했다.

옌타이에서 휴가

\

항구로 가는 길에 있던 중간 지점 여인숙은 말을 매어 둘 마구간과 방이 서너 개 있는 자그마한 일본식 방갈로였다. 밤에는 수많은 무리와 긴 행렬을 지어 이동 중이던 어느 훌륭하고 힘 있는 관료가 우리의 여행에 도움을 주어 그 지체 높은 톰킨스와 수행원들은 별도로 지어진 오두막 같은 작은 방에서 묵었다. 캡틴은 작고 병든 아내를 위해 미리 간이침대를 보내 두었고 톰킨스는 유모차에서 휴식을 취하고 잠을 잤다. 이 유모차는 누구도 깜빡 잊고 가 버릴 생각조차 할 수 없는 것이다. 그리고 톰킨스 아빠는 다른 이들과 너무 멀리 떨어진 장소만 아니라면 어디에 몸을 뉘든지 절대로 문제가 되지 않았다.

그러나 가장 놀라운 것은 톰킨스 엄마의 행동이었다. 그녀는 한 주가 넘도록 어떤 음식도 삼키지 못했는데, 맑고 신선한 공기 속에서 약 20킬로미터를 달려와 이곳에 도착해서 남편이 햄과 달걀을 먹는 것을 보고—햄은 거의 3년 가까이 보지도 맛보지도 못한 것이다—그녀는 배가 고파 위험을 무릅쓰고 음식을 삼켰다. 버릇없고 반항적인 내부 식구들은 불친절하게도 크래커 하나, 해롭지 않은 음식 한 조각도 남겨두지 않았으며 무례하고 못마땅한 식단 문제로 지적하자, 투덜거리면서도 온순하게 그러지 않기로 항복했다.

그리고 이제 캡틴은 정말로 근심 걱정 없이 명랑하고 쾌활해졌다. 물론 톰킨스 엄마도 병세가 호전되었다. 그래서 조그만 방에서 머문 그날 밤은 궁전이나 대성당보다 좋았다. 세상에서 가장 순결하고 가장 강력한 결속력으로 모두가 함께 묶인 아버지와 엄마, 아이가 있는 한 가정이 존재했기 때문이다. 이곳은 하나의 교회였다. 경건하게 예배드릴 수 있으며 하나님께 대한 겸허한 감사와 진심 어린 사랑, 그분에 대한 믿음이 현존하는 장소였기 때문이다. 그리고 하나의 성막이기도 했다. 우리 모두 경배하고 앙모하는 그분이 그곳에 계셨기 때문이다.

다음 날 아침 그들은 또다시 출발했다. 그리고 몇 시간 동안 작은 중국행 일본 증기선을 탔다. 마치 세계 일주 여행을 하는 것처럼 들리겠지만, 조선에서 왔기 때문에 실제로는 뉴욕에서 찰스턴으로 가는 거리보다 먼 게 아니었다.

톰킨스의 유모차는 바퀴를 빼서 간편하고 흔들리지 않는 안전한 침상으로 만들었다. '흔들리지 않고 안전하다'는 말은 중요하다. 그 어떤 노력을 하더라도 사람과 짐의 무게가 가볍든 무겁든 배가 파도에서 요동치는 것을 막을 방법은 없었기 때문이다.

그녀는 항구를 출발할 때부터 놀라고 흥분해서 머리가 빙글빙글 돌고 정신이 곡예를 하듯 아찔했다. 그러나 그녀에게 딸린 식구나 박정한 승무원에게 이런 모습은 칭찬받을 만하지 못했다. 그들의 말에 따르면 '태풍의 끝머리'가 지나가고 있었다. 언더우드 씨는 아마도 전갈같이 매서운 태풍이 끝머리에서 최악으로 따끔하게 찌르고 지나가고 있다고도 했다. 어쨌거나 그들은 이 태풍의 꼬리가 후려치는 것보다 더 심한 것들이 동반하게 될 것이라고 믿고 있었는데, 이 작은 배에 승선한 모두가 절대로 다시는 육지를 볼 수 없을 수도 있다는 뜻이었다. 36시간이 예정된 여행은 72시간으로 길어졌다. 수많은 시간 동안 배는 그녀가 손으로 어디를 붙들 수도 없을 만큼 휘청거리며 흔들렸다. 준비된 음식도 없었으며 선박의 조리실에는 불도 켜지지 않았다. 그러나 이런 것은 침대칸에 누워 있는 승객 모두와 너무 바쁜 선장과 승무원들에게는 신경 쓸 필요도 없는 작은 걱정거리에 불과했다. 하지만 이 문제가 정말로 중요한 한 사람이 있었다. 아기 톰킨스의 안전 때문이었다. 그러나 톰킨스의 모습은 모든 소동에도 고요하고 잔잔하게 잠들어 있었고 두 시간마다 규칙적으로 깨어나서 젖병을 달라고 보챘으며 젖병을 물리면 태평스럽게 또다시 잠이 들었다. 풍랑이 갈릴리 바다에 몰아칠 때 배 뒤쪽에서 잠들어 누워 계셨던 주님처럼 아, 그 어린 꼬마의 평온한 믿음 가운데 말이다.

풍랑과 배 위의 소동은 엄청났으며, 바람의 무시무시한 포효와 무엇에도 비할 데 없는 출렁거리는 파도와 일렁이는 물결! 이는 그런 바다를 경험해 본 자들만이 알 수 있다. 이 풍랑의 소요는 그 위력을 제대로 알아보게 했다.

이 힘든 상황에서 용감하게 항해하는 작은 배를 침몰시키기 위해 덤벼드는 엄청난 파고의 천둥 같은 소리, 덜컹거리는 흔들림, 삐걱대는 소리, 그녀가 인생에서 치열하게 싸우듯 그 배의 생사를 건 저항, 두려운 풍랑이 한 차례 지나가면 몸에 흐르는 전율, 선원들의 격렬하고 맹렬한 발걸음, 목이 다 쉴 정도로 내지르는 선원들의 고함은 바람의 신음과 고함치는 거센 소리, 으르렁거리는 소리, 날카로운 비명과 함께 어우러지며 섞여 괴상한 소음들의 합작품을 만들어 냈다. 폭력적인 바다의 분노는 결코 비할 데가 없었다.

이 모든 것은 경험하고 싶지 않았던 것이며 무기력하고 속수무책인 풋내기 선원들은 집어삼킬 듯한 구렁텅이에서 극복해 보려고 갖은 애를 썼지만, 자연의 헤아릴 수 없는 불가해한 깊은 구렁에 함께 엮여 그저 아주 허약한 모습으로 마음이 흔들리며 겁약해져 갔다. 심지어 뱃사람들은 배고픈 호랑이의 벌어진 입속에 달랑달랑 매달려 있는 생쥐 한 마리였음에도, 체념하는 쪽으로 마음이 기울었다.

톰킨스 엄마는 햄과 달걀을 섭취한 후 기력을 회복하기 시작했지만, 바다 여행 뒤에는 여전히 병세가 더 심해졌다. 그녀는 너무 약해져서 많은 날을 업혀서 아래층에서 위층으로 올라가야만 했다. 그리고 심지어 몇 걸음 걸을 때도 간신히 걸을 수 있었다. 그러나 캡틴은 간호사, 의사, 시중드는 여자, 요리사, 그리고 아내를 위한 파티를 열어 흥겹게 재미를 줄 수 있는 동료들을 위해 훈련시켰다. 그리고 남편으로서 여러 가지 의무를 다했을 때 그는 디킨스(Charles Dikens, 영국 소설가. 『황폐한 집』, 『위대한 유산』 등을 썼다)의 책을 가족에게 읽어 주었다. 톰킨스는 그 안락한 시간 동안, 농담이 들리면 참기 어렵고 전염성이 있는 부모의 웃음소리에 함께 폭소를 터뜨리며 마음이 들떠서 옹알이를 했다. 그의 엄마는 황당무계하게도 톰킨스가 소설 속 인물의 웃음소리를 들었기 때문이라고 우겼고, 그 말이 맞다고 생각했다. 그러나 캡틴은 완강하게 아기의 뛰어난 인지 능력의 증거라고 물고 늘어졌다. 캡틴이 주장하길 톰킨스는 태어난 그날 바로 '아빠'라고 말하기 시작했고 생후 2개월의 나이에 디킨스에게 감사하고 있다며 이 주장이 맞다고 계속 우겼다.

조선 또는 대한

\

　그들은 해변으로 밀려드는 반짝이는 파도와 차가우면서도 상쾌한 소금기 밴 공기를 들이마시면서 옌타이의 모래밭에 앉아 찬란한 11월의 나날을 보냈다. 아주 잠깐 뱃길에서 두려움이 엄습했지만, 그들은 다시 모두 작은 조선 땅을 향하여 출항했다. 언더우드 부부는 항상 '조선'이란 국가의 명칭이 최고로 적합하다고 생각했다. 이 이름은 조선인에게는 단지 '아침의 고요함'을 뜻하는 것임에도, 영어로 표기했을 때 이 의미는 '선택된'이라는 뜻이다. 마치 아브라함을 보내셨듯이, 하나님께서 우리를 그들에게 보내기 위해 선택한 그 곳, 그분이 그들을 위해 선택하신 그 곳, 복 주시기 위해 선택하신 그 땅, 지구의 동편 대륙 모든 곳 가운데 가장 먼저 택함을 받은 곳, 선교 현장, 철자는 'KOREA'. 이 명칭이 지닌 모든 의미에서 축복이 따르는, 그분의 소유로 영원히, 무궁무진하게, 기쁘시게 선택하신 민족과 백성. 조선 백성은 통치자들의 자만심이 자라나 이 친애하는 작은 나라를, 캡틴의 옷들을 톰킨스에게 끼워 맞춰 입힌 것과 마찬가지로 맞춰 입힌 '대한(위대한 나라의 의미)'이라 칭하게 된 것을 10년 또는 15년이 지난 뒤에는 상당히 애석하게 생각하게 되었다. 그리고 이 나라의 완전한 무능이 그저 기껏해야 회한의 한숨을 유발할 수 있음을 고려해 볼 때 이 명칭은 너무도 잔인하고 고통스러운 아이러니다.

여러분이 이 나라의 크기와 인구 등에 대해 즉시 질문할 것으로 생각하기에 설명을 한다. 조선은 뉴욕, 펜실베이니아, 뉴저지 주를 합한 것과 같은 면적이며, 인구는 천만에서 천사백만 가량이다. 조선 정부는 인구조사에서 한 가구당 속한 아이들과 성인을 포함하여 5인 가족으로 추산했을 뿐인데, 이는 과도한 추산이 아니어서 더 많은 인구가 포함되어 있다. 여러 해 동안, 중국은 조선에 대한 종주권을 주장했고 매년 공물을 받아왔다. 그러나 중일 전쟁이 발발한 이래로 지금까지 조선은 실제로는 러시아 아니면 일본의 지배를 번갈아 받는 피보호국이었음에도 명목상으로는 독립을 유지해 왔다. 그리고 현재는 두 국가 사이에서 무기력한 모습으로 합의되지 않은 미해결 쟁점에 놓여 있다. 러시아와 중국 두 나라는 마치 배고픈 두 마리의 개처럼 조선을 예의주시하며 서로 으르렁거리며 갑자기 도발하여 걸신들린 듯 조선을 집어삼킬 준비가 되어 있다.

불쌍하고 작은 '위대한 한민족'은 다른 어떤 강대국이 구출해 주러 올 것이라는 희망을 품는 것 말고는 아무것도 할 수 없다. 그러는 동안 조선을 위해 기도하는 다른 국적의 외국인들은 드러내 놓고 이런 말을 한다. 조선은 "쥐어짜내고 필요 없어지면 갖다 버리는 스펀지에 불과하다"고. 이는 오직 자기들이 먹이를 담을 주머니와 배를 채울 위만 갖고 있는 가마우지와 같다. 이 새떼는 자기들의 무리를 위해 동양에서 영양분을 취하며, 불쌍한 동양 주민은 어떤 희생을 치르든지 그들 무리에겐 상관이 없다. 그러나 이 단락을 읽기도 전에 조선의 운명은 아마도 결정될 것이기 때문에 나는 이 주제에 대해 더는 쓰지 않겠다. 사랑하는 덤플링(밀가루 반죽으로 만든 서양요리)이 오면 묘하게 생긴 작은 두 뺨에 가장 귀여운 조그만 보조개를 짓는 톰킨스, 여러분이 이미 들은 바 있는 즐겁고 상쾌한 작은 웃음소리를 비롯해 매일같이 점점 더 넋을 빼놓을 정도로 황홀하게 자라나는 톰킨스 이야기로 돌아간다.

톰킨스 가계와 혈통

\

여러분은 아기의 모든 매력이 어디서 기인하는지, 믿을 만한 증거가 무엇인지 궁금할지도 모르겠다. 아빠는 영국인의 혈통을 지닌 미국 시민이고 엄마는 미국인이었다. 미국인으로 태어난 엄마의 조상 일부는 뉴욕이 소장하고 있는 네덜란드 개혁 교회(Dutch Reformed Church)의 진기한 옛 기록에 네덜란드어로 이름이 기록되어 있다. 그리고 이 공동체 사람 중 일부는 메이플라워(Mayflower, 1620년 당시 두 번째로 큰 이민단이었던 영국 청교도 102명이 종교의 자유를 찾아 북미로 떠났다. 이때 탑승한 선박 이름이 메이플라워호이며, 항로 이탈과 지연 도착으로 겨울 동안 절반 이상이 죽었다. 살아남은 이들은 매사추세츠에 도착하기 전에 41명이 선상에서 '메이플라워 서약'을 했고, 이 내용은 미국 민주 정치의 기반이 되었다. 옮긴이)에 명단이 있다.

그러나 톰킨스는 조선에서 태어났고, 그가 성장해서 두 번째 미국에 갔을 때 미국 소년들은 그를 '칭키, 칭키, 차이나 맨(Chinky, 서구인들이 중국인을 비하하는 속어)'으로 불렀으며 "너는 결코 대통령이 되지 못할 거야"라고 말하기도 했다. 정말로 화나는 일이다. 그러나 우리는 희망을 움켜쥘 것이다. 조선 백성 중에서도 훌륭한 사람들은 견고하고 꾸준하게 점차 삶의 질이 향상될 것이다. 우리는 그 낡은 존불(John Bull, 정통 영국 사람을 풍자해 일컫는 별명 옮긴이)의 완고하고 끈덕진 고집에 개의치 않을 것이며 신세계(미국)의 독립성, 넘치는 기운, 빛나는 탁월성, 미국인다운 삶, 그리고 동유럽의 인내와 차분한 평온함, 이와 같은 위대한 대모들은 톰킨스에게 이 모든 것을, 그를 존중하는 가운데 계승시키고 좋은 영향을 끼치며 공급해 주었을지도 모른다.

크리스마스 파티

＼

나는 다가오는 크리스마스에 대해 이야기를 하려고 한다. 이는 물론 톰킨스도 함께 한 가족 내부 비밀회의에서 결정된 것으로 톰킨스는 단지 4개월 된 아기지만 크리스마스트리를 가져야만 한다. 또한, 이 마을에 사는 모든 미국계와 유럽계의 작은 꼬마와 아기들을 초대해야 한다고 결정했다. 그러나 조선에서 나무를 구하는 것은 쉬운 일이 아니다.

가난하고 불쌍한 도시를 통틀어, 여기에는 나무들이 너무 부족하다. 이곳의 나무는 누군가 재빨리 잘라 땔감으로 쓰기 때문에 나무를 자르는 일이 법으로 금지됐다. 그래서 누군가가 소유한 땅에서 하나를 얻지 못하면, 우리는 나무 없이 트리 장식을 해야만 한다. 크리스마스 나흘을 앞두고도 여전히 나무가 없었다. 그리고 사흘, 이틀 전 앞으로 다가왔을 때 마침내 나무가 도착했다. 나는 초대한 미국인 소년들 가운데 누군가가 이 나무를 '1센트에 두 개짜리'라고 부르지 않을까 걱정했는데, 이 나무는 우리 집의 천장 낮은 방에 안성맞춤으로 가지가 넓게 퍼져 있는 것이었다. 또한, 이 나무는 우리 영국 사촌들이 너무나 소중하게 아꼈던 상록수이며 긴 가지들을 늘어뜨린 아름답고 신기한 미슬토(겨우살이, 줄기를 크리스마스 장식에 쓰는 덩굴식물 옮긴이)로 큼지막한 한 무더기를 이루고 있었다.

톰킨스의 나무는 여러 날 동안 열리는 파티를 위해 재미와 중요성을 고려하여 얻었는데, 어린아이들이 신나게 즐길 수 있도록 봉사할 수 있는 기대치로 본다면 크리스마스 장식을 한 다른 세 그루에 못지않았다.

크리스마스트리 중에는 열매를 주렁주렁 맺는 나무 하나가 있었다. 사나흘 동안 계속되는 파티에 맞춰 풍성한 열매를 맺을 것이라고는 상식적으로 기대할 수 없었지만, 이 나무는 아주 특별하게 훌륭한 작은 나무였다. 크리스마스이브, 파티 첫날에는 선생님들과 함께 온 재치 있고 앙증맞은 조선인 소녀 학생들이 무리를 지어 크리스마스트리 둘레에 둥글게 자리를 잡고 반짝반짝 빛나는 전구 불빛과 화려하고 눈부신 장식을 경이로운 눈으로 바라보았다. 그리고서 소녀들은 거실 마루에 앉아―조선식 옷을 입고서―크리스마스 선물을 받았다. 또 산해진미의 크리스마스 축제 음식을 먹고 난 후, 캔디를 비롯해 특별한 맛이 나는 과자와 잔치 음식을 어떻게 다 들고 갈지 어리둥절한 채 집으로 가져갔다. 다음 날 톰킨스 나무 밑에는 자상하게 새로 만든 유아용 변기가 놓였다. 새로운 선물은 톰킨스 나무의 까칠까칠한 오래된 가지에 붙들어 매달았으며 새 양초는 어두운 색으로 옷 입은 톰킨스 나무를 환히 밝히며 불빛을 켰다. 그리고 장난기 가득하고 짓궂은 말썽꾸러기들과 영리하고, 까불며 날뛰는, 머리는 길고 명랑하게 아무 옷이나 걸친 자그마한 조선 소년들이 와서 톰킨스의 나뭇가지 사이에 달려들어 뚫어지도록 집요하게 구경을 했다. 소년들도 선물을 받고서 진기한 축제 음식을 먹으며 함께 크리스마스 이야기를 듣고 즐거워하며 사진을 찍고, 매우 기뻐하면서 집으로 갔다. 톰킨스 나무가 모든 꼬마들에게 즐거운 볼거리를 제공하는 동안, 우리의 사랑하는 톰킨스는 개인 비서인 엄마를 통해 다음과 같이 카드 초대장을 써 보냈다.

"헨리 아우구스투스 원(원한경) 선생은 존 브라운 선생에게 찬사를 보내며, 1890년 12월 26일 금요일 오후 4시, 나의 동료로서 성탄의 기쁨을 함께 나누기를 간청합니다."

"소수만 참석하는 조촐한 만찬이 열립니다."

"샤프롱(파티에서 젊은 여성을 경호하는 동반자)도 진심으로 환영합니다."

이런 작은 초대 카드는 조선인 하인이 맡아 보냈는데 치트북(chit book)으로 불리는 것을 동봉했다. 이것은 간소하게 아무것도 쓰여 있지 않은 백지로 된 책으로 이 편지나 선물을 받는 사람의 이름이 적혀 있으며 편지를 받았다는 표시로 수신자가 반대편 빈 면에 자기 이름을 사인해서 회신할 수 있게 되어 있어 명랑한 꼬마 친구들 몇 명이 답장을 보냈다.

요리사는 큼지막한 앞치마를 두르고서 타트(속에 과일 같은 달콤한 것을 넣고 위에 반죽을 씌우지 않고 만든 파이), 키스류(과일 등을 갈아서 만든 셰이크의 일종), 쿠키, 페티 케이크(고기나 과일을 갈아서 속에 넣고 구워낸 파이류), 샌드위치, 레몬 에이드 따위를 만드느라 애를 쓰며 일했다.

톰킨스 가족은 캔디를 만들었는데, 특별히 톰킨스가 함께해서 아주 재미있었다. 틀림없이 이 행사로 크리스마스의 기쁨은 두 배가 되고 더 달콤했다. 캔디를 만드느라 병에 담긴 레몬즙을 똑똑 떨어뜨렸는데, 메스꺼운 일본 사탕이 이 미개한 땅에서는 돈으로 살 수 있는 유일한 것이었기 때문이다. 일본 사탕을 사서 우리는 향긋한 레몬즙을 발랐다.

미개한 땅! 생각해 보면 이 민족은 설탕도 없다. 이것이 무엇을 뜻하는지 생각해보라. 설탕이 없으니 잼, 젤리, 케이크, 파이, 타트, 푸딩도 없다. 당연히 아이스크림이나 크림 소다류도 없다. 그래서 파티에 참석한 사람들의 아침 식사에는 설탕을 넣지 못했고 마땅한 크리스마스 캔디도 주지 못했다. 하지만 이 땅에도 캔디를 대신할 수 있는 멀래시즈 캔디(사탕수수나 사탕밀을 가공할 때 나오는 찐득한 시럽)가 있었다. 또 조선에는 흰색의 조그만 견과류가 생산되는데 아주 맛이 좋았다.

부유층은 중국산 설탕 절임과 설탕에 졸인 과일을 사기도 하는데, 그들은 맛있는 메밀 시럽도 가지고 있어 완전히 설탕과 같은 달콤한 재료가 없이 사는 것은 아니다. 외국인들은 마을 사탕 장수를 그다지 많이 깔보지 않는다. 입맛이 떨어지게 하거나 변명이라도 해야 하는 사탕을 취급하고 제조하는 지저분한 장소와 손가락을 보았을 때에도 말이다.

언더우드 가족은 재치를 발휘해 손수 몇몇 종류의 환상적인 캔디를 만들었다. 초콜릿 크림, 캐러멜, 핑크색 슈거 크림, 코코넛, 설탕을 입힌 호두, 설탕에 졸인 오렌지와 무화과, 휠러즈의 최상품처럼 보이는 꽤 훌륭하고 다양한 사탕들이 파티를 위해 준비되었다. 크리스마스트리도 많은 궁리를 해서 환상적으로 아주 멋지게 만들었다. 은색 종, 종이로 만든 천사, 황금빛 거미줄 문양의 장식, 주석으로 만든 루비와 에메랄드, 은빛 장식용 반짝이 조각, 캔디가 들어있는 빨간색 자루, 그리고 수많은 양초, 이 모든 것이 선물과 함께 미국과 영국, 중국에서 크리스마스 행사를 멋지게 꾸미기 위해서 바다를 건너온 것이었다. 선물들은 나무 주변과 나무 속, 나무 위, 아래에 자리를 잡았다.

트리 장식

서재와 응접실 사이에는 움직이는 이동식 칸막이가 있었는데, 이것은 모든 조선인의 집에 다 있는 것으로, 종이를 바른 가벼운 나무 구조물로 만들어져 있고 완벽하고 쉽게 치울 수 있는 움직이는 문 같은 형식(병풍)이다.

깜짝 파티를 위해 이 움직이는 문으로 완전히 가려 놓았더니 아무도 집안에 크리스마스트리가 있는지 알 수 없었다. 캡틴은 결혼 전에 총각일 때도 항상 아이들을 위한 크리스마스 파티를 해 왔고 폰 가베가 왔을 때도 물론 그를 위한 파티를 했지만—그 일들을 회상하지만—그렇다, 지금은 결코 그 일이 떠오르지도 않을 만큼 우리는 이 멋진 트리에서 절대로 멀리 떨어져 돌아다닐 수 없을 정도였다.

응접실에는 아주 큼지막한 벽돌로 만든 벽난로에서 격렬한 불꽃이 타들어 가며 불을 환히 비추고 있었다. 춤추며, 웃고, 노래하고, 손뼉을 치고, 모두를 환영하는 정중한 인사를 하지 않는다면 크리스마스가 무엇을 위해 존재하겠는가? 그 방안에는 온통 크리스마스를 상징하는 녹색 장식과 미슬토 나무, 그리고 진정한 그리스도인의 크리스마스처럼 보이는 모든 것이 있었다.

진실로 이 파티는 가난하고 어둡고 그 존재가 잘 드러나지 않는 숨겨진 땅, 기쁨에 넘치는 아무런 빛도 없고 무지와 죄, 슬픔의 깊은 밤을 뚫고 반짝이는 빛을 비추어 줄 수 없는 땅에서 나이가 많든 어리든 그 삶을 환하게 비추어 주기 위해 존재했다. 우리가 그 방에 장식을 거의 끝낼 무렵에 명랑하고 앙증맞은 목소리가 들려왔고 아이들이 떼를 지어 몰려들었다. 톰킨스는 최고로 멋지게 차려입고 작은 유모차에 기대어 누워 있었으며 낯설고 조그만 친구들 모두를 향해 상냥하고 온순하게 미소를 짓고 있었다. 선교사들의 집에서 온 작은 미국인 아이, 영사관에서 온 작은 영국인 아이, 러시아 아이, 공사관에서 온 작고 통통한 일본인 아이, 독일계 미국인 아이, 캐나다인, 조선인 아이 한 명, 그리고 여러분이 이전에는 결코 보지 못했을 가장 오묘하게 생긴 중국인 아기, 모두가 어마어마하게 많은 귀여운 누비 코트를 한데 벗어 뭉쳐 놓았고, 중국인 아기는 하루 종일 자기 코트를 둘둘 말면서 다른 아이들처럼 다치지 않고 놀았다.

그리고 오! 세상에서 제일 까다로운 그 아기의 마음을 충분히 기쁘게 해줄 온통 금색 구슬로 장식한 아주 화려하고 멋진 빨간 모자! 여러분은 톰킨스가 중국인 아기를 보고 기뻐하고 즐거워했다고 말하면 믿을지 모르겠다.

모두를 위해 중요한 것

\

아이들은 '오트밀, 완두콩, 콩', '골무를 숨겨라' 등을 하면서 저녁 식사 시간이 될 때까지 놀았다. 그런 후 식당으로 자리를 옮겨 놀았다. 톰킨스는 머틀과 헨리, 작은 중국 아기와 함께 테이블 위에 앉았는데, 두 살 정도 많은 캐더린은 울음을 터뜨렸다. 아기들 사이에 자리 잡고 있던 것이 그녀에게는 아주 모욕적으로 느껴졌고, 실제로 그렇게 앉는 것은 사려 깊지 못한 것이었기에 그들은 캐더린에게 사과를 하고 다른 식탁에 자리 잡은 5~8세쯤 되는 큰 아이들이 모인 곳으로 옮겨 주었다. 톰킨스가 친구들과 저녁을 먹으며 즐겁게 놀고 있었을 때 가려 놓았던 칸막이가 응접실과 서재 사이에서 치워지자, 촛불이 환하게 빛나고 온통 눈부시게 반짝거리는 트리가 완벽하게 화려한 자태를 뽐내며 서 있었다.

그렇게들 손뼉을 치며 즐거워하다니! 그렇게 빛나는 눈동자들이라니! 모든 아기에게는 각각 딸랑이를 하나씩, 조금 큰 소년에게는 모두 나팔이나 악기를 주었고 곧바로 크리스마스 축일이면 마땅히 선물을 주는 관습으로 모든 소년이 간절히 원하는 공놀이를 할 수 있는 작은 테니스 라켓을 주었다. 이 파티는 모두가 너무 좋아해서 이날 특별히 꽤 만족감을 느낀 톰킨스는 파티가 한창 무르익을 무렵에 빠르게 살며시 잠이 들었고 나는 아기의 손님을 작별해야 할 시간에 깨우지 못했다고 말하는 것이 미안했다.

하지만 톰킨스 나무가 아직 남아 있었다. 톰킨스 나무가 아직도 해줘야 할 중요한 일이 끝나지 않았다. 1년여 전에 미국 미주리에 사는 어느 인정 많은 부인들이 고아원 소년을 위한 기금을 모아 후하고 넉넉한 선물을 보냈는데, 지금 그 소년들을 위해 그들이 이전에는 결코 경험해 본 적 없는 멋진 크리스마스가 되도록 쓰이고 있었다. 따뜻한 털 모직 목도리, 나이프, 장난감 권총, 장난감 칼, 주머니에 갖고 다닐 수 있는 스카프, 수건, 오렌지 등의 선물이 가득했다.

이 고아원 소년들은 모두 차를 마시려고 톰킨스의 집에 초대받았다. 그들은 톰킨스 나무를 갖고 다시 장식하면서 놀았고 아주 예쁘게 꾸며 놓았다. 크리스마스 전에는 서재 안에 잠그고 숨겨 놓았던 트리였다. 식당에는 이 작은 소년들에게 저녁 식사―그들은 저녁에 먹는 식사를 '저녁(chenyak)'이라고 부른다―를 준비하기 위한 야트막하고 긴 식탁이 놓였고, 저녁 식사에 이어 더 큰 식탁에는 빵, 달콤한 크래커, 쿠키, 케이크, 타트류 등을 잔뜩 담은 쟁반이 놓여졌다. 참석하기로 약속한 정시에, 고아원에서 가장 조그만 소년 하나가 소심하게 안으로 들어와서 자신들이 와도 되는 시간인지 물었다. 그리고 그렇다는 말을 듣고서 소년은, 어떻게 되었는지 궁금해하면서 모두 함께 기다리고 서 있는 친구들에게 들어와도 된다는 사실을 알려주려고 대문을 향해 빠르게 달려 내려갔다. 잠시 후 그들은 모두 안으로 들어와 나무로 만든 신발(나막신)을 벗어놓고 자신들이 할 수 있는 가장 예의 바른 태도로 겸손하게 고개 숙여 인사했다. 이 신발은 조선인만 신는 나막신이라고 상상하지는 마라. 이 신발은 진흙탕을 걸을 때나 날씨가 나쁠 때에만 신는다. 그리고 신고 돌아다니기에는 약간 투박하고 걸을 때 소리가 매우 시끄럽다. 그러나 물기가 있거나 진흙탕을 걸을 때 발을 잘 보호해주고, 사람을 땅에서 5센티미터 정도 높여 주기 때문에 흙탕물이 튈 때 치마도 보호해 준다. 조선 신발에 대해 덧붙이자면, 반면에 지푸라기로 만든 짚신이 있는데 조선인들이 걸어 다닐 때 습관적으로 자주 신고, 끈으로 잡아맨 이 신발은 매우 말쑥하고 가볍다. 짚신은 모든 신발 중에서 조선인들이 가장 흔히 신는 것이다. 그리고 가죽신(당혜)이 있는데, 이것은 취향에 따라 노란색, 흰색, 빨간색이 있고 상당히 장식이 많이 달려 있다. 그리고 커다란 네일 헤드 장식(손바느질로 박아 넣은 쇠 장식)이 많이 붙어 있고 두껍고 무거운 바닥으로 되어 있다. 이 신발은 조선 상류층이나 부유층이 많이 신는다. 모든 신발은 집안에 들어올 때는 벗어서 현관 한편에 놓아두고 매우 그럴싸해 보이는 어여쁜 하얀 버선 속에 조그마하고 얌전한 그들의 발이 감추어져 있다. 그 양말은 무명천을 잘라서 발에 꼭 맞게 만들어져 있다. 몹시 추운 날에는 이 양말을 겹겹이 뭉쳐 신기 때문에, 발과 발목이 매우 우스꽝스럽게 부풀어 오른 것처럼 보이기도 한다.

게임 즐기기

＼

겹버선을 신어 부풀어 오른 소년들의 발은 불구나 기형처럼 보이지는 않았으며 오히려 그 반대였다. 활기차고 재기발랄한 작은 소년 무리는 길게 땋아 내린 머리를 묶어 주는 눈부신 댕기를 달고 체리색, 푸른색, 녹색, 자주색, 빨간색, 흰색 옷을 입고 있었다. 언더우드 가족은 잠시 그들이 저녁 식사를 하면서 즐겁게 뛰놀고 난 뒤에 곧바로 그들이 아주 흥미롭게 즐길 수 있는 미국식 게임을 가르쳐 주었다. 소년들이 게임을 마쳤을 때—정말이지 조선인의 습관인데—먹고 남은 케이크와 사탕 따위의 맛있는 과자를 가져다가 큼지막한 소매 속에 집어넣고 다음에 또 즐겁게 놀도록 허락을 받았다.

소년들과 우리가 다른 방으로 옮겨 영광 속에서 대기하고 있는 그 트리를 발견했을 때, 펜나이프를 비롯한 선물은 기쁨에 찬 작은 꼬마들의 마음에 꼭 들었고 소년들의 탄성과 흥분은 최고에 달했다. 소년들은 즐거움으로 말없이 앉아 있었다. 거기까지 본 뒤로 소년들은 오래 남아 있을 수 없었다. 그들은 돌아가야 하는 것이 몹시 속상했으나 선물을 한아름 안고 즐거워하면서, 곧이어 조선식으로 정중하게 인사를 하고 작별을 고했다. 트리 불빛은 꺼지고 우리는 모두 침대로 잠을 자러 갔다. 트리는 혼자 그곳에서 한밤 내내 어둠 속에 있었는데, 아침 일찍 부정직한 하인이 트리 장식을 훔쳐 갔다. 심지어 트리에 있는 반짝이 조각 장식과 종이로 만든 아름다운 장식까지도 사라지고 없었다. 아빠가 와서 그 나무는 봉사해야 할 날에 쓰였으니 이제는 없애야 한다고 말했다. 그리고 그는 트리를 가져가 치우고 장작으로 쓰기 위해 조각조각 잘라냈다. 그리고서 나무는 활활 타오르고 기쁨에 넘치는 따뜻하고 유쾌한 불길을 만들어 주면서 심지어 자신의 재까지도, 이전에는 절대로 본 적 없는 밝은 빛을 낼 때까지 난로 속의 장작이 되어 불을 밝혀 주었다. 그 나무의 생애가 톰킨스의 삶을 전형적으로 대표하게 될지도 모른다고 우리에게 소망하게 해주길.

여러분은 나에게 '그것은 톰킨스 나무의 종말이 되었다'고 말할지도 모르지만 그렇지 않다. 결코 그 어떤 종말도 없을 것이다. 그것이 톰킨스 나무의 아름다움이다. 톰킨스 나무의 기쁨과 밝은 불빛은 영원히 계속될 것이다. 선한 행동, 친절한 실천, 행복, 환호, 그리고 크리스마스트리는 영원히!

3

폰 가베

그 아이는 살아날 것이다

＼

나는 폰 가베에 대해 이야기하기를 고대하고 있었다. 우리는 폰 가베를 위한 처소를 찾을 수 없었어도 줄곧 그에 대해 말하기를 바라고 있었다. 이제는 언더우드 가족이 안전하게 집에 있었고 크리스마스가 끝나고 우리는 폰 가베라는 아이를 알고 지내기 위해, 처음부터 함께 출발하기 위한 시간을 확보할 수 있었다.

캡틴은 얼마 전에 고아 소년을 위한 고아원과 고아학교(언더우드 학당)를 설립했고, 영양실조에 걸려 비쩍 마른 아이들이 아주 많이 모여들었다. 그들 중에서 가장 조그만 아이가 바로 폰 가베였다.

그는 조선의 나이로 여섯 살이 채 되지 않았다. 그의 아버지는 상류 계층의 귀족이었는데 정치적인 죄로 추방되어 유배 생활을 하고 있었고,

어머니는 죽을 운명에 처해 있었다. 조선식 나이를 세는 법을 말했는데 이 나라에서 나이는 미국의 방식과는 상당히 다르다. 조선인은 태어나는 즉시 한 살이 되는데, 그해의 마지막 날(12월 31일)에 태어났다면 그 다음 날인 새해 첫날이 되면 두 살이 된다. 조선에서는 중간에 새해가 시작된 것이 아니라면 생일 한 달 전이나 생일이나 나이가 같다.

알다시피, 조선인은 태어나서 살았던 어느 해 동안이든지 생일과 관계없이 단지 그가 보낸 새해와 똑같은 나이다. 조선의 아기는 12월 31일에 태어났다면 한 살이 될 것이고, 그 후 일 년과 하루가 지난, 다음 날 1월 1일에는 세 살이 된다.

가엾은 폰 가베를 고아학교에 데리고 온 친척 어른이 원 목사에게 처음 소개했을 때 미국 나이로는 정확히 네 살이 채 되지 않았다.

지금 고아원은 초기 상태로 간신히 설립되었으며, 아직 자기 얼굴을 씻을 수도 없고 고유의 땋은 머리를 스스로 땋을 수도 없는 작고 불쌍한 친구들을 돌보는 일에 제대로 준비가 되어 있지 않았다. 그래서 그의 친척 어른이 아이를 여기로 보내며 키울 수 없어 두고 가야만 하며 그를 돌보아 달라고 말했을 때, 며칠 동안만 머무는 것이 허락되었다. 그의 친척 어른이 강력하게 이의를 제기했지만 별도리가 없었다.

지금 생각해도 나는 그 사악한 친척 어른이 불쌍하고 작은 골칫덩어리 조카를 버리려고 했던 것 같아 두렵다. 어찌 됐든 얼마 지나서 아이가 위험할 정도로 아픈데 정상적으로 안전한 보살핌도 없이 지낸다는 소식을 들었다. 아이는 너무 병들어서 걷지도 못했고, 원 목사는 고아원에 총책임자를 고용하고 약과 가루우유 등을 한가득 안고서 소년을 보러 갔다.

원 목사는 쓸쓸하게 버려진 작고 비쩍 마른 아이를 보았고, 음식을 달라고 부르짖는 가련하고 측은한 목소리, 마룻바닥에 자리 하나 깔고 누웠는데 너무 약해서 머리조차 들지 못하는 모습을 보았다. 아이는 가루 우유가 담긴 깡통을 보자 이빨로 뜯어 열려고 애쓰면서 닫힌 통을 뜯으려 하다가 깡통 측면에 붙은 종이를 먹었다. 아마도 끔찍하게도 그 친척 어른이 아이를 굶겨 죽이려 했던 것으로 보였다.

그리하여 원 목사는 아이를 자기 집으로 데려가 여전히 자신의 여린 몸속에서 희미하게 깜빡거리는 생명력, 꺼져 가는 작은 불꽃, 연약한 어린 것을 구해서 살리려고 결정했다. 이 소식을 듣고 아이를 본 많은 사람이 반대하면서 충고했다. "아이가 너무 약하고 병들어 있다. 결국, 죽을 것이다. 그렇게 되면 마을 주민들은 아이의 죽음에 대해 우리를 비난할 것이고, 우리 선교사들을 추방하려고 움직일 것이다." 이것이 그들의 논쟁거리였다. 또 하나 가장 압박하는 의견 하나는 아직도 유럽인이 최근 들어 어리석게 개방을 한 이 나라에 발을 들여놓을 수 있을지 전혀 확신할 수 없다는 것이었다.

그러나 원 목사는 이런 조언들을 듣거나 명백한 책무의 길이 있는 곳에서는 어떤 결과를 생각할 수도 없었다. 그래서 그는 자신의 마음과 집을 넓게 활짝 열고, '연약하고 배고픈 그리고 죽기 직전인' 가련하고 작은 잃어버린 양을 데려왔다. 바로 불쌍한 폰 가베를 위한 기나긴 지원과 돌봄, 역성들기였다. 며칠이 지나고 몇 주가 흐르자, 아이의 생명은 서서히 균형을 찾아 몸이 떨렸다. 신실하게도, 그의 외국인 친구들은 그를 돌보며 주의 깊게 살폈다. 모든 의사가 절망했지만 원 목사의 사랑은 결코 절망하지 않았다. 그리고 한참이 지나자 폰 가베는 조금씩 생명력이 돌아와 기어 다니기 시작했다. 우리가 그를 주시하며 목격할 수 있었던 전부는 그저 눈물이 어려 있는 애처로운 검은 두 눈동자였으며, 아주 자그마한 어린이의 불쌍하고 작은 뼈마디들이었다.

그러나 친절한 마음과 음식으로 아이들은 금세 회복되어 자라나기 마련이며 얼마 지나지 않아 그는 어디서나 볼 수 있는 행복하고, 토실토실 살이 찌고, 밝고 명랑한 작은 친구가 되었다. 그는 영어를 배웠는데 놀랄 정도로 빨리 익혔고 어느 외국인 아이처럼 영어로 말을 했다. 그리고 폰 가베는 갈고 닦은 영어 실력 덕분에 우리에게 때때로 매우 유익한 사람이 되어 주었다. 특별히 원 목사가 결혼한 후에 아직 한국어를 잘 구사하지 못하는 원 목사의 부인을 위해, 그들에게 주 예수님이 말씀해 주시는 사랑스러운 위로의 말들을 선교사 부인들이 말하는데 그는 해설자로 도움을 주었다.

나는 이 축복 가득한 진리들이 조선인에게 한 외국인의 입에서 나오는 멈칫거리고 자주 끊기는 언어의 덫에 걸리는 것보다는 현지인인 작은 어린이의 입술을 통해 훨씬 더 큰 권능으로 듣는 이들의 가정으로 전달되었음이 틀림없다고 믿는다. 나는 확신한다. 하나님은 약한 것을 사용하셔서 강한 자를 이기고 놀라게 하시며, 지혜가 부족한 자를 쓰셔서 영리한 자를 이겨내 깜짝 놀라게 하시고 작은 자를 경멸하지 않으신다. 그리하여 작은 소년과 나는 천만 명 이상이 되는 이 나라 조선을 구원하기 위한 일을 착수하면서 겉보기에 희망 없어 보였던 과업을 절대로 그렇게 생각하지 않았다. 그들의 형편없는 작은 광주리를 가득 채워 겨우 떡 다섯 개와 아주 적은 물고기로 많은 이들을 먹이기 시작했다.

아마도 이 사역들은 그렇다, 인간의 많은 약점 때문에 때때로 많은 부분 열의 없고 성의 없게 이루어졌지만 그럼에도 폰 가베는 축복의 사람이 되기 시작했다. 그리고 톰킨스가 태어났을 때 이 작은 꼬마가 얼마나 기뻐했던지! 아기가 주변 환경을 지각하기 시작하자마자, 폰 가베는 작은 검은색 눈동자를 지닌 현지인 놀이 친구가 되어 얼마나 매력적으로 아기를 돌보던지! 그리고 폰 가베가 새 식구의 즐거움과 놀이에 꼭 맞게 점프하고, 손뼉을 치며, 재주넘기를 하거나 뭐든지 수많은 익살스러운 행동을 하면서 놀 때, 그 즐거운 웃음소리 속으로 톰킨스는 빠져들었다.

점점 더 미국인이 되다

그는 이제 꽤 미국인이 되었고 선교사들처럼 '미국 집으로 가는 것'을 이야기했다. 폰 가베는 그저 들은 적만 있던 '미국을 되찾는다'는 것에 우리가 그를 합류시킴으로 그런 특별한 것들을 이야기했다.

그는 절대로 자기 신분인 양반 계급에 대한 생각을 잊어버리지 않았으며 그래서 꽤 오만하거나 고아원에 있는 작은 막노동꾼 소년들에게 고상한 태도로 잘난 척을 했다. 이 때문에 원 목사에게 한 차례 이상 엄격하게 꾸짖음을 당했다.

우리가 언제나 고수했던 한 가지 규칙은 폰 가베와 관련해 생겨난 것들 가운데서 가장 행복한 규칙은—나중에는 톰킨스에게도 마찬가지다—우리가 화가 난다고 절대로 벌을 주지 않았던 것이다. 그리고 어떤 상황에서도 절대로 폰 가베를 잘못 인도하거나 속이지 않았다.

폰 가베와 톰킨스, 우리 아이들은 절대로 나쁜 약을 좋다고 말하지 않았고 이빨을 뽑는 것이 아프지 않을 것이라고 말하거나 주고자 하는 의향이 없는 것을 약속하거나 하지 않았다.

그들은 부모의 말에 불순종하지 않고 "주님, 알겠습니다. 아멘"이었음을 알았다. 이 규칙들을 고수하는 것은 만사를 이해하기 쉽고 명료하고 간소하게 해주었고 아이들에게 회초리를 들어 혼낼 때 더 순종하도록 만들었다. 그리고 가장 좋은 길과 방법 안에서 진리와 진실을 예시와 모범을 통해 가르쳤다. 나는 언더우드 가족이 이 어린아이들이 성공하도록 존중해 주고 싶은 포부가 있었음을 확신한다. 그 이상은 아닐지라도, 전 세계 모든 사람에 비해서 더 큰 포부였다. 그러나 이것은 확실히 모든 보살핌과 신경 써야 하는 많은 것들을 의미했다.

언더우드 가족이 2년간 미국에 가고 없는 동안 폰 가베는 선교사 한 사람의 특별 감독하에 있는 학교로 갔다. 무력했던 유아기에 버리려고 마음먹었던 친척들 앞에서 이제 그는 몹시 하고 싶었던 영어를 자신이 썩 잘한다는 것을 알았고 중요한 공식적인 인터뷰에서 해설자로서 선교사들을 도왔다. 그럼으로써 자신이 유능하고 이로운 사람이 될 수 있음을 입증해 보였고 사악한 친척들을 그의 삶에서 잊어 버렸다.

언더우드 가족이 조선에 돌아온 후 일 년쯤 되어 가고 폰 가베가 자기 행동을 충분히 통제하고 관리할 수 있을 정도로 쑥쑥 성장했을 때 그는 자신과 옛 친척들과의 상호 호혜적인 기쁨을 위해 화해 목적으로 방문했다. 그는 이제 정부가 세운 관립학교에 다니고 있었으며 문서를 복제하거나 우리에게는 낯선 여러 일들을 하면서 어느 정도 자기 자신을 스스로 돌봤다.

폰 가베는 이제까지 본 그리스도인들과 마찬가지로 열의가 있고 진지하고 진정한 그리스도인처럼 보였으며 훌륭하고 남자다운 작은 동료로 자라났다. 그는 이제 정기적이고 규칙적으로 오랜 친구들과 함께 주일날 시간을 보냈으며 '꼬마 유부남'도 가끔 교회에 오면 톰킨스는 폰 가베와 '꼬마 유부남' 그 둘을 모두 칭찬하고 놀라워하고 존경해 주었다. '꼬마 유부남'에 대해서는 곧 이야기하겠다.

폰 가베가 학교를 졸업한 뒤에는 출판 회사에서 신뢰하는 좋은 지위를 얻었으나 여전히 검소하게 살며 열심히 일했고 그의 신앙의 진실을 회사에 계속 알렸다. 나중에 그는 다른 세 명의 젊은 조선인과 함께 미국으로 건너갔고, 거기에서 그리스도인들의 보조를 받아 대학에 진학해 자신의 앞길과 학업을 위해 노력했으며, 높은 영예를 안고 클래스에서 세 번째 성적으로 졸업했다.

이 짧은 요약으로 폰 가베에 대한 이야기를 마쳤다. 잃어버린 동전 한 개도 발견되고 길 잃은 어린 양 한 마리도 죽음에서 나와 주님의 보호를 받는다. 무엇이 아직은 그렇게 되지 않더라도 가치가 있으며, 우리의 귀가 주님의 음성에 민감하다면 육신의 영혼을 넘어서 기쁨과 만족을 주는 천사들이 반복적으로 들려주는 말의 메아리를 들어야 한다.

애완견 패니

톰킨스가 태어나기 전에 폰 가베 외에도 언더우드 가족 중에는 또 다른 멤버가 있었다. '가족'이라고 나는 말하고 싶었다. 테리어종 강아지 패니인데 거의 사람과 흡사할 지경이었다. 나는 패니가 다소 변덕스러웠던 점이 두려웠는데, 패니는 내가 원 목사의 아내가 될 가능성이 생겨 났을 때까지 잠깐 동안 캡틴의 믿음직하고 충실한 종이었다. 당시 패니는 언더우드 가족의 미래의 여왕에게로 충성의 대상을 옮겨왔다.

패니는 미래의 여주인 집을 떠나지 않고 찰싹 달라붙어 아주 많이 우리를 놀리고, 치근대고, 꼴사납게도 그 피해자 커플의 머리를 치면서 희롱했다. 패니는 대문에 있는 매트에 여러 시간 누워 있었다. 나는 적어도 얼마간 이런 이야기는 하지 않았지만, 이제는 의도했던 바를 해외로 출판하면서 꺼내게 되었다. 패니는 목사의 개로 외국인들과 주민 인근에 널리 알려져 있었다. 그래서 패니의 행동은 주변에 당연히 중요하고 의미가 있었다.

그때나 지금이나 조선에 외국산 개는 아주 드물다. 따라서 외국산 개라면 매우 가치가 있었다. 마을 주민의 개들은 형편없는 쌀밥 종류를 먹여 키우고 있었는데, 절대로 애완동물로 다루거나 거실에 들어오는 것을 허용하지 않았다. 그래서 조선의 개는 대부분 주인의 친구로 산다거나 주인에게 애정 어린 표현을 보여준다거나 하는 특이한 행동을 절대로 하지 않았다.

조선 토종개의 쓰임새

＼

조선의 개는 그들의 서구 사촌들이 보여주는 문명화된 표징이 결핍되어 있으며 통상적으로 겁에 질려 있고 야생적이며 들개같이 천하다. 이 개들은 큰 소리로 짖으며 이빨을 드러내 보이지만 적들, 그러니까 사람이나 큰 짐승이 가까이에 오면 꼬리를 축 내린 채 살금살금 도망간다. 이 개들 중에서는 스피츠를 상당히 많이 닮은 새끼를 임신하기도 하고 스코틀랜드산 콜리의 특성을 모두 지닌 수많은 무리도 있다. 그래서 이 현상은 내 입장에서 보자면, 영리하고 매력적인 서구 동물들의 계보에서 나왔지만 퇴화한 자손들이 틀림없다. 그 개들은 총명하게 보이는 두텁고 곱슬곱슬한 털, 북슬북슬한 꼬리, 그리고 뾰족한 주둥이가 있고, 잘 먹이고 잘 다룰 경우 유능하고 영리하고 애정이 많은 존재가 되는 것으로 판명되었다.

그 강아지들은 지금까지 본 적이 없는 최고로 오묘하게 생기고, 유혹적이고 매력 있는 조그맣고 모피를 휘감은 털 짐승들이다. 그리고 이제 나는 어느 슬픈 사실을 털어놓아야겠다. 대부분 개는 새끼를 낳는데 오직 잡아먹기 위한 목적으로 사육된다. 가을쯤 되는 어느 특정한 계절은 도살할 태세를 갖춘 최적의 시기이며, 모든 마을에는 비극이 일어난다. 그리고 불쌍한 개 수천 마리가 끔찍한 운명에 처한다. 이 개들은 공포에 질린 눈으로 도살업자에 의해 비명을 지르고 저항을 하면서 질질 끌려온다. 더 이상 말하지 않게 하소서.

로마서 8장 19절의 동물에 대한 잔혹성을 예방하는 사회에 관한 위대한 뜻은, "피조물이 고대하는 바는 하나님의 아들들이 나타나는 것이니"라고 쓰여 있다. 나는 절대로 이 동물 학살을 생각도 하기 싫고 이 동물들 대부분이 지닌 애처로운 호소와 온순하고 인내심 있는 눈망울을 자세히 쳐다보지 않는다.

이 동물에 대한 다음과 같은 깨달음보다 더 큰 위로는 없다. 즉 이 동물은 묵묵히 인내하며 '그날'을 고대하고 있다는 것, 그들의 운명을 그토록 대규모로 통제하는 인간—아아, 가끔은 동물보다 더 짐승 같고 동물적인 인간들—의 손아귀에서 벗어나 하나님의 아들들이 생생하게 나타나는 그날이 올 것을 이 동물들은 고대하고 있으며 우리는 함께 온통 신음과 고통에 찬 그 속박에서 나와 옮겨질 그날을 고대한다. 그러나 동물과 우리는 혼자서 그날에 이를 수 없다. 우리와 함께하시는 주님, 우리의 연약하고 병든 감정을 만지시고 우리가 형언할 수 없이 탄식하고 계시며, 축복 가득한 영으로 함께 하시는 그분이 계시기 때문이다.

그분에 대한 인식은 사람이 지닌 작은 지혜가 위대한 전체의 한 부분이라 생각할 때, 그리고 우리의 가련하고 비천한 형제들, 짐승 같은 보잘것없는 피조물이든 위대한 선조든 모두 '우리의 연약하고 병든 감정을 통해 위로를 받는다'고 생각할 때 더 쉬워질 것으로 보인다. 우리가 알고 있는 모든 것 중의 최상의 것은 숭고하고 고결하고 영원한 목적이 그분 안에 있다는 것이며, 이는 헛되지 아니하고 헛되이 사라질 필요도 없기 때문이다.

"나방 한 마리도 헛된 욕망의 아무런 유익이 없는 불 속에서 사그라지지 않으며 또 다른 열매를 거두기 위한 유익이 된다." 모든 피조물이 고통에 처해 있는 총체적인 문제를 다룬 로마서 8장이 얼마나 놀라우며, 명료하며, 만족을 주는지!

> 생각건대 현재의 고난은 장차 우리에게 나타날 영광과 족히 비교할 수 없도다 (롬 8:18).
> 피조물이 허무한 데 굴복하는 것은 자기 뜻이 아니요 오직 굴복하게 하시는 이로 말미암음이라 그 바라는 것은 피조물도 썩어짐의 종 노릇 한 데서 해

방되어 하나님의 자녀들의 영광의 자유에 이르는 것이니라 (롬 8:20~22).

내가 찾아본 바로는, 조선에는 개를 위한 그 어떤 종류의 법규도 없다. 광견병에 걸린 수많은 개가 사람과 동물을 물어뜯으며 거리를 질주하고 있고, 실제로는 그렇지 않은 개도 사망 권세에 취해 대중을 놀라게 하면서 거의 틀림없이 광기를 향해 내딛고 있다. 심지어 이 문장을 쓰고 있는 한 주 동안에도 유럽인 네 명과 여러 조선인이 광견병에 걸린 개에게 물어 뜯겼다. 소와 말에게 사용되는 입 가리개가 있지만 개를 위한 것은 없고, 동물 우리나 동물 면허에 관한 것도 들은 바가 없으며, 그래서 많은 개의 유해성을 통제할 수 있는 유일한 것은 내가 언급했듯이 대량 도살뿐이다.

다른 한편으로 강아지는 잡아먹거나 죽이기에 너무 어린 경우, 물에 빠뜨려 죽이기는 하지만 칼로 도살하는 일은 거의 없다. 그러나 이 강아지도 위생이나 안전이 보장되지 않으며 덩치가 아주 커지면 대량 식품이 될 것이고 그리하여 많은 '음식'으로 소비될 것이다. 개가 최소한 한 마리도 없는 조선인 가정은 없다. 그러나 패니는 이 가련한 피조물과는 상당히 다른 유형의 동물이었다. 패니는 영리하게 빛나는 자기 조상들의 총명함과 그 모든 정신을 지니고 있었다. 패니는 애정 어린 심장과 선하고 강인한 의지도 있었으며 원 목사 부인에게 찰싹 달라붙은 그날부터 그리 오래 살지 못하고 일찍 죽을 때까지 여주인이 집안에 있는 한, 집에서 떠나라고 종용을 받거나 위협이나 강요, 설득 따위를 절대로 받지 않았다. 그리고 내가 밖에 나갈 때 홀로 집에 남겨져 있지도 않았다.

패니는 용기가 있는 작은 피조물이었다. 7월 4일 (미국 독립기념일) 축

폰가뻬 87

일에 폭죽이 터졌을 때, 이 무례한 소음은 일종의 '귀신'으로부터 나온 것이 분명하며, 계속 폭죽이 폭발하는 동안 패니는 맹렬하게 뜨거운 이 폭발물 행렬에 갑자기 달려들어 조그맣고 용감한 주둥이에 폭죽을 물고 마치 조선에 많은 생쥐처럼 입속에서 흔들어 댔다.

그 뒤로 여주인은 패니의 안전 때문에 몹시 겁이 났고 축일과 볼거리가 지속되는 동안 패니를 묶어 놓았다. 그러나 이는 쉬운 문제가 아니었는데, 패니는 줄에 묶여서도 미친 듯이 적들에게 돌진해 폭죽을 없애려고 애를 썼다. 틀림없이 패니는 우리 가족을 보호하려고 끔찍한 위험을 감지하여 가족의 안전을 지킬 책임이 있다고 느꼈던 것이다. 그래서 자기를 위험에 던져 가며 싸워야만 한다고 느꼈을 것이 분명하다. 패니는 신실하고 작은 친구였으며 우리 가족은 모두 패니의 헌신에 감사했다. 지금까지의 설명으로 여러분은 '원 목사 가족'에 대해 상세히 알게 되었다. 집이나 정원과 마찬가지로 주인, 여주인, 아이들, 보모, 요리사, 그리고 심지어 패니까지도.

캡틴의 귀가

\

지금은 어린 아들이 가져다준 기쁨에도 불구하고 그림자가 집안에 또다시 길게 드리워졌다. 병약함과 고통이 초대하지도 않았는데 집안으로 들어왔다. 열병이 톰킨스 엄마의 강인함을 차츰 무너뜨려 고통이 날마다 손아귀 안에서 그녀를 옥죄고 있었으며 이 올가미는 느슨해지지 않았다. 더 나쁜 것은 고통이 말하기를 이 집안에 머물려고 왔다는 것이었다. 고통은 한밤중에 시끄럽게 속삭였고 집 전체를 두루 다니며 그녀에게 이 소리가 귓전을 울릴 것이라고 스스로 생각하지 않았느냐고 속삭였다. 또 고통은 그녀가 항상 불구가 되어야 한다고, 이 고통 덩어리에서 다시는 절대로 자유롭게 되지 못하리라고, 절대로 강해지거나 호전되지 않을 것이고, 항상 다른 이에게 도움을 구하며 의존해야 할 필요가 있다고 속삭였다. 캡틴은 그런 힘든 말들이 밤 공기를 통해 칼처럼 날카로운 소리를 발할 때 부재중이었다. 내 곁에 있었다면 그는 그 소리에게 조용히 하라고 했거나 아니면 그녀는 남편의 쾌활한 존재감으로 고통스러운 소리를 잊었을 텐데. 그러나 부인은 현재 남편이 없어도 거의 그 소리를 잊었다. 톰킨스를 돌보며 아기에게 노래를 불러 주면서 자신의 마음을 모두가 함께 실족하지 않도록 지켜 냈다.

그녀는 고통이 음악가와 같이 고통의 노래를 속삭일 때 그것을 충분히 감내할 수 있다고 강하게 느꼈다. 그래서 심지를 견고히 하고 경이로운 손길로 다른 이들의 심장의 핵심부를 어루만져 사랑, 긍휼, 친절과 다정함, 도움이 되는 유익함, 그리고 비이기적인 마음이라는 거룩한 부담을 이끌어 냈다. 이런 과정을 겪으며 톰킨스 가족과 동료들은 더 천국과 같이, 그리스도와 같이 되었다.

원 목사는 중요한 선교 사업으로 어쩔 수 없이 멀리 떠나가 있었다. 그의 아내가 심하게 병고에 시달리기 전에, 이미 기나긴 시간을 먼 곳에 가기로 예정되어 있었다. 남편이 부재중인 이 기간은 그녀에게는 몇 년처럼 느껴졌다. 3주에 불과했지만 영원히 끝나지 않을 3주 같았다. 모두 알다시피 시간은 그 정도와 깊이에 따라 심지어 영원할 수 있다. 기간이 아니라 마음으로 느껴지는 시간 말이다. 며칠 지나지 않아 거의 날마다 전보가 도착했고 때로는 편지가 왔지만, 남편의 부재는 이와 같이 어느 순간에는 견디기가 아주 힘들었다.

　남편이 세계에서 가장 위험한 해안을 따라 사납게 일렁이는 조그만 일본 증기선을 타고 귀로 중인 시간이 왔을 때, 그곳에는 수중 바위, 협소한 수로, 안심할 수 없는 위험한 해류, 높은 물결, 시야를 뒤덮는 안개가 여행자를 삼키기 위해 서로 겹겹이 에워싸고 있었고 3월의 바람은 사흘 동안 사나운 소리를 지르고 대륙과 바다를 덮치며, 자연의 격노가 모든 것을 압도하고 있었다.

　원 목사 부인은 그 밤이 지나는 동안 전혀 잠을 잘 수 없었다. 그녀의 심장은 작은 증기선과 함께 바다에 던져져 있었기 때문이다. 그녀의 마음은 저 멀리 밖으로 향하여 캄캄하고, 맹렬히 포효하는 대양에 둥둥 떠 있었다. 뱃사람들은 안개가 자욱하게 피어오르는 걷잡을 수 없이 거세고 미친 듯 몰아치는 깊은 대양으로 직행하는 배를 제발 돌려서 위험한 바위가 가득한 해안에서 훨씬 더 떨어진 안전한 곳에 가도록 기도했다. 그런데 하나님께서는 모든 폭풍우를 통과해 부서지기 쉬운 작은 배의 목재와 배 안에 갇혀 꼼짝 못하는 자들의 안전을 붙들어 주셨다.

　안전하게 그들이 항구로 도착해 돌아오고 사람들이 드나드는 큼지막한 배 문을 열었을 때 캡틴은 따뜻하게 원기 왕성하며 불그레한 혈색 좋은 미소를 지으며 아주 선한 생기가 넘쳐흐르고 힘과 희망으로 가득 차 있는 모습으로 나타났다. 그녀는 잠시 머뭇거리다 항구로 다가와서 그곳에서 한순간, 이 세상 어떤 폭풍우도 그녀의 평안을 조금도 빼앗지 못하리라 느꼈다.

미국으로

 \

그럼에도 불구하고 육체의 병을 몰아낸 것도 아니었고, 병이 떠난 것도 아니어서 어리석게도 한참 뒤에야 이들은 아마도 생명을 구할 수 있다면 일과 제2의 조국(조선)을 떠나 광대한 바다를 건너서 모국으로 돌아가야 한다는 의사의 말에 따라야만 한다는 것을 실감하게 되었다. 떠나기로 결정하고 나서 주위 사람들의 친절함이 얼마나 극진함으로 차고 넘쳤는지! 모두가 도와주었다. 의복, 커튼, 침구류, 시트와 식탁보, 베갯잇 등 리넨들, 카펫은 벌레가 먹지 않게 구충제, 좀약, 담뱃잎, 빨간 고추를 뿌려 포장해둬야 했으며, 아연을 안에 바른 상자에 많은 물건을 꾸려두었다. 침대 매트리스는 옥상에서 햇볕을 쬐면서 훌훌 털었다(생쥐들이 가까이 오지 못하도록). 도자기 그릇은 상자 안에 조심스럽게 넣어 못질 했으며 우유, 버터, 고기, 채소, 과일 등의 캔에 들어 있는 식료품은 다른 사람에게 팔았다.

따뜻한 옷을 비롯한 여행에 필요한 물건은 톰킨스와 이제는 인내심 있게 고생하려는 것 말고는 아무것도 할 수 없는 톰킨스 엄마를 위해 안성맞춤이어야 했다. 비쩍 마르고 여윈 모양새를 하고 퀭하고 섬뜩한 얼굴로 보이는 부인……. 사람들이 두 번 다시 그녀를 보고 싶은 생각이 절대로 들지 않게 했으며, 심지어 그녀가 일본에 무사히 도착할 것이라고는 믿지 않았지만 하나님의 계획은 달랐다. 사람을 소생시키는 상쾌하고 맑은 대양 공기의 영향과 지속적인 돌봄으로 고통스럽고 열이 나는 상태가 조금씩 호전되었으며, 그녀는 서서히 변하기 시작했다.

미국에 도착하니 얼마나 친근하고 아름다운 최상의 거주 공간같이 보였는지! 이는 모국에 속한 것들이었다. 볼품없는 도시 외곽, 바로 그 부두와 선창마저도 기묘하고 특별한 은총을 입고 있는 듯했다. 이 광경은 정말로 대단히 겸허해 보였기 때문이다. 내 집과 견줄 수 있는 것은 없다. 아직까지 친근한 얼굴들이 그들을 반겨주거나 사랑스러운 목소리가 그들의 귀를 축복해 주지 않았지만, 고국과의 처음 대면만으로도 충분했다. 그들은 모든 것을 참을 수 있었으며 도시 전체와 넘치는 백인들, 현실의 미국, 고유의 친근한 동포들, 그리고 특유의 마을 주민 언어, 친근한 억양을 절실히 느끼고 싶었다.

그들은 잠시 동안 골든게이트(금문교, 캘리포니아 주 서안의 샌프란시스코 만과 태평양을 잇는 해협에 설치된 다리 옮긴이) 근방에서 떠나고 싶지 않아 오래 머물렀다. 톰킨스 엄마가 길고 긴 육로 여행을 할 수 있도록 더 힘을 얻기 위해서였다. 그리고서 천천히 행로를 동쪽으로 이동해갔다. 지난 몇 해 동안 고뇌로 찬 마음의 극심한 고통을 털어버린 그들이 형언할 수 없는 기쁨과 재결합하고 만나기 위해서였다.

조선과 일본, 중국에서 나와 서구 나라에 도착하니 조금은 이상하게 보였다. 원 목사 가족은 미국에 오면 대개 한 달이 넘도록 동쪽 여행을 해왔다. 이번에도 원 목사는 이곳에 있는 누군가에게 와 달라는 부탁을 받았다. 이 미국인에게 조선의 문호 개방과 흥미로운 조선 민족에 관해 이야기를 해주기 위해서였다. 그래서 때때로 우리는 이런 이야기를 남쪽에서, 때로는 극동에서, 때로는 대서양 해안 지방에 가서 전했다. 이 일로 톰킨스 엄마와 아기는 여행을 했으나 작은 소년을 돌봐 줄 여러 가지 조건과 사람들이 너무 많아지지 않게끔 여로를 단축했다. 미국에서 긴 시간을 머물고 나서 톰킨스 엄마의 건강은 조선으로 돌아갈 수 있도록 많이 호전되었다. 완벽하게 좋아진 것은 아니었음에도 그녀는 아직도 어두운 조선에 빛을 비추기까지 조선 여성을 도와주는 일에 자신이 중요한 쓰임새가 있으리라 희망하고 있었다. 그래서 그들은 대서양과 유럽, 수에즈 운하의 여로를 통과해 일본과 조선으로 뱃머리를 돌려 되돌아왔다.

4

조선 아이들의 생활

다시 일터에서

＼

　나가사키에 우리 친구들이 도착했고 원 목사 가족은 거의 돈이 떨어졌다는 것을 알았다. 여행자는 긴 여행을 할 때 예상치 못한 사람을 추가해서 만나는 일도 결국 멍청한 선택이 아니기 때문이다. 그들은 나가사키에서 중요한 며칠을 머물며 사람들을 기다려야만 했고 그들이 소지한 얇은 휴대용 책의 내용만으로는 호텔 운영자를 만족하게 할 수 없다는 것을 잘 알았다. 하지만 그들은 절대로 불안해하지 않았다. 감리교 코넬 그룹(The Methodist Conells)은 우연하게도 증기선으로 내려와서 두 팔을 벌려 원 목사 가족을 안아 주었고 자신의 집으로 데려갔다. 집에서 그들은 친절하고 후하게 베풀어 주었고 기뻐하면서 다시 그들이 가고 있던 여로로 데려다 주었다.

그들은 마침내 서울에 도착하여 발을 내디딜 때 따뜻한 환영을 해주는 많은 친구를 발견했다. 재빠르게 그들을 둘러싼 한 사람 한 사람 모두가 원 목사에게 기쁨의 환영 인사를 제일 먼저 하고 싶어 간절히 바라는 조선 그리스도인들이었다. 친근한 흰색 옷이 얼마나 보기 좋았는지! 부드럽고 맑은 물처럼 청아한 말소리가 얼마나 반갑던지! 무리를 지어 웃고 있는 얼굴들이 얼마나 사랑스럽던지!

그들은 항상 원 목사나 그의 아내에게는 양떼들 같아 보였다. 정치적, 물리적, 영적인 적들에게 속박되어 그렇게도 오만하고 무관심하고, 무기력하고 아무런 힘도 자원도 없고, 보호받지 못하고, 그렇게도 몹시 목자와 방패가 필요한 그들이었는데. 흙먼지와 조용한 별들 아래 그들은 모두 교회 밖 길가에 떼를 지어 앉아 목사가 도착하기도 전에 그들의 흰옷은 어둠 속에서 빛나고 있었다. 특히 무리를 지어 여유롭고 한가하게 산책을 하며, 머리에 흰 앞치마를 두른 조선의 여성들은 한 무리의 양떼 같아 보였다.

이제는 이 양떼가 자신들에게 익숙한 이 나라에서 그렇게도 많이 방황하는 데서 돌아왔고 이 민족, 일, 친구들, 조선은 전보다 더욱 내 고향 같았다. 캡틴은 일에 푹 빠져서 설교를 하고 상황과 인력을 조직하고, 기획을 하고 글을 쓰고 번역을 하고, 순방 설교를 하며 조선의 기독교인을 강하게 권고하고 용기를 불어넣어 주었다. 하나님을 알지 못하고, 희망 없이 살아가며 구원받지 못한 채 죽음의 길로 치닫는 수백만의 조선인이 있었기 때문이다. 그보다 더 나쁜 상황이란 없다. 아무것도 없다. 하나님이 없는 상태와 희망 없는 상태야말로 지옥의 본질이자 원인이기 때문이다. 수고하고 무거운 짐을 지고, 노역과 고생을 한가득 지닌 채

슬픔과 죄악 속에서 도와줄 사람이 아무도 없고, 어두운 인생길에 아무런 빛 한줄기 비추어지지 않은 수백만의 조선인들, 우리 형제들은 그렇기 때문에 눈먼 상태로 고생과 씨름하면서 존재하고 있었다. 선교사는 아직까지도 매우 적어 그들은 몇 명밖에 되지 않았으며 거의 모두들 목격한 것에 제압당해 어찌할 바를 모르고 격한 감정에 휩싸여 있었고 그들 앞에는 책임과 문제가 놓여 있었다.

가엾은 톰킨스는 조그만 소화 기관에 문제가 생겨 특별히 까다롭게 짜증을 부리지 않더라도, 그는 자기 자신과 힘겹게 싸우고 있었다. 중국인들은 더 빈번하게 영양실조에 걸렸다. 병든 소에서 짜낸 우유가 건강에 유해하여 어린 톰킨스는 음식을 잘 소화할 수 없이 마르고, 창백하고 열이 나고, 여러 사람의 마음을 아프게 하며 몇 달 동안이나 가엾고 불쌍하고 굶주린 작은 피조물이 되어 있었다. 그를 위해 준비한 캔에 들어 있는 음식도 먹여 보았으며, 중국이나 일본에서 온 음식은 더는 수급해 줄 수 없었다. 생명력을 되찾아 줄 음식을 실은 배를 기다리는 데에도 몹시 피곤하고 지쳐 있었다. 간절히 예의주시하면서 기나긴 고통의 몇 날 밤을 보냈고 약한 맥박이 아주 사납게 부는 강력한 바람 앞에 조그만 촛불처럼 깜빡거릴 때, 하나님께서 귀한 작은 불꽃에 방패가 되어 주셔서 그 불꽃은 꺼지지 않았다.

톰킨스 엄마는 어떤 짧은 찬송가를 다이어리에서 골라서 아기에게 불러 주었고, 톰킨스는 이것으로 말하는 법을 배웠으며, 이는 톰킨스의 생애에 대한 아주 적합한 상징이 되었다. 여러분이 앞으로 볼 수 있겠지만 톰킨스는 그 소리들을 전부 잘 발음하지는 못했으나 '힙(hyip)', 그러니까 '배(ship)'라는 단어 등을 아기 발음으로 말하고 있었다.

작은 배가 바다 위에 있었답니다.

그 배는 아주 잘 보였어요.

그 배는 아주 즐겁게 출항했어요.

그리고 모든 것이 고요하고 반짝반짝 빛났어요.

아하, 한 팀이 슬기롭게 항해를 시작했을 때

바람이 거세고 강하게 불었어요.

하늘을 가로지르며 구름이 드리웠어요.

파도가 일렁이며 바람이 불었어요.

그리고 한 분 외에는 모두가 바다 깊이 가라앉을까 봐
두려움에 고통스러워했어요.

A little hyip wath on the sea (A little ship was on the sea)

It wath a pretty hyight, (It was a pretty sight)

It hyailed along so pleasantly (It sailed along so pleasantly)

And all was calm and bright.

When lo a torm began to wise, (When lo a team began to wise,)

The wind blew loud and stwong (The wind blew loud and strong.)

It drew the cloudth akwoss the skies, (It drew the cloud across the skies)

It blew the waveth along, (It blew the waves along)

And all but One were sore afraid of sinking in the deep.

그러나 주님은 그 바람과 파도를 꾸짖고 '한 번의 말씀으로 폭풍우를 제압하셨다.' 그리고 작은 배는 마침내 폭풍우를 무사히 헤쳐 나갔다.

톰킨스는 아주 창백하고 연약한 작은 소년이었고 그해 가을에 그는 엄마의 가마에 앉아 신선한 공기를 쐬러 밖으로 나갔다.

강인한 조선 어린이들
\

톰킨스 엄마는 척박한 환경에서도 강인한 조선 아이들을 2~3년 동안 숱하게 보았다. 참외와 오이, 두꺼운 과일 껍질과 모든 것을 먹으면서, 쌀쌀한 가을이나 심지어 겨울 날씨에도 방한용 옷도 거의 없이 헐벗은 상태로 온갖 음식을 가지고 배회하고 있는 아이들을 보는 그녀의 심장에서는 이 연약하고 작은 꽃들에 대한 강렬한 감정이 일어났다.

조선 아이들 모두가 아주 열악한 환경에서 강인했던지 이런 현상이 생존에 가장 적합한 사례였든지 둘 중에 하나이겠지만 어린아이들이 여러 방면에서 많은 백성 가운데 처참한 모습으로 노출되어 있었기 때문에 나는 이 민족이 지금의 모습으로는 절대로 영원히 그렇게 지낼 수는 없지 않은가 하는 강한 의문이 들었다.

천연두 귀신
\

천연두는 조선에서 최악의 적이다. 그들은 천연두 귀신을 단단히 믿고 있었다. 그들이 믿는 신의 영, 미신의 힘에 따라 미신을 전능자로 만들어 그렇게도 정당하게 관용적으로 이 미신을 주변에 퍼뜨리고 있었으며 이 신을 영광스런 손님으로 대접하고 가능한 모든 방법을 동원하여 천연두 귀신을 달래고 있었다. 천연두 귀신이 머무는 12일째 되는 날에는 가족의 가장이 이 신을 찾아가 몸 전체를 맑은 물로 씻고 손을 깨끗하게 한 후에 봄철에 샘솟는 물 중에 가장 깨끗하고 맑은 물 한 그릇 떠 놓고 '그 고귀한 왕' 앞에 기도를 한다. 그리하여 연약한 천연두 병자에게 아무런 나쁜 기운을 주지 않고 신이 자비를 베풀어 떠날 것으로 여긴다. 여러 무당이 불려 오고 굿판 향연이 벌어지며 무당들은 그야말로 문자 그대로 떠나가는 손님(마마 귀신)을 더 빨리 보내도록 해준다. 가난한 가정에서도 지푸라기로 된 그릇이나 통을 만들고 여기에 음식을 가득 채워서 작은 말의 등에 단단히 조이고 묶어 영이 효력을 발휘하도록 어느 먼 곳으로 운반해 떠나보낸다. 사람들은 그 영이 바친 음식을 가지고 널리 전염되는 병의 징후를 가져가거나 떠날 것으로 믿고 소원을 빈다.

천연두 귀신의 여정을 더 쉽게 만들어 주기 위해, 조그만 종이우산도 말과 함께 보내는데 이는 태양의 열기나 폭우에 귀신의 신적인 위엄을 보호해주기 위해서다. 고귀한 힘을 지닌 이 귀신이 오면 일상적인 사업은 제쳐놓고 일상적인 방문객도 보이지 않게 내몰아 버린다. 집 문을 닫아걸고 위엄이 흐르는 고요함이 감도는 가운데 그들은 귀신의 현존 앞에 정신을 모으고 집중해 있다. 그 병이 안전하게 떠난 뒤에는 화근거리가 떨어진 도구들을 조심스럽게 한데 모아 어느 절이나 성스러운 곳으로 운반하여 희생 제물로 태워 버린다.

천연두 희생자가 죽게 되면 '그 친구'가 완전히 마을을 떠날 때까지 시신을 절대로 묻어서는 안 된다. 악귀가 그 가정에서 자기 몫을 취해야 한다는 의미를 일깨워 주는 행위, 즉 시신을 매장하여 땅 위에 두지 않고 치워 버린다면 악귀는 자기 임무를 소홀히 하지 않도록 다른 아이를 데려가야만 하기 때문이다.

백성의 총애를 받는 어린 왕자에게 이 병이 닥치면 궁궐 문은 폐쇄되고 궁궐의 모든 일과 업무가 정지되고 엄청나게 많은 염원을 비는 절차가 천연두 귀신을 달래기 위해 진행된다. 무당들은 무아지경에 돌입해 왕실에 '왕자의 왕인 손님'의 소원을 빌어 준다. 거리에는 밤이면 밤마다 가난한 백성을 위한 돈이 뿌려진다. 그리하여 왕자는 백성들이 왕자를 위한 소원을 받는 것으로 추정된다. 천연두 귀신이 여전히 오래 머물고 있으면 손님이 북방 국경에 있는 의주로 배웅과 호위를 받기를 갈망하는 것으로 이해되어 손님의 떠남을 위해서는 멋지고 후한 것들이 제공된다. 그에 따라 음식과 값비싼 선물을 잔뜩 실은 말의 행렬을—물론 무당들이 참석한 가운데—서울에서 북쪽 지방까지 보낸다. 그리고 북쪽 국경에 행렬이 도착할 시점까지 왕자는 요양을 취한다.

그러나 지금은 주민들이 매우 일반적으로 예방 주사의 이로움을 받아들이고 있으며 이것을 즐겨 활용한다. 이 병은 면역력이 없는 어린애들만 공격한다. 모든 어른은 최소한 한 번은 이 병을 앓아 본 적 있기 때문이다. 그러나 천연두 예방 조치는 미약하여 사실 그들은 어찌해야 할 바를 모른다. 천연두가 아이들을 덮칠 때까지도 예방을 해야 할 아이들은 파악되지도 못한다. 모두가 병을 두려워하고 몹시 무서워하고 있지만, 그들은 의사를 부르거나 약을 얻을 수도 없다. 원 목사 가족은 어느 날 문지기의 아이가 얼마 동안 이 병에 걸려서 아팠으며 그는 매일 아침 기도를 하러 우리 집 식당에 오는 것을 보았다. 톰킨스의 가족을 위한 음식을 준비하기 위해 매일 밤 조용히 집에서 나와 식당에서 잠을 자던 요리사도 어느 날 원 목사 부인에게 아기가 이 병에 걸렸다고 털어놨다. 정확히 말하자면 그녀가 친절하게도 자기 남편에게 준 첩이 낳은 아기가 천연두에 걸렸다.

거리에 있는 한 예배당에서 여인들과 만남이 이뤄지고 있는 동안에 원 목사 부인은 한 여인이 아기를 안고 있는 것을 보았는데, 그녀는 원 목사 부인에게 아주 바짝 붙어 서서 매우 기뻐했지만 원 목사 부인은 그녀의 아기가 벌써 상당히 진전된 천연두를 앓고 있음을 발견했다. 원 목사와 부인은 천연두에 대한 면역력이 있는 것으로 나타나 톰킨스만 아니면 이 병에 대한 두려움은 없었다. 조선에 있는 외국인들은 끊임없이 천연두에 전염되기 쉬운 상태였지만 아주 다양한 대처 방법 때문에 천연두에 걸린 경우는 극히 드물었고 천연두로 인하여 예방주사의 필요성을 주장하기에는 아주 놀라운 찬성의 근거가 되었다.

17년 동안 조선의 모든 외국인 가운데서 천연두를 앓은 사례는 단지 7명뿐이었다. 그 중 사망자는 4명, 선교사는 3명이었다. 7명 중에서 사망한 최소 4명은 확실히 예방주사를 맞지 않았으며, 다른 3명의 사례는 그들이 맞은 예방주사의 효과가 확실하지 않거나 예방주사가 천연두를 방지하는 효과가 지난 몇 해 동안 앞서 나타나 병에 노출되었을 때는 효력이 상실되었다는 증거였다. 성홍열, 홍역, 백일해, 디프테리아는 온 마을에 모든 질병의 치료 과정에서 나타나는 똑같은 부주의와 무지로 씨를 뿌려 놓았다. 이질, 소아 콜레라, 그리고 무지는 많은 희생자를 증명하고 있었다.

한 예로 조선인이 얼마나 어린애 같은지를 잘 묘사해 주고 있다. 악성 질병과 극심한 눈병을 겪고 있는 어느 아기가 진료소에 왔는데 능동

적이고 즉각적인 조치를 취해야 하는 단계였고 치료 방법 하나가 그때까지도 여전히 가능했다. 그러나 아기는 불과 두세 살밖에 되지 않아 외국인 의사를 두려워했으며, 아기의 눈병을 치료하기 위한 어려운 시도를 했을 때, 맹렬한 저항과 매우 광범위한 마을 주민의 격렬한 반응에 부딪히고 말았다. 아기 엄마는 그때 약을 투여하기 위해 아이를 단단히 붙잡고 있으라는 말을 들었지만 허사였다. 그녀는 아이가 우는 소리를 듣는 것을 견딜 수가 없었다. 아이의 상태와 위험성을 설명했지만 아무런 소용이 없었다. 그 어린애 같은 엄마는 아이의 몸부림과 비명 소리를 이겨내지 못하고 차라리 아이가 시각장애인이 되는 것이 낫다고 여기면서 아이를 운명에 맡기고 데려갔다.

어린 간호사들

6주가 되지 않은 신생아들은 조금 큰 어린애의 등에 묶여 업힌 채로 진료소에 왔다. 가련하고 작은 어린 아이는 불과 예닐곱 살밖에 되지 않고 보기에는 서너 살처럼 보이는데, 등에 업힌 아기에 시달리면서 네 시간 걸리는 길을 아장아장 걸어왔고 그 무거운 아기를 운반하기가 매우 힘든데도 거의 불평을 하지 않았다.

등에 업힌 아기들은 손을 맘대로 움직일 수 있어서 아기는 모두 자유로운 양손만큼이나 억척스럽다. 등에 업힌 아기의 머리는 미국인 부모가 보살피도록 안전하게 인도되는 도중에 사방으로 흔들흔들 거리고 미국인 부모들은 경악과 망연자실로 입이 떡 벌어지는데도 조선인에게 이 광경은 어린애가 위험한 상황에서도 완벽하게 침착한 것으로 보였다. 꼬마 간호사들은 그 책임을 꽤 자랑스러워하는 것처럼 보였고 자기보다 어린 형제자매를 아주 좋아하는 것을 볼 수 있다.

부잣집 아이들은 화사한 색상의 아주 두둑하고 푹신한 의복을 많이 갖고 있지만, 가난한 아이들은 매서운 추운 날씨에도 매우 얇은 옷을 걸치고 있다. 나는 얼어붙는 날씨에도 안감을 대지 않은 단 한 벌뿐인 얇은 면 외투를 입은 작은 소년들을 보아 왔다. 여름에는 여섯 살도 되지 않은 많은 소년이 벌거벗고 어울려 돌아다닌다.

어느 날, 톰킨스 엄마는 장난스러운 웃음기가 가득한 눈과 빛나는 피부를 한 작은 소년 여러 명의 행렬을 그림같이 아주 생생하게 목격했다. 거리에서 나란히 춤을 추며 내려오고 있었고 태양으로부터 그 조그만 갈색 몸을 보호하기 위해 모두 제각각 우아한 연꽃잎 햇빛 가리개를 들고 있었다. 그들의 의복이나 얽매이지 않은 자유를 주려고 간섭하려는 것이 아니라 아주 작게 땋은 머리부터 조그만 발까지 참 모습을 생생하게 보았다.

원 목사 부인은 때때로 그녀 안에 내재되어 강력히 분투하고 있는 두 마음이 있었다. 하나는 조선의 유일하고 독특한 동방의 환경과 함께 그려지는 그림 속에서 어린애 같은 순수한 조선의 우아함, 그 형태의 아름다움, 총천연색 빛깔의 조화, 아무것도 모르는 아이 같은 순진무구함을 보면서 기뻐했던 것이고, 다른 하나는 바로 무지였다. 이 작은 어린아이들이 태어나 공기처럼 그들을 둘러싸 얽어매고 있는 악한 습관으로 가득한 관념과 질병이 만연한 비참함 속에 고통받는 가운데, 모든 어린아이와 전체 조선 인구가 빛을 잃고 좋은 점들이 무색하게 되는 쓰레기 더미 같은 환경을 보고 눈물이 흘러내렸다.

그러나 늘 그렇듯이 나는 최대치와 결코 높은 수준을 지켜 낼 수 없는 불쌍한 작은 자들의 이야기를 고려하지 않고 마음이 너무 앞서서 달려가곤 했으며, 그런 끔찍한 환경에서 하나의 이야기를 만들려고 할 때 전혀 되지 않는 위축감과 실망을 오히려 더 얻고 있다. 그러니 놀랄 일이 아니다. 여러분과 나 사이를 위한 이야기가 아무것도 없는 것과 그런 조선 아이들에 대해서는 더욱더 할 말이 없는 것이 조선이라는 이상하고 기묘한 오래된 나라에 놓여 있는 흥미로움과 비견해 대조가 된다.

처음에 톰킨스 이야기를 시작한 이후로 내 아이는 그들에 가려진 채 다른 사람들의 이야기를 끝날 때까지 남겨두거나 조선에 대한 이야기를 하였다. 그리고 이 이야기가 다 끝날 때까지 이런 식이 될 것은 확실하다. 이것이 내 아들이나 한 나라 또는 한 집단을 위해 자신을 완벽하게 잃어버린 남편에게도 그리 나쁘지 않을 것 같다. 나 스스로 언더우드 씨가 심하게 몸이 아팠다고 이야기가 딴 데로 샐 때는 즉시 그 상황에서 빠져나오려고 한다. 아마도 청일전쟁 이야기를 언급하기 전까지도 그럴 것이다.

전쟁의 폭음

\

톰킨스가 지내던 한양에서는 실제로 아무런 전투가 없었고 단 한 번 총소리를 들었을 뿐이다. 그때는 어느 7월의 아침이었는데 일본군이 들어와 수도와 궁궐을 유혈 사태 없이 점령했다. 그러나 길고도 지독하게 뜨거운 여름 몇 달 동안 벌어진 전쟁에 대해 말하자면, 외국인들은 한 골짜기 안에 있는 수도 안에서만 활동하도록 행동반경에 제한을 받았고, 시원하고 맑은 바람이 닿을 수 없는 지저분하고 불쾌한 공기에 둘러싸여 있었다. 그리고 산으로 둘러싸인 모든 지역 경계망들은 사방이 폐쇄되어 있었다. 들판과 길가의 혐오스러운 배수로에는 사방팔방 어디서나 버려져 썩고 있는 부패한 과일과 채소 덩어리들로 더 심해져 소름 돋고 구역질이 나는 악취로 가득 차 있었다. 궁궐은 의식하지도 못하는 사이에 운이 다한 왕비 이야기의 종말이 예정된 끔찍한 비극이 가까이에 와 있었다. 많은 조선인은 일본 군대가 처음 도착했을 때 이 땅에서 도망을 쳤고 수백 개의 상점은 문을 닫았고 거리는 황폐한 사막처럼 변했다. 마치 폭풍의 눈과 같은 소름 끼치는 정적이 감돌았으며, 도시 전체를 휘감고 있었다.

    습하고 축축한 공기 속에 함께 모여 있던 외국인들에게 질병이 닥쳤다. 하지만 간신히 겨우 한 가정이 여기서 벗어날 수 있었을 뿐이다. 이질과 열병이 공통적이었다. 톰킨스뿐만 아니라 좀처럼 병에 굴복하지 않는 캡틴도 이때는 아팠다. 담장 너머 1~2킬로미터 바깥에 상쾌한 산들바람이 부는 산비탈 위에 수풀과 그늘진 나무들이 있는 마을 주민의 집이 있었는데, 여기는 맑고 상쾌한 공기가 최상이어서 이 집은 병자, 소외된 조선인, 잔인한 지배자에 의해 죽을 것이 분명한 많은 이들을 위한 쉼터로 사들여졌다. 그러나 지금은 전쟁 통에 많은 이들이 겁에 질려 달아나 그곳에는 아무도 없었고, 원 목사 가족은 매일 아침 이곳으로 이동하여 맑은 공기의 큰 저장고 안에 있으려고 애쓰면서 해 질 녘까지 머물렀다. 다른 선교사들도 자신과 자녀를 위해 이 쉼터를 찾았다. 그 여름에 공동묘지에는 작은 무덤이 파여졌고, 저승사자가 얼마나 빨리 그들의 길을 재촉할지 알지 못한 채, 가슴마다 작은 어린 것들을 꽉 움켜쥔 많은 부모의 시체가 무덤에 누워 있었으며, 태양이 떠서 그곳에 있는 모두가 발견되리라 생각할 수 없는 수많은 목격자가 있었다.

어느덧 가을과 함께 시원하고 상쾌한 바람이 찾아왔고 비는 그쳤으며 환자인 남편은 아주 창백하고 파리한 모습으로, 조금씩 걸어 다니기 시작했다.

톰킨스의 생일

원 목사가 침대에서 윗몸을 일으키기 전에 톰킨스는 생일을 맞았다. 물론 생일은 매우 감성적인 우리 가정에서는 절대로 무시될 수 없는 것이다. 그들은 몇 주 동안 생일잔치를 고대하고 있었으며, 기다려야 하는 시간을 엄청나게 고통스러워하면서 톰킨스의 생일을 준비하여 마침내 모든 정성을 다해서 축하했다. 그리고 병약한 어린 환자는 사방에서 그를 향해 활짝 피어 미소 지으며 고개 숙여 인사하는 8월의 백합으로 가득 찬 햇살이 잘 드는 방으로 옮겨졌으며, 이것은 실제로 나무 그늘 같아 보였다.

방문이 열리는 순간 향기와 햇살이 톰킨스에게 입을 맞추었고, 우리는 그것들이 그에게 행복한 흥밋거리가 되길 소원했다. 우리가 영어나 한국말이나 할 것 없이 그에게 어떤 말을 하지 않았음에도 톰킨스는 이를 완벽하게 잘 인식했다. 그뿐이 아니었다. 선물 하나는 매우 흥분되는 뮤직 박스(톰킨스의 할머니가 보냈다)였는데, 가장 흥겹고 사랑스러운 작은 곡조와 선율이 잔잔히 울려 퍼져 웃음소리와 사랑이 가득했다. 이 광경은 형언할 수 없는 기쁨을 주면서 존재 자체로 전체 분위기와 조화를 이루면서 가장 친근하고 다정한 느낌으로 꽃향기, 햇살과 어우러졌다.

나는 선물 하나하나가 장난감이지만 매우 실감이 나서 모두 한 상자에서 나온 실제로 존재하는 것들인지 의문이 들 지경이었다. 뮤직 박스를 즉시 살펴보면 바로 보이는데, 수많은 재밌는 작은 군병과 다른 장난감이 있었다. 톰킨스는 까다롭지 않고 쉽게 잘 즐거워하는 작은 어린이였으며, 엄마는 이 장난감으로 충분하게 여겨야하지만 만족하기 어려웠다. 따라서 그녀는 파티를 하기 원했으며, 파티를 열 예정이었다. 이는 최소한 크리스마스와 생일에는 반드시 파티를 해야 하는 구약에 등장하는 메데족(메디아 왕국)과 바사족(페르시아족)의 전통적 규율에 따라서였다. 가엾은 톰킨스는 그에게 꼭 맞도록 만든 환자식만 먹을 수 있었으나 작은 친구들은 좋은 음식을 먹는 것을 보고 기뻐했다. 아이스크림, 생일 케이크, 레몬 에이드, 샌드위치 등이 톰킨스 침대 가까이, 테이블 위에 차려졌다. 양초는 사랑이나 돈으로 빌려 오거나 살 수 없었다. 원 목사 부인은 양초가 단지 세 개밖에 남지 않은 것을 알았고, 두 개는 4년 동안 절반으로 잘라서 사용했다. 그 중 한 양초가 훌륭했는데 중앙에 놓인 이 양초는 영원히 꺼지지 않을 촛불을 위해 봉사했다.

작은 톰킨스가 베개에 누워 있을 때 가장 친한 친구 몇 명이 다가와 피곤하게 하지는 않았으며 생일잔치 음식을 배부르게 맘껏 먹었고 톰킨스는 더할 나위 없이 만족했다. 친구들은 제각기 모두 몇 개의 작은 선물을 가져왔는데 이 선물은 자신의 책이나 장난감으로 톰킨스에게는 넘쳐흐르는 아주 큰 사랑이었다. 톰킨스의 마음은 기쁨이 흘러넘쳤다. 누군가가 만든 특별한 우유 말고는 해로운 음식은 금지되어 다른 어떤 것도 맛보지 못했다.

톰킨스보다 대여섯 살 많은 아름다운 작은 소녀 오거스타를 톰킨스는 자기식으로 "올레더스터(Oleduster)"라고 발음했고, 소녀는 톰킨스에게 덜시아나(Dulciana, 오르간 음전의 일종으로 사랑스럽고 달콤한 톤의 소리 옮긴이)처럼 여겨졌다. 소녀는 톰킨스 곁에 앉아 입맞춤을 하고 생일 케이크와 아이스크림을 먹었으며 좋아하는 장난감을 정중히 선물했다. 이보다 더 큰 행복이 있을까. 그리고 여덟아홉 살 되는 톰킨스의 두 영웅인 큰 소년 해리와 모리스도 왔다. 그들은 톰킨스의 이상형이었으며 작은 꼬마를 얕잡아 보거나 도를 넘는 행동을 하지 않는 건전하고 유익한 친절한 마음을 지닌 소년이었으며, 아기에게 잘난 체하거나 아기를 모욕하지 않고 동등한 인격체로 대했다. 모리스에 대해 말하자면, 어느 날 그의 엄마가 내게 말했다.

"톰킨스가 마치 큰 소년처럼 대우받는 것을 즐거워할지 어떻게 아나요?" 그러자 모리스는 "아, 엄마, 미스터 톰킨스는 어느 날 나를 그런 방식으로 대해 주었어요. 그리고 나는 그것이 매우 기분 좋다는 것을 금방 알았거든요"라고 했다.

이 파티는 내가 알기로 분명히 톰킨스에게 최상의 약이 되었다. 그가 파티 이후에 매우 빠르게 회복되었기 때문이다. 이때 즈음해서 톰킨스가 자기 별명에 분개하기 시작했는데 왜 그런지 아무도 몰랐다. 아마도 많은 사람이 그 별명 때문에 깔깔 웃었기 때문일 것이다. 톰킨스가 싫어하고 반대하는 것이 너무 분명하고 확실해서 그 별명은 사용되지 않고 때때로 해리(Harry)로 불렸다. 한편으로는 자주 '브라운 아이즈'라고도 불렸는데 그의 창백하고 투명한 작은 얼굴과 함께 가장 눈에 띄게 초롱초롱한 깨끗하고 아름다운 갈색 눈은 거의 그의 모든 것처럼 보였기 때문이다.

얼룩말

브라운 아이즈와 그의 얼룩말은 이제 네 살이 되었다.

톰킨스는 처음으로 주머니가 달린 바지를 입고 우쭐거렸다. 얼룩말은 세 개의 큼지막한 아름다운 빨간 장미 리본 장신구를 갖게 되었다. 리본 하나는 그의 우아하고 긴 귀 양쪽에 각각 하나씩, 다른 하나는 그의 지성적인 이마를 장식했다. 얼룩말은 재미있는 조그만 빨간 안장도 갖게 되었다. 브라운 아이즈가 얼룩말의 등에 탈 때면 좋아하는 노래를 다음과 같이 부르는 가운데 얼룩말과 그의 장식품이 느린 걸음으로 천천히 움직였다. "기쁨, 기쁨, 기쁨이 온다, 내가 처음 내 마음에 뭉쳐 있던 짐과 부담을 녹여 없애 버릴 때." 얼룩말은 짧은 꼬리와 긴 양쪽 귀를 만족스럽게 펄럭거렸고 그들은 예쁘고 작은 그림 같은 모습으로 당나귀 등에 탄 채로 유명 인물들의 특별한 행렬을 보는 것에 익숙해진 마을 주민들에게 즐거움을 선사해 주었다. 그리하여 주민들은 톰킨스를 '꼬마 위인'이라 부르기 시작했다.

친근한 그들은 매우 즐거웠고 어디나 작은 한 쌍이 가는 곳마다 활짝 웃는 사람들의 박수갈채와 함께 감탄사가 쏟아졌고 즐겁고 놀라운 구경거리가 생겨났다.

얼룩말은 매우 작고 브라운 아이즈도 덩치가 작아 당나귀를 모는 조선인이 그 둘을 합친 것보다 더 크게 보였다. 그래서 이 한 쌍은 구경꾼과 행인에게 엄청나게 많은 농담을 받았다. 또는 조롱을 의미하는 '욕(yok)'을 엄청나게 많이 먹어야 했다. 이는 우리가 알다시피 욕이 아니라 농담으로 들렸고 '농담'의 두 번째 사촌이었음이 거의 틀림없다. 대개 조선인은 슬하에 매우 많은 자녀를 두고 있으며 수많은 농담 또는 '욕'—그들은 '욕을 먹지(eat it)' 말아야 한다—도 엄청나게 많았다. 그러나 사실상 톰킨스와 얼룩말은 그들을 웃게 할 것이고 그들의 고되고 멍한 삶을 잊게 해줄 것이다. 그래서 브라운 아이즈와 얼룩말은 거의 구경꾼을 위한 서커스단처럼 재밋거리가 되었다.

그러나 진짜 서커스는 따로 있었다. 한 가지를 말하자면 이것은 실제로 거리에서 벌어지고 말을 하지 않고 할 수 있는 서커스다. 그들은 때때로 줄타기 춤꾼과 아주 영리한 친구인 곡예사들, 그리고 동자승들로부터 시작해서 공연을 벌이고, 춤을 추고, 정말로 기묘하고 능수능란한 방식으로 긴 리본을 휘날리면서 곡예사가 보여주고자 하는 어떤 특정한 모양새로 아주 경이롭고 빠른 속도로 공중에서 내려오지 않게 머리 위에서 빙글빙글 돌린다.

중국식 연극

\

조선인들은 오락을 즐길 만한 공공장소가 없으며, 극장, 음악회, 강연, 공놀이나 보트 경주, 그밖에 어떤 공개적인 모임도 없다. 선교사들은 종교적인 예배를 소개해 왔고 한두 해 전부터는 일본인이 극장을 소개해 왔다. 그것은 독립적인 클럽으로 마을 주민들을 훈련한 유럽인의 보호와 지원 하에 시작되었고 대략 6~7년 전쯤 최초의 공식적이고 정치적인 모임이 조직되었다. 그러나 모임은 위험한 것으로 드러나 중단되었다. 중국인들은 때때로 매우 부유한 개인이 고용한 배우들이 공연을 하는데, 그들이 제공하는 볼거리는 진정으로 경이롭고 놀라우며 의미 있는 것이다. 그들은 말은 하지 않지만, 등골이 오싹하도록 소름 끼치는 오슬오슬하고 초조하게 하는 높은 음역의 팔세토 창법(보통의 창법보다 더 높은 소리를 내는 가성 창법 옮긴이)으로 맡은 파트를 노래하고, 공중에서 높이 도약하여 빠르게 달리는 말을 타고 점차 높은 곳으로 올라가는 기분을 느끼게 한다. 그러다가 마치 어린이들이 놀이하듯이 가상의 뾰족한 화살 위에 서 있는 듯 상상하게 하면서 이 무대 둘레를 과장된 동작으로 껑충거리며 춤을 추고 활보하다가 차례로 상대방의 머리를 자르는 시늉을 하고, 즉시 또 다른 연기자 위에 펄쩍 뛰어오른다. 이 공연은 4시간 동안 진행되며 여러 날 지속된다. 톰킨스 엄마는 언젠가 한번 중국 공사관으로부터 이 공연에 초대를 받았다. 그래서 2시부터 6시까지 객석에 앉아서 공연의 첫 번째 파트가 절반도 끝나지 않은 것과 공연 내내 비할 데 없이 단조로운 중국 음악은 찬사를 보낼 만한 연주자들의 인내심으로써 계속되었다는 점을 발견했을 뿐이다. 그녀는 작별을 고하고 자리를 떠났지만, 공연은 밤 12시까지 계속되었고 다음 날 아침에 또 시작되어 온종일 계속되었다는 이야기를 들었다.

그녀가 내린 결론은 그 배우들은 전부 전혀 평범하지 않은 위계질서

속에서 단련된 아주 힘이 센 운동선수나 장사였음이 틀림없었다. 그렇게 많은 공연 시간을 소화하고 지치지 않으면서 목과 폐의 힘으로 엄청난 압력을 견뎌 내도록 분투하며 강도 높은 훈련과 높이 뛰어오르는 끊임없는 공연 시리즈, 폭력적인 죽음과 두려운 시합을 통과하도록 단련되었다. 이것은 한 외국인이 바라보고 있기에는 그 공연이 어떤 것인지에 대한 생생한 묘사가 문제가 아니라 확실히 싫증 나는 것이었다.

브라운 아이즈의 친구들

\

얼룩말은 브라운 아이즈가 당시 작은 종에게 올라탈 능력이 있는지 확실하지 않았지만, 그의 생일 선물 중 하나였다. 당나귀를 타려면 비용이 모두 합쳐서 금화로 10달러가 안되었지만 대략 현금 3천 냥 정도를 지불하게 되어 있었다. 나는 서울에서 그 현금이 다른 당나귀를 갈아타기에 유효한 금액인지 믿을 수가 없었다.

외국인들이 그렇게도 많은 변화를 제안해 왔던 때부터 은화와 니켈(미국의 5센트 동전)은 어쨌거나 수도에서 지금은 거의 완벽하게 현금을 대신해 왔으며, 이 현금을 받아 등짐에 짊어지고 가던 고용인들이 없어지고 현금을 운반하는데 작은 변화를 이끌어 낸 것은 진정으로 아주 훌륭한 것이다. 당시 앙증맞은 작은 미국인의 지갑에 든 돈은 많이 사용하지 않았다. 보통 사람들은 1센트 정도를 간신히 갖고 있었을 것이며 당신이 조랑말 행렬이 필요하면 5백 달러 정도 들 것이다.

그러나 브라운 아이즈의 얼룩말도 그의 값어치에 해당하는 현금 가치가 있었으며, 브라운 아이즈가 건강하게 잘 자라났을 때 그 둘은 서울 집에서부터 약 7킬로미터 거리에 있는 한강으로 내려갔다. 지금은 브라운 아이즈의 권위가 공사관과 경비대를 떠나기에 안전한 것으로 결정되었기 때문이다. 브라운 아이즈는 몇 주 동안 아빠 엄마와 함께 어느 이상하고 작은 조선인 집에서 살았다. 얼룩말을 밖에 세워 놓았더니 심하게 시끄럽게 울부짖었고 뒷발질을 수차례 차며 발을 굴러 말을 타기 위해 데려갈 조선인 이웃은 아무도 없었다. 그래서 브라운 아이즈가 있는 집 옆에 붙은 작은 오두막을 마굿간으로 사용하도록 수리했다. 얼룩말은 밤중에 꽤 자주 자신이 그곳에 있다는 것과 완벽하게 깨어있음을 알리기 위해 친근하게 우리를 부르곤 했다. 얼룩말은 브라운 아이즈와 함께 조깅을 하는 동안 어느 때나 쉽사리 낮잠을 자며 꾸벅꾸벅 잠깐씩 졸아 밤에는 자야 할 필요가 전혀 없었다.

마을 소년들은 모두 이 작은 미국인이 아주 재밌다고 생각했다. 그들은 절대로 이제까지 그토록 별다르게 옷을 갖춰 입은 어린이를 본 적이 없었고 아주 연하고 멋진 피부를 가진 어린이도 본 적이 없었다. 아이들은 그가 조선어를 몇 마디 아는 것을 발견하고 아주 기뻐했으며 떼를 지어 브라운 아이즈를 따라 달려와서 몇 살인지 끝도 없이 물었다(그들은 이미 반복해서 들었음에도). 단지 브라운 아이즈가 이야기하도록 만들기 위해서였다. 분명히 미국 소년들은 조선 소년에 대해 엄청난 호기심 같은 것이 있었을 것이다. 만약 자신이 그들의 마을 한 곳에 갑자기 나타난다면, 자신들을 에워싸는 이교도 야만인 소년들이 두려울 것이며 그들의 호기심을 충족시키면서 사려 깊은 행동을 할 수 없을 것 같아 그 또한 두려워하고 있는 상태였다. 조선인 소년들은 모두가 머리 중간에 가르마를 타서 땋은 머리가 등에 길게 매달려 있었다. 기념일이나 축제 때는 이 땋은 머리는 훌륭한 새 리본으로 묶인다. 이 리본들은 적당한 길이로 중국식으로 반짝거리는 금박이 뒤덮여 있었는데, 장수, 행복, 부, 행운 등을 의미하는 목적으로 만들어진 것이다. 그들은 모슬린이나 마로 짠 평직물로 만든 '저고리(chogeries)'라고 부르는 작은 재킷을 입고 있었다. 저고리 중에 좋은 것은 가끔 비단으로 만든 것도 있고 아주 밝고 화사한 색깔이 입혀져 있는데, 대부분 빨간색을 더 좋아하지만 때로는 녹색이나 노란색도 있다. 꼬마들을 위해서는 옷소매를 모든 화려한 색깔이 총동원되어 줄무늬가 들어가도록 만들어 이 저고리는 마치 그런 방식으로 짠 것처럼 보인다. 아주 추운 겨울에 입는 외투는 목화솜이 든 털실로 덧대어져 있는데, 괜찮고 따뜻하다. 그리고 보통 그밖에도 '두루마기'라든가 선명하고 화려하고 아주 멋진 빨간 색의 겹겹으로 된 코트가 있다. 때때로 나는 이 작은 재밌는 외투가 많은 색깔이 들어간 요셉의 채색 옷에서 유래한 것은 아닌지 궁금하다. 어쨌거나 모든 소년은 새해 첫날, 형제자매의 혼인, 공식적 모임이 있는 날을 위해 저고리를 하나씩 갖고 있는 것이 틀림없다.

겹으로 덧대었거나 길이가 길은 언제나 헐렁한 통바지도 겨울에는 겹겹이 덧대어 입는다. 이 바지는 흰색인데 부드러운 돌이나 딱딱한 나뭇가지 위에 앉기 때문에 많이 닳고 해어져서 반들반들 광택이 난다. 바지는 소년들에게 많은 유익을 준다. 이 바지를 발목에 바짝 조여 특별한 행사 때에는 값비싼 고급 리본으로 발목을 묶는다. 겹으로 덧댄 흰색 무명으로 만든 발목까지 오는 양말과 한 쌍의 지푸라기나 끈으로 만든 신발이 소년들의 복색을 완성해 준다. 그러나 브라운 아이즈가 알고 지낸 조선 소년은 거의 크리스마스 때까지 오직 옷 두 벌만 입는다. 즉, 하나는 얇은 마 따위로 된 평직물 윗도리와 같은 옷감으로 된 아주 거친 바지 두 벌, 그리고 몇 켤레의 짚신이 전부다.

조선 소년이 하는 일

소년들은 밖에서 계속 햇볕에 노출되어 검은 갈색으로 탄 몸과 얼굴을 한 재미있고 즐거운 표정의 강인한 작은 친구들이었다. 내가 목격한 이 소년들은 물론 다른 아이들과 마찬가지로 대부분 항상 온갖 일을 해야 했으며 동양에 사는 그들은 특히 물건을 상당히 쉽게 실어 나르며, 그래도 조금이나마 충분한 휴식과 재미를 취하면서 고군분투한다. 어떤 소년은 나무, 채소, 거름더미 등의 짐을 싣는 작은 말을 시장으로 끌고 가기도 하고 그 불편한 말의 안장 위에 옆으로 비스듬히 앉아서 다시 몰고 돌아온다. 어떤 소년은 가끔 성질이 사나워 물어뜯고, 발길질과 싸움질을 하고, 머뭇거리며 쩔쩔매는 작은 소 두세 마리씩을 관리하며 몰고 다니기도 한다.

가끔은 손에 든 낫으로 길거리를 전부 청소한다. 가까운 곳이든 먼 곳이든 가서 잡초와 나무의 잔가지들, 시들어 말라죽은 풀들 한 줌, 또는 겨울 화로를 빗자루로 쓸어낸다. 때때로 그들은 벼와 수수 따위의 작물을 돌보면서 몇 날 동안 분주하다. 두 팔로 새들을 위협하고 격렬하게 큰 소리를 지르면서 곡식을 훔쳐 가는 새떼를 멀리 내쫓는다. 어른들은 이 도둑을 몰아내는 일을 많은 소년에게 의지하고 있다. 언덕 위에는 작은 오두막 여러 채가 있는데 여기서 그들은 햇볕을 피할 수도 있고 이곳에 숨어 도둑질하는 공격자 새들에게 화살을 쏠 수도 있다. 어디에나 있는 긴 줄들, 즉 거미줄은 새들의 날개를 꼼짝 못하게 만들고 새들이 날아다니지 못하게 방지하며 사방팔방에 자리 잡고 펼쳐져 있다. 자주 발견되는 허수아비는 범죄자(새들)에게 무시무시한 경고로써 새들의 전체 시야에 포착되는 죽은 새들이 여기 내걸려 있다.

일부 소년들은 사탕 장수다. 견과류와 나무 열매를 줍는 계절에는 길거리 모든 구석구석에 숯으로 된 연료 위에 놓인 뜨거운 군밤 따위의 견과류를 파는 꼬마 상인이 있다. 일부는 일찍부터 상당히 무거운 등짐들을 감당하느라 애쓰면서 작은 지게를 들고 나르며 운반하는 법을 배운다. 들판에도 많은 일이 있는데, 씨 뿌리는 일을 돕거나 잡초를 뽑고 수확해 거둔 곡식을 한데 모으는 일을 거든다. 그리고 어떤 소년은 둘째 동생이 클 때까지 셋째 아기를 하루 종일 업고 다닌다.

그들만의 놀이는 역시 재미있으며 아마도 해야 할 많은 일 때문에 그들은 이 놀이를 더 즐긴다. 소년들은 종이로 감은 조각으로 만든 제기차기를 하는데, 발꿈치 옆을 사용해 내가 막대기나 방망이로 차는 것보다 훨씬 능수능란하게 할 수 있다. 한 사람이 다른 사람에게 발로 차서 계속 공중에서 날아다니도록 하여 최소한 20분 동안 절대로 한 번도 땅에 떨어지지 않는다. 때로는 제기를 공중으로 약 3미터 높이까지 날려 보내며 손으로는 절대로 만지지 않는다. 그들은 놀라운 방식으로 연날리기 놀이도 하는데 공중에서 실제로 시합을 벌인다. 어떤 소년은 가끔 한 시간에 여러 개의 연을 잡으며 모래나 땅에 있는 잡초를 섞어 반죽하여 뻣뻣하게 만든 풀을 붙여 한데 뭉친, 손수 만든 톱날 같은 날카로운 연줄로 상대방의 연줄을 끊어 연을 죽인다. 연줄은 오직 이런 방식으로만 만들어지며 줄이 끊어져 날아간 연은 여러 집의 마당에 떨어진다. 그들은 '프랑스인과 영국인'과 아주 똑같은 놀이도 한다. '술래잡기'를 하면서 놀기도 하는데, 이 방식은 해리의 미국인 사촌도 하는 그런 방식이다. 그리고 때로는 전 세계 어디서나 모든 소년이 하는 병정놀이를 한다.

소녀들이 하는 것

조선 소녀에 대해서 말하자면, 소년과 아주 똑같이 땋은 머리를 하고 소년이 입은 저고리와 아주 유사한 옷을 입는다. 그러나 바지 대신에 분리된 치마를 겹쳐 입는데 아주 긴 끈으로 허리를 묶은 통으로 된 긴 빨강, 파랑, 흰색 앞치마다. 이 치마 하나로 소녀가 서 있는 장소를 다 뒤덮을 만큼 길고 넓다. 때때로 소녀들은 치마 두 개를 입고 저고리도 두 개를 입는데 소녀들은 긴 외투가 없다. 그들의 어머니는 가끔 앞치마 하나를 사용해 머리에 둘러쓰고 얼굴 주위로 끌어당기는데 옷소매가 넓찍해 다른 쪽 소매 위에서 펄럭거린다. 작은 소녀들은 멀리 밖으로 나가는 일이 흔치 않지만 나가야 할 때는 머리 위에 이 앞치마만 뒤집어쓴다.

소녀 대부분은 아주 많은 일을 함께하는데 일찍부터 바느질, 밥 짓기, 빨래한 옷을 부드럽게 다듬이질하는 것을 배워야만 하고 동네 다른 집의 일도 한다. 그들은 비스듬하게 서서 빙글빙글 돌기, '고양이 요람' 놀이를 하고, 호랑이 이야기, 얼간이들—이야기 속 마귀나 도깨비—놀라게 해주기, 유령이나 영적 존재인 귀신 놀이를 한다. 그들에게는 전래 동요라든가 전해져 내려오는 이야기가 아주 많다. 어떤 여인이 브라운 아이즈에게 이야기해 주었듯이 여러분이 조선인 복색에 관한 그들의 오래된 전래 동화 한 편을 들려주려고 한다.

빨간 앞치마

＼

이 나라에 어느 훌륭하고 작은 색시가 어느 날 산을 가로질러 5킬로미터 가량 떨어진 곳에 사는 친정 어머니댁에 가도 된다는 시어머니의 허락을 받고 출발했다. 그녀는 거의 얼굴을 다 덮을 정도로 흰색 앞치마를 머리에 둘렀다. 그러나 반짝거리는 눈과 붉은 입술은 그녀가 할 수 있는 모든 노력에도 불구하고 때로는 가끔씩 밖으로 노출되어 버렸다. 그녀는 어머니에 대한 갸륵한 공경의 선물로 맛있는 음식 꾸러미와 방금 만든 떡을 머리에 이고 바짝 붙들어 운반해 갔다.

그녀가 멀리 가기도 전에 시댁의 시야에서 간신히 벗어나 그 산에서 출발했을 무렵 덩치 커다란 무서운 호랑이가 다가왔다. 조선의 구전 이야기에서 흔히 접할 수 있는 어느 익숙하고 친근한 것처럼, 그런 흉포한 짐승이 오는 것을 추측할 수 있는데 호랑이는 그녀에게 다가와 점잖은 체하면서 음흉하게 으르렁거리면서 물었다. 그러나 정말 공포로 피를 얼어붙게 만들었으며 가련한 작은 심장은 공포로 방망이질을 치면서 거의 딱 멈춰버렸다. 호랑이는 그녀에게 "어디로 가나요, 어여쁜 작은 색시님?" 하고 물었다. 그런데 색시가 대답을 하는 것은 풍습에 어긋나기 때문에 그녀는 그저 절망적으로 고개를 푹 숙이고 서둘러 피하려고 했지만, 호랑이는 역시 한 발짝 한 발짝 다가와서 조심스러운 다른 질문을 던졌다.

"어여쁜 내 친구여, 매우 조심스럽게 이고 가는 것이 무엇인고?"

"호랑이 전하, 내 사랑하는 어머니께 드릴 떡 한 덩이예요."

소녀가 들릴 듯 말 듯한 목소리로 중얼거렸고 이때 호랑이가 흘깃 쳐다보는데 너무 사납고 흉포하고 그 목소리는 너무 무서워서 그녀는 감히 계속 침묵을 지킬 수가 없었다. "내가 같이 가도 될까?" 하고 호랑이가 말했다. "호랑이 전하, 하고 싶은 대로 하십시오."

그녀가 기어들어가는 목소리로 중얼거리자, 그가 항상 어떻게 했는지는 아주 잘 알려져 있다. 그래서 그들은 얼마 동안 함께 걷고 또 걸었다. 호랑이가 "내 배가 비어 있는데, 색시가 이고 가는 맛있는 떡을 조금 줄 수 있을까?" 하고 물었을 때, 그녀는 "아아, 어쩌면 좋아, 호랑이 전하, 이것은 우리 엄마에게 드려야 할 음식이에요" 하고 가엾은 작은 색시가 말했다. 그녀는 사실상 열네 살밖에 되지 않았고 겉보기에는 열한 살 정도로밖에 안 보였다. 호랑이가 무섭게 바라볼 때, 그 눈은 너무나도 사납고 맹렬하게 노려보고 있었으며, 용광로에서 뿜어져 나온 것 같은 숨결이 그녀의 뺨에 와 닿았다. 그리고 그의 잔인한 발톱은 너무 위협적으로 보여서 전율하고 있는 소녀는 떡을 달라고 강요하는 호랑이의 애원에 더 이상 저항하지 못했고 마지못해 그녀의 짐 보따리를 끌러 탐욕스런 눈으로 바라보는 반갑지 않은 수행원에게 훌륭하게 만든 떡 세 덩이를 주었다.

그들은 그다음 거의 1킬로미터 이상을 더 평화롭고 의좋게 앞으로 걸어갔지만, 호랑이의 맹렬한 식욕은 아주 커서 조금도 만족하지 못했고 다시 호랑이는 떡 하나를 달라고 애걸했다.

"아이고! 호랑이 전하, 그렇지만 어떻게 공경하는 어머니에게 드릴 이 작은 음식을 떼어 줄 수 있겠어요? 제 어머니는 과부이고 맛있는 음식을 거의 드시지 못하고 계셔요. 이번에는 호랑이 전하의 청을 거절할 수 있게 해주세요." 그러나 호랑이는 조용히 입을 다물거나 청을 거두지 않았다. 호랑이는 너무도 강력하게 고집을 부리며 우겨서 또다시 떡 덩이를 쪼갰다. 색시는 실의에 빠져 떡 덩이가 끔찍하게 시뻘건 호랑이의 입속으로 들어가 사라지는 것을 보았다. 이제까지도 호랑이는 절반 정도만 만족한 것 같았고 그들은 5킬로미터가 되기 전까지 오랫동안 같이 걸었다. 그러나 그들이 언덕 꼭대기까지 오르기 전에 호랑이는 또 음식을 달라고 요구했고 세 번째 음식을 얻어냈다. 이제 가엾은 마음씨 착한 색시는 그녀의 사랑 표시로 어머니께 드릴 음식이 아무것도 없었다. 짐 보따리를 끌어내리고 상황을 극복하려고 애쓰는 것이 불가피해졌다. 짐 보따리를 풀고, 다시 매고, 세 번 고쳐 매는데, 머릿수건은 흐트러지면 안 되고, 호랑이는 작은 색시의 뛰어난 미모를 보면 안 된다. 그녀의 윤기가 흐르는 가지런히 빗어 땋은 머리, 섬세하고 우아한 눈썹, 부드러운 피부, 빛나는 아몬드색 눈빛, 무엇보다 그녀의 보조개, 앙증맞은 작은 두 손, 어여쁘고 통통한 팔이 호랑이에게 벗어나지 못했으며 이제는 떡이 모두 없어진 데다 호랑이의 식욕은 조금도 만족하지 못하고 오히려 더 강렬해졌다.

그들이 산꼭대기에 곧 도착할 무렵, 거기서부터는 내리막길이며 이쯤 되면 골짜기 아래에서 아마도 이들의 모습이 보이게 될 것이고, 작은 색시의 집은 이제 멀지 않았다. 그래서 호랑이는 더 기다려 주지 않을 작정이었다. 무섭고 끔찍한 포효를 하면서 호랑이는 불쌍한 어여쁜 색시에게 달려들어 한순간에 그녀를 집어삼켰다. 그리고 호랑이는 그녀의 예쁜 빨간 치마를 머리에 뒤집어쓰고서 어린 소녀처럼 고상한 척하며 잰걸음으로 걸으려고 노력하면서 색시의 친정 오두막집으로 향했다. 누군가가 호랑이를 보았다면 그런 무서운 털이 북슬북슬한 다리와 잔인한 발톱, 성큼성큼 걷는 걸음걸이, 그리고 색시의 옷 아래에 구부려 엉거주춤한 자세로 앉아 있는 것을 볼 때 그들은 절대로 호랑이가 그 가엾은 색시라고 생각할 수 없을 것이다.

그러나 아무도 그를 보지 못했으며 유감스럽게도 호랑이는 색시의 어머니 오두막 대문까지 도착해서 큰 소리로 으르렁거리며 "문 열어 주세요"라고 말했다. "누구세요?" 하는 대답이 들려왔다.

"나예요, 엄마의 예쁜 딸이 사랑하는 엄마를 보려고 맛있는 떡을 준비해 가지고 왔어요. 혼자 계신가요?" 호랑이가 물었다.

"그래, 그런데 왜 네 목이 그렇게 쉬었니? 내 딸아?"

"산속에서 감기에 걸렸어요." 호랑이는 대답했다.

"문에 잠근 줄을 잡아당겨라, 그러면 걸쇠가 풀릴 거야. 어서, 내 아가야." 그러자 그 줄을 잡아당기고 호랑이는 들어와 가여운 어머니에게 달려들어 그녀 역시 걸신들린 듯 집어삼켰다. 그러나 이 피비린내 나는 끔찍한 일과 관련된 사건은 여전히 지속되어 그 불쌍한 여인의 비명 소리를 들은 몇 명의 나무꾼이 서둘러 그 집에 몰려들었으나 그들마저도 이 탐욕스런 늙은 짐승에게 끝장이 났다.

학교에서의 조선 소년들

　이와 유사한 많은 이야기는 부모에게서 아이들에게 전해 내려왔으며 몇몇 이야기는 조선의 이야기책에 기록되어 있다. 그러나 가련한 조선인들은 글을 읽을 줄 아는 사람이 매우 드물다. 모든 도시 근교에는 마을 주민 개인이 설립한 학교가 있지만 여기서는 중국어와 이따금씩 조선 글자를 가르친다. 학생들은 모두가 마루에 함께 앉아서 큰 소리를 내어 책을 읽는다. 이 책들은 중국 문자의 특정한 천자문을 배우기 위한 조선어로 되어 있다.

　소년들은 단순한 몇몇 문자로 배움을 시작해서 나중에는 공자의 특정한 격언 등 수천 개의 글을 기억할 때까지 한자의 조합을 익힌다. 부잣집 아들들은 때때로 아침 8시에서 저녁 5~6시까지, 새해가 시작되는 두 주일과 축일이나 공휴일 며칠을 제외하고 일주일에 7일, 일 년 내내 공부를 한다. 그들은 중국어 말하기를 배우지는 않으며 오직 쓰인 문자 해석을 배우는데 이것은 일본에서도 마찬가지다. 그래서 조선 학생은 일본이나 조선 중 어느 한 나라에서 글 읽기와 글쓰기를 통해 배움의 열의를 충족시킬 수 있지만 들은 단어를 이해하지는 못한다.

　이 모든 것은 암기에는 아주 훌륭한 훈련이 되지만 논리적으로 추론하는 능력은 어떤 연습을 통해서도 거의 얻지 못한다. 이는 중국어를 읽고 쓸 수 있게 하거나 공자의 격언들을 읽어야만 하는 목적이라면 자유로운 교육으로 생각된다. 그러나 조선에는 아직 인간 교육이라는 부분을 깊이 고려하는 전문가가 없다. 의료는 사업의 일종으로 배우며 법률가나 남자 성직자도 없다. 사실상 사업이나 거래를 배우고 싶어 하지 않는 조선 양반 때문에 의료 사업은 매우 적으며 육체노동은 생계를 해결하는 수단으로 하고 있다. 하지만 미션 스쿨이 교육에 대한 서구식 아이디어를 널리 퍼뜨렸고 미국 학교의 교육과정에 따르는 한편, 날마다 성경을 가르치면서 중국어 학습 분량도 공평하게 주었기 때문에 학생들은 모국인 조선에서 불이익을 받지 않는 것 같다. 조선에서 이러한 계획으로 출발한 최초의 학교는 배재학당과 이화학당을 언급하기 전에 원래 고아원이었다. 감리교 선교부에서는 남녀공학을 설립했고 이는 정부가 공인한 관립학교로 병원에서 일할 미래의 의학도를 키워냈다. 두 학교는 조선 국왕의 지원 하에 계속 유지되었다.

조선 소녀들을 향한 희망

미국, 영국, 프랑스, 러시아 교사와 함께 정부의 지원 하에서 소년을 위한 하나 이상의 학교가 문을 연 이래로 지금까지 이 학교들은 계속해서 육성되고 있다. 조선의 명성황후는 소녀들을 위해서도 학교를 하나 설립하고자 하는 강한 의지가 있었으며 이 목표 가운데 하나는 그녀의 죽음으로 좌절되기도 했다.

거대한 선교의 장에 포함된 학교들 외에도 외국인의 직접적인 관리와 감독하에, 큰 기독교 마을마다 규모가 상당한 기독교 주간 학교가 있었으며 마을 주민들에게 완전히 지지를 받고 있었다. 그리고 이 학교들은 너무나 탁월하고 빈틈없고 철저해서 교양 없는 야만적인 마을 주민들은 자녀를 이들 학교에 보내는 영광을 얻게 해달라고 요청했다. 성경과 교리문답, 그리고 서구식 교육이 모든 작은 마을 학교에서 어느 정도 이루어졌다. 마을 주민들 역시 아들뿐 아니라 딸도 교육을 받게 요청하여 소년 소녀들이 더더욱 많이 학교에 오게 되었다. 심지어 가난한 소작농이나 농부의 아들도 이 시기에 학교에 합류했다. 그들의 나이는 보통 12~14세였다. 톰킨스와 친한 조선인 친구도 이 학교에 왔다. 그러나 그것은 또 다른 이야기라 여러분은 이 이야기를 기다려야 한다.

그 나이쯤 되는 소년이 통상적인 의례를 지키는 자들이고 아버지가 1년에 60~70달러 정도 수입이 있는 그나마 넉넉한 집안이라면 머리는 상투를 틀어 단단히 묶고서 긴 두루마기에 훌륭한 새 옷을 입고 학교 축제 때는 친구들이 초대되어 인생의 무거운 책임을 감당하고 있는 그 소년을 축하해 줄 것이다.

그러나 가난한 소년들은 밀짚모자를 쓰고 실제로 결혼할 때까지 검은 옷을 더 많이 입는다. 머리를 올리는 것은 매우 엄숙한 의식이며 점쟁이들은 또다시 이 의식을 감독하고 조언을 해주러 불려 온다. 이는 그의 인생에 아주 큰 전환점이 된다. 아주 가난한 소년들도 머리를 올리기는 하지만 훨씬 나중에 이 의식을 행하며 그 집이 동원할 수 있는 수단이나 꾸거나 빌려 올 수 있는 가능성에 따라 의식을 해주지 않거나 최소화한다. 결혼식 의례나 그들이 열심히 하고 있는 의식의 도구는 서구와는 전혀 다르므로 우리 식으로 상상하지 않길 바란다.

오, 그렇지 않다, 조금도 같지 않다. 조선과 같은 것은 전혀 아무것도 없다. 만일 11~12세 가량의 소년이라면 그의 어머니는 여동생을 낳아 주었을 가능성이 매우 크다. 그 여동생은 15세가 되면 정혼자의 집으로 보내는데 바느질, 다리미질, 밥 짓기, 설거지, 불 지피기, 옷감 짜기, 실잣기 등의 집안일을 옆에서 거드는 작은 하녀를 필요로 하는 예비 시집에 일을 시키러 보낸다. 그러는 중에 딸의 엄마는 중매쟁이를 불러 딸이 색시가 될 가능성이 있는지 상담을 한다. 많은 논의가 이뤄지고 소녀는 예비 시댁으로 왔다 갔다 한 후에 두 집안 사이에서 결혼 준비가 모두 이뤄진다. 그리고 예비 시댁과 서로 간에 분명히 약속한 수량의 쌀가마가 소녀 몸값으로 신부의 집에 전해지고 결혼식을 치루면 신랑은 생전 처음으로 신부를 보게 된다.

5

선물로 쓰는 글

브라운 아이즈의 오두막

╲

말했듯이 조선인의 결혼은 훌륭한 거래로 이루어진다. 결혼 의례는 곧 다시 이야기할 것이고, 지금은 마을 소년 이야기를 하려고 한다. 소년 중에 가끔은 한 명 정도 크고 건장한 친구도 보이지만 대부분은 나이에 비해 체구가 아주 작은 편이다. 아마도 뜨거운 바닥에서 잠을 자고 오직 쌀만 먹은 것이 이와 조금은 관련이 있을 것 같다.

갈색 피부를 지닌 이 건강한 소년들은 브라운 아이즈와 함께 있을 때 기쁨을 누리는데 그와 얼룩말이 함께 외출을 나갈 때, 오! 그 흥분과 야단법석이라니. 소년들은 모두 그 얼룩말을 몰아보고 싶어 했지만 그럴 수 없는 그들은 앞뒤에서 고함을 지르며 달려왔다. 때로는 브라운 아이즈처럼 하지 못하는 작은 소년들이 왁자지껄하게 무리를 지어 위협적으로 바짝 다가와 에워싼다. 조선인의 생각과 관습이기는 하지만 하인이 더 많을수록 그들은 더욱 행렬이 소란스러우며 그런 것에서 영광을 추구한다. 이런 생각은 순수하게 조선의 것이고 다른 어디에서도 볼 수 없다. 소년들은 모두 브라운 아이즈를 드물고 귀한 장난감처럼 생각했으며 그와 함께 노는데 총력을 다 했다. 그들은 모래 위에 집을 짓고 냇물을 따라 놓인 징검다리 위를 뛰어다녔고, 점토와 찰흙으로 작은 모형을 만들고 나무를 깎아 장난감을 만들었으며, 튼튼한 나뭇가지를 쪼갠 긴 조각으로 장난감 새총을 만들기도 했다. 그들은 지체 없이 이 새총으로 서너 개의 돌을 아주 멀리까지 쏘며 놀았다.

브라운 아이즈는 재미있는 작은 집에서 캠프 생활 같은 놀이를 아주 좋아했다. 이 집은 마당과 부엌에 붙여 지은 작은 오두막으로 두 채가 분리되어 있었다. 방은 단지 두 개였다. 한 오두막에 방 하나는 하인 소년이 차지했고 두 번째 방은 엄마를 오두막에 데려다 주는 가마꾼이 사용했다. 다른 오두막의 방 하나는 아빠, 엄마, 브라운 아이즈가 함께 사용했는데 잠을 자거나 식사를 하며 거실로도 사용했다. 그렇다, 객실이기도 하고 여기서 연구도 했다. 이것은 일종의 마법의 아파트였다. 어린 브라운 아이즈에게는 바퀴나 램프, 어떤 의미 있는 것들을 빌 뿐이었는데 소원, 신속함, 변화 따위를 비는 장소로써 이 공간은 시간의 필요를 충족해 주는 장소 제공을 하고 있었다. 누구라도 원하는 더 완벽한 집이 무엇이겠는가?

나는 우리가 모두 그런 비밀 하나쯤은 다 있으리라고 믿는다. 보통의 집은 붙박이 오두막이 딸려 있지 않을 것이다. 한편 어떤 방들은 들여다보이게끔 만들어져 있어서 전혀 사용하지 않았다. 여러분이 조급한 호기심으로 불안하고 위협적으로 느껴지는 것을 경험해 보고 싶으면 훤히 들여다보이는 이런 방에 앉아 있거나 걸어 다니거나 만지는 것도 두려울 것이다. 그리고 어떤 집은 외관도 좋지 않으며 훨씬 덜 사용한다. 그러나 이 작은 브라운 아이즈의 집은 상당히 달랐다. 그렇다, 정말로 방은 모두 약 3미터 높이, 2미터 넓이밖에 되지 않았고, 나뭇가지가 닿아 있는 지붕의 정 중앙 높이는 2미터 가량 되었지만, 양쪽 구석은 훨씬 더 낮았다. 너무 낮아서 체구가 작은 브라운 아이즈의 어머니도 마루 위에 바짝 붙은 제비 둥지가 달린 처마 밑에 쉽게 닿을 수 있었다. 그리고 새끼 제비들은 어미 새가 벌레를 잡으러 갔을 때 서로 비비고 있었다. 제비 둥지와 제비 가족을 위협하는 나쁜 소년은 없다. 작은 참새들은 잡혀서 화려한 색깔로 염색되고 긴 줄에 묶인 채 괴롭힘을 당하고 죽지만 제비는 신성시된다. 나는 그곳으로 다시 가서 돌아다녀 보았다. 이 집은 온돌 바닥이었는데 여러분이 들었듯이 부엌 아궁이에 바로 불을 지펴서 방이 따뜻하게 된다. 이 온돌에 불이 전부 잘 전달되도록 관리하는 한 가지 확실한 방법이 있었다. 이것은 요정의 집이었음을 여러분은 보고 있지 않은가? 그리고 따뜻한 방과 따끈한 저녁 식사를 제외하고 지나칠 수는 없다. 여러분은 분명히 상쾌하고 신선한 공기 속에서 온종일 정신없이 이리저리 뛰어다닌 다음에 소원을 비는 반지의 노예가 나타날 것을, 다른 말로 하인 소년이 따뜻한 바닥에 엄청나게 많은 깨끗한 짚더미를 두껍게 쌓아 놓아줄 것을 바라지 않았는가? 이 광경에 손뼉을 치면서 이런 신기한 침실 하나를 갖고 싶어 소원하지 않았던가.

그 위에 이불과 담요를 깔고 바깥 덧문을 닫고 안쪽에는 병풍을 치거나 차광막을 끌어내렸고 세워 둔 놋쇠로 된 등불의 기름 받침대에 작은 심지의 불을 밝혔다. 이제 침실을 보라! 그런 다음 옷을 입고서 아침을 먹으러 식당에 가고 싶어 하는 동안 공기가 통하도록 담요 등을 전부 치웠다. 빛나는 큰 나무, 잔잔한 강과 얼룩말에게 아침 인사를 하러 잠시 동안 마당으로 나간 동안에는 통풍이 잘되도록 창문을 활짝 열고 방을 즉시 빗자루로 쓸었다. 그리고서 실내로 다시 돌아오면 그들에게 트렁크가 식탁으로 바뀌어 맛있는 아침 식사가 차려져 있는 안락한 식당을 보았다.

아침 식사는 우리가 극찬하는 숯이 가득 채워진 흙으로 구운 훌륭한 검은색 도자기 그릇에 넘치게 요리가 되어 담겨 있었고 때로는 조선산 콩, 꿩고기, 쌀밥, 달걀 그리고 아주 달콤한 감으로 되어 있었다. 꿩고기는 미국에서는 지금까지 보지 못한 아주 드물고 희귀한 것으로 이 작은 소년이 매일 먹는 음식이었는데 조선인 사냥꾼에게 한 마리에 10센트를 주고 샀다. 사냥꾼은 낡은 화승총을 가지고 매일 나가서 꿩을 잡아 한 자루를 꽉 채워서 돌아왔다. 알을 품은 어미 꿩들은 원 씨 가족의 땅을 사방으로 돌아다니며 한가롭게 거닐거나 나무에 있는 홰에 앉았으나 아무도 만질 생각을 하지 않았다.

우리는 그 작은 집에서 얼마나 행복했는지! 집은 방 두 개뿐이었지만 푸른 하늘이 드리웠고 아래에는 사랑스러운 땅이 있었으며 강과 새, 나무, 그리고 산들, 이 모든 친구가 함께 있는 사방팔방에 온통 야외 마당이 펼쳐져 있었다. 특별히 그들은 이것을 만드신 주님께서 충만한 이 모든 것을 주셨고 그분의 거룩한 뜻과 함께하는 모든 잎사귀와 바람의 속삭임, 빛나는 별, 만물을 풍성하고 달콤하게 하는 햇살에 그분의 생명이 살아 있음을 실감하면서 아주 기뻐했다. 그분이 없다면 만물은 얼마나 죽어 있었을까!

캡틴은 이 도시에서 가끔 시간을 들여 멀리 가야 했지만 이 축복과 함께하며 주로 번역을 했다. 때로는 다음 해 여름을 대비해 시원한 집을 만들거나 정원을 가꾸며 나무를 손질하고 옮겨 심으면서 항상 바빴다. 나머지 두 사람은 절대로 멀리 나가지 않았으며 브라운 아이즈가 포근한 풀밭에서 뛰어놀면 엄마는 이 모든 것을 물끄러미 바라보면서 꿈을 꾸며 만족하고 안심이 되어 더할 나위 없이 행복하게 그곳에 기쁘게 오래도록 남아 있었다. 이것이 영생인지 절대로 알 수 없는 가운데 황금 모래들은 그렇게도 빨리 손에서 미끄러져 나갔다.

휴식의 위안

\

집안에는 그림 한 점, 장식품, 세심한 휘장이나 심지어 무릎 덮는 담요 하나 없었지만 피곤하고 지친 여인에게 엄청난 위로가 되었다. 물건에서 오는 마음의 위로는 아무것도 없는 맨 벽들에 있었다. 계속해서 묵묵히 요구되는 주의하기, 돌보기, 찬성하기, 반대하기, 여러분에게 짜증 섞인 주장을 할 때의 짓눌림 등에도 불구하고 그런 사소한 것으로 인한 불평과 짜증 따위에서도 앞서 말한 것처럼 완벽한 자유를 얻었다.

그렇게도 많은 그림, 장식품이나 장신구, 휘장 따위와 아무런 생각도 신경 쓸 필요도 없는 문밖에 있는 자연의 비할 데 없는 예술 작품이 같이 있을 때 왜 우리의 집을 가짜 모방품으로 채워야 할까?

겨울에 사람들이 이 도시 외부로 바깥출입을 하지 않을 때면 이곳은 온통 암울하고 스산하며, 문밖에는 아무것도 없이 황량하고 헐벗어 보기 싫고 추하다. 그래서 마음에 위안을 주는 여행 기념품이나 친구들이 멀리서 가져다준 몇 개의 기념품, 소중한 가보, 또는 친구를 좋아하는 사람이라면 여러 친구가 있지 않은가. 친구들은 한꺼번에 너무 많지만 않으면 괜찮다. 간혹 이런 일이 일어나기 때문에 원 목사 부인은 나중에 강가에 지은 여름 집에 들여놓아야 할 물건을 아무것도 사지 않았다. 우리는 한참 동안 아침을 먹기 위해 일찍이 그 집을 나섰으며, 그곳에 오래 머무는 동안 나는 여러분에게 조선인 이웃에 관하여 조금 더 이야기하려고 한다.

원 목사 가족이 그 오두막에서 보냈던 시간같이 조선인 이웃들도 그런 방식으로 살고 있을 것이라고 추측해서는 안 된다. 예를 들어, 밤중에 마을 소년과 가난한 사람들은 나무 목침을 베고서 바닥에 거친 짚더미를 쌓아둔 뒤 곧바로 누워 버린다. 그리고 절대로 다른 것은 문제 삼지 않는다. 차가운 날씨에 그들은 마룻바닥의 가장 따뜻한 부분에 잘 덧댄 누비이불을 덮고서 서로 최대한 가까이 바짝 다가붙어 누워 있다. 만약 그들이 품행이 바른 가족이라면 할아버지 할머니는 가장 따뜻한 부분을 차지하고 가장자리에는 아이와 하인이 차지한다. 물론 할머니에게 바짝 붙어 있는 아기를 제외하고 말이다. 여름에 남자들은 집의 마당 한가운데 나와서 가끔 누워 있다. 그리고 여자들은 마루나 문간방 앞에 누워 있다. 그들이 부자라면 두세 개나 되는 침실이 있는데, 그들이 정말로 아주 대단히 부유한 사람일 때는 간소하게 지은 방 하나짜리 오두막 여러 채를 하인들의 방으로 갖고 있다. 그리고 문 가까이, 벽을 따라 가보면 남자 하인을 위한 방, 그리고 남자들과 손님을 위한 훌륭한 사랑채가 있다. 그들이 아주 가난한 경우, 가끔 땅에 깊은 구덩이를 파고 그 속에 들어가 어머니 같은 오래된 지구의 따뜻한 심장에 가까이 붙은 채로 짚으로 덮개를 엮어 만들어 놓고 거기서 일하고 자기도 한다. 부유층 조선인은 높이가 낮은 침상(주로 여름에 사용된다)이 있으며, 심지어 두께가 5센티미터 가량의 잘 누빈 비단으로 씌우거나 황새, 용, 나무, 꽃으로 두껍게 수를 놓은 아주 좋은 요를 갖고 있다.

마을 주민의 식생활 습관

내가 조선인의 주거와 복색에 관해서 말한 것처럼 그들의 음식에 대해서도 자세히 이야기하려고 한다. 식사는 작은 밥상을 엄마, 또는 자매나 아내가 차리는데, 여자들은 보통 남자가 먹는 동안 서서 시중을 든다. 각 사람은 작은 밥상 하나씩을 받는다. 이 밥상은 대략 성인의 발길이 하나 정도의 높이와 넓이며 쌀밥과 김치가 차려져 있다. 김치에는 우스터소스와 같은 매운 맛의 양념이 들어 있고 김이나 미역 같은 해초류, 차가운 고기나 닭고기, 말린 생선, 그리고 다른 채소도 차려진다. 쌀밥 외에는 모든 것은 반찬이라고 불린다. 부유한 가정이라면 '국수(kuksu)' 또는 버미첼리(얇고 둥근 쌀국수)가 들어간 국에 달걀, 삶은 밤, 나뭇결같이 거친 배 등이 있다. 그러나 부자들도 매일 그런 사치스런 음식을 먹는 집은 거의 없다. 남자가 식사를 마칠 때쯤, 남자의 밥상 시중을 잘 들고 난 후에 여자가 식사를 한다. 떡은 또 다른 별미인데 여러 가지 다양한 색과 모양으로 만들며 외국인들은 빵 정도로 이해하고 있다. 그러나 떡은 정말로 전통이 있고 빛나는 가문에서 만들어진다면 빵과는 전혀 거리가 먼 사촌이며, 거의 관련이 없다.

떡은 여러 방식으로 만들어진다. 아주 보편적인 떡은 쌀, 꽃, 기름으로 만들며, 찐득찐득한 천연고무처럼 될 때까지 함께 넣어 빻고 찧는다. 때로는 꽃과 기름을 김이 모락모락 나도록 찜통에서 찌지만 때로는 찌지 않고 날 것으로 먹기도 하지만 모든 떡이 그렇듯이 쪄내지 않은 떡은 아주 형편없고 소화도 잘되지 않는다.

외국인은 조선인이 국수를 먹는 것을 보면 어리둥절해한다. 젓가락을 사용해서 우묵한 그릇에 아주 가까이 머리를 푹 숙이고 입속으로 국수의 긴 덩어리를 높이 들어올리기 시작한다. 길게 늘어진 면을 완벽하게 집중하여 민첩하게 먹으면서 계속해서 높이 올라오는 면의 행렬을 유지하여 마지막 남은 국수 가락이 사라질 때까지 그릇에서 입으로 국수의 끊임없는 흐름을 이룬다. 감각적인 시각으로 보면 하나의 예술 작품이다. 그들을 위해 차리는 음식인 국수는 꽤 각광을 받고 있다. 국수는 아주 뜨겁지 않고 미지근하며 당분도 많이 첨가되고 그들의 누군가는 이것을 외국인에게 대접할 권리가 있다고 생각한다. 글쎄, 아마도 괜찮은 생각이며 걱정할 일이 아닌 것 같다.

조선에는 놀이도 아주 풍부하다. 비록 조선의 문명화가 진전되기 전에 이 놀이가 사라질까 두렵지만 말이다. 최근에 한 외국인 부부가 외출을 나갔다가 2~3일 후에 대략 230킬로그램에 달하는 다양한 종류의 새를 사냥하여 돌아왔는데 내가 신중히 생각하면 아주 잔인한 도살 행위로 사악하고 낭비적인 것에 지나지 않는다.

꿩 외에도 도요새, 비둘기, 야생 거위와 오리가 엄청나게 많으며 심지어 야생 칠면조도 있다. 그러나 키우는 칠면조는 전혀 없으며 크랜베리(칠면조 소스)도 없다! 칠면조와 크랜베리가 없는 추수감사절을 한 번 생각만이라도 해보길 바란다.

우리가 의미하는 추수 감사에 관해서 가엾은 조선인은 아무것도 모른다. 정기적인 추수감사절도 없으며, 때로는 국왕이 백성을 위해 날짜를 정하여 비를 내려 주거나 기근을 피하도록 그들의 영광스런 하늘 또는 하나님께 감사한다. 하나님은 그들이 자신들의 으뜸가는 신을 부를 때 쓰는 말이다. 아마도 이는 미국인에게 좋은 교훈이 되는 것 같다. 우리가 추수감사절 없이 지내야 할 때는 결국 다음과 같은 생각을 일깨워 준다. 즉, 추수 감사는 우리에게나 조선인에게 칠면조, 크랜베리, 갈아 만든 쇠고기, 호박파이 등을 곁들인 축제로 표현되어서는 안 되며 우리를 축복하신 하나님에 대한 진심 어린 감사와 경배를 의미한다는 것이다.

먹다(eating)의 조선식 의미

＼

브라운 아이즈의 엄마는 다음과 같이 이야기하곤 했는데, 이는 야만인의 낡은 생각과 관습뿐 아니라 야수 같은 서구 형제가 가진 개념에 따라서 상당 부분을 곰곰이 되새겨 보도록 하는 것 같다. 우리가 축하하는 것들 대부분이 엄청난 먹을거리와 함께 축하해야만 한다는 것, 말하자면 기쁨이 클수록 더 폭식한다는 것이다. 사실상 조선인에게는 먹는다는 개념이 삶의 모든 관습에 들어가 있다. 청각 장애인은 '귀먹다', 도둑이나 사기꾼은 '돈을 먹다', 조롱당하는 사람은 '욕을 먹는다'거나 모욕을 당하고, 고리대금업자나 성질 사나운 빚쟁이는 '과부의 집을 삼킨다', 옷은 '풀을 먹인다', 뉘우치는 죄인은 '새 마음을 먹다', 나는 그들의 가난하고 텅 빈 얄팍한 삶에서 '먹는다'는 개념이 얼마나 광범위한지 보여줄 수 있으며 이런 일련의 예시를 끝도 없이 나열할지도 모른다. 그러나 천사의 음식을 먹고 살며 그들이 알지 못하는 빵을 먹는 우리에 대해서도 원 목사 부인은 종종 말했다. 우리가 이 땅에서 필요한 것을 스스로 해나가면 우리의 선한 목적이 현저하게 드러날 것이라는 견해다. 디킨스(Charles Dickens)는 이를 '석탄 공급'이라 표현했다. 그러나 이 과정에서 우리는 허세를 부리거나 고상한 역할만 하려 한다거나 호들갑을 떨지 말고 묵묵히 해야 한다.

그럼에도 모국의 관습은 친애하는 오랜 미국 전통에 익숙한 모국인들의 연합을 일깨워주기 때문에, 모국의 것을 활용하고 있다. 또 모국의 습관이 들어 있는 사랑하는 두 명의 오래된 선교회 수장을 위해, 모국과 모국 사람을 접촉하고 조직화하는 일을 준비하기 위해서라도 원 목사 가족은 추수감사절을 지내기 위해 매년 야생 칠면조 한 마리와 캔에 들어 있는 크랜베리도 얻고자 노력했다.

조선인의 축일과 휴일

\

조선 소년에게는 우리처럼 휴일과 축일이 길거나 많지 않다. 토요일, 일요일도 없을 뿐더러 추수 감사나, 7월 4일, 크리스마스도 없다. 더 심한 것은 그들이 이런 휴일, 축일이 무엇을 상징하는지 아무것도 모른다는 것이다. 전능하신 구세주 예수그리스도와 전 인류의 구원자가 한 작은 아이의 모습으로 성육신했던 영광스럽지만 고통스러운 사실들이 매우 중요함에도 그들은 이 기쁜 소식을 이제까지 전혀 들어 본 적이 없다. 그러할진대 설령 그들이 노력한다고 해도 어떻게 크리스마스를 알고 지낼 수 있겠는가?

조선인 가운데 누군가는 크리스마스를 알고 열심히 준비하고 있다 해도 예수님을 멀리한다면, 그리고 예수님을 위한 크리스마스 선물, 저녁만찬, 크리스마스트리의 의미를 모르고서 바닷속으로 깊이 내던져 버린다면 우리는 그들을 돌아보지 않을 것이다. 진정한 크리스마스는 이 날을 기쁘게 만드는 크리스마스 교회 종소리, 불꽃을 발하는 양초, 그리고 트리 장식을 반짝반짝 빛나게 해주는 크리스마스트리의 꼭대기에 있는 그 어린 구세주다.

혹시 여러분은 어느 숙녀가 언젠가 한 번 조선 왕실을 위해 크리스마스트리를 장식했지만, 전혀 성공하지 못했다는 것을 알고 있는가? 트리는 많은 양초, 유리 공과 별들로 뒤덮여 있었지만 어리석은 짓으로 보였고 트리가 놓인 궁궐에서는 그들이 그 쓰임새를 이해할 수 없었거나 트리가 지닌 영성에 접근할 수 없었기 때문에 하찮은 것이 되고 말았다. 7월 4일 역시 조선인은 국가의 자유와 독립이 무엇인지 알 수가 없으며 특히 이 땅에서는 그리스도가 빠진 축제를 우리도 어찌할 바를 알지 못해 그분에 대한 이 땅의 무지 때문에 초라한 행사가 되어버렸다. 그러나 사실상 모든 기독교인은 우리의 사랑스러운 휘티어(John Greenleaf Whittier, 1807~1892 미국의 시인)가 말했듯이, 그분 없이는 아무것도 가치가 없음을 잘 알고 있다.

"주님과 분리되어 얻어진 모든 것이 상실이요, 모든 수고가 헛되이 끝나며 주님의 침통한 십자가의 어둠이 태양보다 더 낫다."

조선의 새해맞이 관습

우리의 축일을 대신하여 조선인에게는 다른 몇 가지 축일, 휴일이 있다. 새해를 맞는 설날은 모든 축일, 휴일 중에서 가장 으뜸이고 기간도 가장 길다. 부처의 탄신일도 있는데 이 축일의 뚜렷한 의미를 아는 사람들은 거의 없고 귀족 가정에서는 가족의 생일을 지키며 기자(기자 조선을 설립했다는 중국 은나라의 현인)의 죽음을 기념하는 날과 봄과 가을에 기념일이 있다.

새해를 기념하는 설날 명절은 그들이 봄을 맞이하는 시기에 오는데, 설날은 중국, 조선, 일본에서 열리는 큰 축일로 만물의 생명을 새롭게 깨달음을 축하하기 위한 것이다. 그들은 음력으로 축일을 기념하며 해마다 그 시기는 조금 늦게 오기도 하는데 보통 2월 중순에 있다. 다른 축일들은 해마다 조금 더 빨리 오기도 한다. 설날에는 거의 모두 새 옷을 입게 되고, 온통 물들인 화려한 색채의 옷과 머리나 발목에 묶는 리본도 새것을 한다. 여자들은 몇 주 전부터 바빠지고, 식구 모두를 위해 새 옷을 준비하거나 새것이 아니면 최소한 새로 염색해 옷을 물들이거나 다림질을 한다. 축일은 순서대로 되어 있으며 가정 내부만 아니라 친척, 친구를 초청하느라 분주하게 여기저기 돌아다니며 잔치에 부르고, 대접에 산해진미를 나누어 먹는다.

떡이나 다른 명절 음식은 넉넉하게 준비한다. 우리의 건포도 푸딩식으로 어떤 음식은 아주 작은 것도 있다. 음식은 매운 양념류, 과일과 견과류로 가득 채워지고, 쇠기름이나 버터(끈적끈적한 동물성 기름이 아니다)에 익숙한 우리가 먹기에도 기름기가 너무 많이 첨가되어 아주 고약하고 역겨운 것도 있다. 명절에는 선물이 관습대로 오가며 온갖 종류가 다 있다. 새로 만든 밥공기, 신발, 솔개, 사냥한 꿩고기 한 쌍, 새끼줄에 줄줄이 꿴 달걀, 막대기에 꽂아 말린 곶감, 견과류가 가득 들은 자루, 일본산 오렌지 상자들을 주고받고 국왕은 고위 관료에게 엄청난 양의 음식을 보내 주고 때로는 같은 방식으로 선교사에게도 좋아하는 것을 보내준다.

조선인은 신분이나 부유함의 정도에 따라 이 시기에 이틀에서 보름 동안 어디서나 설날을 맞이한다. 새해 기념일과 관련된 많은 흥미로운 관습이 존재하지만, 이것을 세세하게 구체적으로 묘사하고 기술하는 노련한 작가 노릇은 그만두고 한두 개만 언급하려고 한다.

섣달그믐부터 새해의 사나흘까지 조선인은 친척이나 가문의 최고 어른인 높은 사람을 초대한다. 이 나라에서 그런 연락은 열흘까지도 계속된다. 가정에서는 물론 산해진미를 대접하고 때로는 소년 한 사람이 오후까지 큼지막한 떡 조각 스물다섯 개를 먹는다. 새해 첫날은 아침 식사 전에 돌아가신 부모나 조상에게 바치는 제물로 제사를 지내고 가능하면 최소한 정월 초닷새 전에 조상의 묘를 찾아간다.

정월 대보름에는 추위와 감기의 신에게 바치는 제물로 빗질해서 빠진 머리털을 무수히 태운다. 조선 사람은 제사를 드리며 아주 기뻐하지만 악취로 인해 불쾌해지기도 한다. 그래서 그해의 나머지 기간에는 그 냄새를 멀리하고 가까이 가지 않는다. 나는 이런 것들이 그다지 궁금하지 않다. 여러분은 어떤가?

그들은 몸에서 지푸라기 아기 인형과 동전 몇 개를 꺼내어 거리에 던진다. 이 지푸라기 인형을 통해 별들의 원한이나 미신들에게 그 돈을 바치며 골칫거리들을 담아서 자신들에게서 멀리 달아나길 바라며 던진다. 여기에는 대속 제사에 관한 희미한 관념이 들어 있다. 어떤 이들은 종잇조각으로 된 작은 달을 만들어 지붕에 세워 놓고 보름달이 뜰 때 그 앞에 엎드려 절을 하기도 한다. 또 보름날 저녁에는 가난한 소년들이 집집마다 다니면서 돈을 구걸한다. 각 가정들은 그들에게 줄 돈을 조금 갖고 있는 것이 현명하며 동전 몇 개가 담길 화려하게 색깔을 입힌 바구니들이 줄을 잇는다. 동전은 거저 주며 이와 함께 너그러운 기부자는 자신의 질병과 불행을 동냥 받은 자들이 가져갈 것으로 생각한다.

새해 정월 대보름날에는 서울에서는 거대하게 열린 하수구를 가로질러 많은 다리를 걸어서 건너는 관습이 있는데, 이는 한 해의 풍년을 기원하고 발병을 예방하기 위한 것이다. 일 년 중 가장 밤이 길고 해가 짧은 날인 동지에는 많은 가정이 팥으로 만든 죽을 먹고, 문틀과 창틀, 그리고 집 대문 가까이에 피를 뿌리거나 피가 없으면 푹 삶은 팥에서 나오는 붉은 물이 죽음을 가져오는 악귀를 내쫓기 위해 사용되는데, 악귀는 붉은색 팥물을 피로 속아서 쉽게 가져가는 멍청한 친구들이다.

부처의 탄신일 축제는 이 날을 지키는 일본이나 중국과 같은데, 여러분은 이에 관한 정보는 필요가 없을 것 같다. 기자의 죽음을 기념하는 날도 지키고 있다. 기자는 역사적인 인물로 기록되어 있는데, 조선을 하나의 국가로 만든 설립자이며 그의 통치 기간 중에 조선의 문자가 창조되었다. 이날에 조선 사람은 유대인의 무교병 축제와 유사하게 놀랄 정도로 준비되는 차갑게 식은 쌀밥을 먹는다.

여름 축제

\

음력 5월 5일은 단오절 축제로 중국에서는 용선 축제로 알려져 있는데 조선에서는 널리 지켜지지는 않고 주로 사람들이 중국인과 빈번하게 접촉하는 서울에서 축하를 한다. 나는 이 날을 중국에서 차용한 것으로 간주하고 싶다.

단오는 주로 여성의 축제이며 그들 중 다수는 중하류 계층 여성으로 중년의 행복을 빌며 쌀과 여러 음식을 가지고 숲 속으로 가서 아주 기분 좋게 불편함을 견디며 소풍을 하는데, 미국인과 아주 유사하다. 이 야유회는 그들을 보는 사람의 마음을 기쁘게 해준다. 기독교인의 회합과 마찬가지로 여성들은 엄청나게 많은 무리가 보이는데, 남성은 지나가는 숫자를 셀 수 있을 정도다. 이 소풍에서는 다양한 여러 장소에서 빙글빙글 돌며 춤을 추는 모습이 가득하다. 소년 소녀는 연중 이날과 그 다음 날 춤을 추는데 이 모습은 산비탈 숲에서, 마치 이국적인 꽃들의 거대한 덩어리가 갑자기 그곳에 아주 멋진 꽃을 활짝 피운 것처럼 화려한 색상의 의상과 어우러져 한 폭의 매력적인 그림을 만들어 준다.

명문가의 생일잔치 또한 항상 공적인 축일이 된다. 이 시기에는 그들의 위엄과 위풍당당함을 표현하는 관습으로 부채, 꿀물이나 놀이 게임, 달걀 등을 계절에 따라 공직자와 외국인 친구에게 보낸다. 모든 가정에서 생일은 우리와 상당히 유사하다고 여길 만하다. 어느 정도 더하거나 덜하거나 축하 잔치로 손님을 초대하는 것과 순서대로 선물을 주는 것이 그러하다. 나이 든 부부가 결혼 60주년 기념일을 맞으면 성대한 연회가 열리고 모든 자손이 초대를 받는다. 가장 나이가 많은 아들, 딸들은 어린아이들이 입는 것과 유사한 색동저고리를 차려입고서 노부부의 신혼 시절을 회상하기 위해 익살스럽고 재밌는 방식으로 할 수 있는 모든 것을 다 한다. 이는 거대한 행사이며 우리의 금혼식보다 중요성이 조금도 덜하지 않다.

조선인에게는 두 가지 공식적인 기념일이 있다. 하나는 4월 8일 석가탄신일로 연중 해가 가장 짧은 동지 이후 115일 지난 시점이다. 다른 하나는 음력으로 가을인 8월 15일인데, 곧 중추절이다.

중추절에는 모든 가정이 조상의 묘지를 재정비하는 관습이 있어서 묘에 가서 묏자리를 가지런히 정리하면서 돌보고 제물을 바치거나 꽃으로 무덤을 장식하고 죽은 자를 위해 눈물을 흘린다. 그러나 그들은 죽은 자에 대한 애도와 함께 자신의 사업이 번창하기를 빌면서 기쁨을 더하고 근사한 점심을 준비해가서 무덤 바깥에서 야유회를 한다. 이것이 내가 알고 있는 유일한 행사이다. 어쨌거나 사람들 앞에서 기쁨을 누리기 위해 어느 곳에 나갈 때 여성들은 모습을 숨긴다. 야외에서 벌이는 이런 축제마저도 12~20세 사이의 젊은 색시들과 상류층 가정에서는 더 나이 든 숙녀들도 참석하지 않거나 가야 한다면 단단히 꽉 잠겨 있는 가마를 타야만 집을 떠날 수 있다.

조선의 묘지

＼

조선에는 적당한 공동묘지가 없어서 환경 미관을 훼손하는 볼품없는 무덤들이 산비탈 어디에나 속속들이 자리 잡고 있다. 맑은 공기와 좋은 경관이 있는 숲 속 산비탈이 아닌 곳에 무덤을 소유해야 하지만 이곳에서 무덤들이 발견되어 정말로 심각한 문제다. 그들의 죽은 영혼이 질투를 하면서 자손을 보호한다는 관념에 짓눌려 있다. 가족 중 누군가를 데려가기 위해, 이 영혼이 주로 하는 일은 그에게 빚진 의무와 숭배를 아주 조금이라도 저버린 불길한 후손에게 끔찍한 영적 분노가 담긴 유리병을 쏟아 부을 기회를 기다리고 있는 것처럼 보인다. 캡틴이 강가에 있는 땅을 샀을 때―이것은 나중에 이야기할 것이다―우리는 무엇보다 먼저 죽은 자에 대한 존경심을 표시해야만 했다.

조선의 장례식은 밤중에 행해지는데, 내가 보기에는 부적절한 관습이다. 침통하고 근엄한 침묵 속에서, 온 세상이 냉담하고 기이하게 응시하고 있는 가운데 바쁜 일과 즐길 거리는 모두 금지된다. 죽은 이와 애곡하는 자를 달래주는 밤의 고요함과 곡하는 자의 울음과 탄식이 그림자를 드리운 베일에 싸여 밤은 그들을 측은히 여기며 동정하는 것처럼 보인다. 이제는 누구도 방해하지 않고 비판하지도 않는 멈춰 버린 그 심장은 자신의 죽음과 함께 홀로 떠날 수 있다.

죽음은 조선인에게는 또 다른 의미가 있을지도 모른다. 그들에게 슬픔과 죽음이란 사별 당한 유족의 어떤 죄로 받는 형벌 때문에 온다고 믿고 있어서 유족은 수치를 상징하는 의복을 입고 아래를 향해 푹 뒤집어 쓴 엄청나게 챙이 넓은 모자를 쓴다. 이 모자는 손으로 열어 볼 수 있는 작은 눈구멍이 나 있고 외관 전체를 완전히 덮어서 숨겨주며 허리띠로 묶은 밧줄이 달린 삼베로 된 상복을 입는다. 그리고 유족은 친구들의 모임이나 궁궐에 모습을 드러내지 않는다. 본가에서 떨어져 사는 유가족 아들은 아버지가 죽었다는 소식을 들었을 때 머리를 풀어 내리고 애통과 수치의 표징으로 상복을 갖춰 입고 애도를 뜻하는 흰색으로 덮인 볼품없는 가마를 타고 본가로 돌아온다. 죽은 자는 장례식에서 넉넉한 휘장으로 덮인 관에 안치되는데 부유층은 그의 덕망과 관계된 공식적인 현수막과 등불이 행렬에 앞서 나아간다. 가난한 경우에 시신은 그저 짚으로 둘둘 말아 상여에 실려 나간다. 상여꾼은 죽은 자를 운반하는 가장 낮은 계층으로 대부분은 쓸모가 없는 계층인 막노동꾼들인데 선교사들은 상여꾼 가운데 포함된 마을 주민 기독교인에게서 많은 사랑을 느꼈다. 선교사는 학자들이고 그들보다 상위에 있는 중간 계층들이긴 하지만 선교사가 죽음을 맞이하면 그들은 발 벗고 나서서 죽은 선교사의 유품을 짊어지고 서울에서 멀리 떨어진 무덤으로 기를 쓰고 운반해 가겠다고 고집했기 때문이다. 마을 주민의 장례 행렬이 통과할 수 있는 문은 서울에서 오직 두 개뿐이다. 이 이야기를 하는 것은 이 도시 성벽 안에는 외국인이나 마을 주민이나 어떤 시신도 매장할 수 없도록 금하고 있으며 죽은 자가 누구든 시체가 드나드는 것을 허용하지 않는다는 것을 말해 주는 것을 잊고 있었기 때문이다.

무덤가에 도착하면 제사와 기도를 드리고 음식과 여러 다양한 집기가 무덤에 놓이며 유품은 둥글고 깊게 판 흙더미에 뒤덮인다. 이 무덤은 비탈진 땅에 반원형으로 세우며 바로 앞에 있는 땅의 높이를 고려해 비스듬히 경사지게, 뒤편에 자리한 무덤보다 조금 더 높게 세운다. 경제적인 여유가 된다면 소나무로 장식한 위풍당당한 무덤가에 양의 모양으로 만든 돌조각과 석등을 무덤 양쪽 옆에 세운다. 그리고 침울한 분위기로 사랑했던 죽은 자에 대한 구슬픈 장송곡을 영원히 속삭인다. 이제부터 무덤 이야기를 하려고 하는데 이는 섬뜩하고 무시무시한 것이 아니기에 몸서리칠 필요는 없다.

땅 매입의 어려움

\

캡틴은 서울에서는 집안이 덥고 습한 여름 동안 너무나 건강에 해롭다는 것을 알고 양 떼에서 그리 멀리 떨어지지 않은 한 장소를 찾기 시작했다. 여기서 그는 힘든 계절 동안 가족을 데리고 갈 수 있는 곳으로 많이 알아본 끝에 강가에 있는 한 절벽을 발견했다. 서울에서 8킬로미터도 채 되지 않은 곳으로 나무가 울창하며 훌륭한 수풀로 덮여 있었고 벼가 자라는 논 주변에 전혀 피해가 되지 않으며 사방으로 신선한 바람이 들어오도록 탁 트여 있었다.

그러나 세상에, 이곳에는 아주 중요해 보이는 무덤이 두 개나 자리 잡고 있었다. 캡틴은 그리 쉽게 실망하지 않고 즉시 신중한 방법으로 문제 제기에 착수했다. 금세 알고 보니 문제의 무덤은 조선 양반—또는 명문가의 선비—에게 속한 것이었는데, 이들은 조상을 잘 모시지 않고 도박을 하거나 술을 마시면서 시간을 보내고 있었다. 우리는 그 사람들이 수많은 이상한 술을 마시고 있다는 이야기를 들었는데, 클레오파트라가 마셨던 귀한 술, 프랑스 혁명가가 마셨던 핏빛 술이었는데 나는 이제까지 누구에게도 조상의 묘에서 술을 들이켜고 있다는 말을 들어보지 못했다. 이 일은 바로 이러한 그들의 방탕함 때문에 성사되었다.

마을 주민들은 그런 사람을 정말로 말로 표현할 수 없을 만큼 타락했다고 여겼다. 그는 부모를 굶겨 죽이고 부모에게 소홀히 대했을 것이고, 조상의 무덤을 팔아넘기는 것은 엄청나게 심각한 범죄였다. 그 탕아들은 악한 행실에 필요한 돈을 더 많이 얻기 위한 목적으로 조상의 무덤 부지를 한 가난한 농부에게 팔아넘겼고 이 농부는 무덤의 영혼 때문에 감히 나무를 베거나, 그 땅에서는 농사를 지을 엄두를 감히 내지 못하던 차에, 캡틴의 중개자에게 이 땅을 팔았다.

그러나 원래 묫자리 주인이었던 양반 후손들은 사랑하는 영예로운 무덤이 자신들이 짐작하거나 통제할 수 없는 일을 행하는 '비도덕적이고 절대로 용납할 수 없는 불쾌한 일을 하면서, 조상 영혼을 더럽히는 무엄한 외국인'의 손에 넘어갔다는 것을 알아냈다. 바로 야단(yahdon)이 일어났으며, 그 농부가 땅값을 지급하고 그 땅을 샀던 것은 그들이 보기에 악행이었다. 물론 그는 직접 캡틴을 건드릴 수는 없었고 힘 있는 '옛 영광' 속으로 피해 버렸다. 그러나 그는 간접적으로 캡틴을 예리하고 날카롭게 건드릴 수 있는 방법을 아주 잘 알고 있었다. 즉시 그의 권세, 즉 영향력을 행사하여 땅을 매입한 농부의 나이 든 아버지를 감옥에 넣고 노인의 생의 말로를 금방 재촉할 매질을 하면서 위협했다.

난감한 상황의 돌파구

＼

이에 관련하여 캡틴은 우선 농부가 사는 마을의 우두머리들이 연합한 그 감정적인 대표들에게 나서서 그 끔찍한 소식을 폭로할 것과 애초에 악한 목적으로 무덤을 불법적으로 팔아넘긴 행실을 처벌하기 위해 캡틴이 탄원할 것임을 통고했다. 그런데 그 방탕한 자들은 마치 증거자료를 가져오는 데 실패한 것처럼 감히 집으로 돌아가지 못한다고 말했으며, 그들은 모두 감옥에 구속되었다.

캡틴은 잠시 동안 그 양반가의 사랑채를 방문하여 모두를 만나 땅값을 지급했고 급히 다시 모자를 쓰고 미국 공사관으로 발길을 서둘렀다. 다행스럽게도 그곳에는 끝까지 미국인의 권리를 지지하기 위해 준비된 의지 있는 관료가 있었지만, 우리는 흔하고 볼썽사납고 오래된 무덤과의 전쟁을 실감했다. 중국에서 오랜 경험이 있는 영국 관료에 의해 권리를 보장받을 수도 있었지만, 그 탕아들은 따지고 보면 결국 흠씬 두들겨 맞을 것이었고 관료는 죄인의 명부에 용감하게 개입해 우선적인 조치로 노인을 즉시 풀어주도록 조선인 관료들에게 강하게 주장했다. 그러나 가련한 노인은 계속해서 체포되었고 이따금씩은 체포될 때마다 석방되었다. 마을의 대표단은 앞서 말한 사랑채에서 몇 날 몇 주를 상주했다.

이 사건의 명칭은 분쟁이었으며, 땅값은 1달러보다 조금 많은 것으로 판명되었다(이는 은화를 의미하지 않는다). 진실로, 정말로, 정직하게, 선하게, 미국의 금화였다. 그리고 이 땅은 최고위 조선인 관료의 무덤가에 아주 가까이 있는 것이 드러났고 외국인의 주거지가 너무 근거리에 있어서 신성한 땅을 무례하게 오염시키고 있는 것으로 대변되었다. 이는 캡틴이 당면해 싸우고 있는 부분과는 어긋나게 판명되었으며 캡틴이 포기하기를 간청받고 조언받았다. 그는 사방팔방에서 손해 보는 싸움에 처해 있다는 말을 들었고 할 수 있는 유일한 일은 그가 승리할 수도 있지만 마지못해 선의로 양보해야 한다는 것이었다.

캡틴이 그 악한 행동을 막는 데 성공했더라도, 심지어 미국인 관료조차도 캡틴에게 말하기를 한 가지 이상의 제한 규정이 있어 어떻든 외국인이 자신들의 거주지를 그곳에 조성하는 것은 불가능할 것이 뻔하다고 했다. 원 목사 부인이 남편을 아무 이유 없이 '캡틴'이라고 별명 붙인 것이 아니었다. 그는 중요하고 힘든 일에 처했을 때 불도그와 같은 불굴의 고집과 힘을 선조에게 물려받은 것이 확실하다. 또 미국에서 훈련 과정을 통해 배운 바위보다 움직이기 힘든 상황과 죽기까지 그의 권리를 지키는 데 있어 힘든 상황에서도 아주 용감한 결정력과 투지를 잃어버리지 않았다.

캡틴은 상대방에게 땅 위에 대들보 하나 얹지 못한 채로 자신이 발휘할 수 있는 탁월한 능력을 지금 발휘하지 못하고 보고 있어야 한다면, 죽을 때까지 그 땅에 대해서는 한 발도 물러서지 않을 것이라고 말했다. 그러자 힘 있는 고위급 조선인은 캡틴에게 조상의 무덤으로부터 안전거리만큼 멀리 떨어진, 그 부지와 동급으로 훌륭한 다른 장소로 교환하자고 제안했다. 이 제안은 캡틴이 동의했으나 금방 그 제안이 신뢰할 만한 것이 아님이 드러났다. 그들이 제안한 땅 중에 사용할 수 있고 실효성이 있는 장소는 아무것도 없었기 때문이다.

캡틴은 이제 집을 짓는 일에 본격적으로 착수했으며 이 땅을 차지한 것은 이유가 있었다. 술을 퍼마시기 위한 목적으로 그 땅을 팔아 버린 탕

아들을 두둔해주는 그 훌륭한 무덤 부지를 그냥 보아 넘기지 않기 위해서였다. 그리고 캡틴이 거의 다 완수한 모든 절차를 거만하고 오만한 말로 이의를 제기하고 반대하면서 그 땅에 목을 매고 있는 이 사람이 원하는 것과 이들 편에서 제한 규정을 느슨히 봐주기 위해 총력을 기울이고 있는 것을 봐주지 않기 위함이었다.

언더우드, 승소하다

＼

　언더우드는 그 땅을 지키기 위해 허가를 받을 예정이었는데 이는 기억되어야 할 것이다. 그들은 대부분의 조건상 아주 적절하고 자격이 있는 원 목사 가족을 동등하게 존중하면서 대우하게 되었고 그가 누구든 한 고인이 차지하고 있는 이 무덤은 돋보이게 되었다. 아이들이 이곳에서 노는 것이 허락되지 않았고, 어떤 수치스러운 짓도 허용되지 않았다. 그러나 그 시점에서 이 재산을 얻으려고 애걸하고 있는 친척들은 만족하지 않았으며 결국 어떤 높은 관료에게 기별을 넣었다. 그들은 우리가 자기 집에서 평화롭게 살고자 하는 외국인이지만 이 재산을 파는 사람을 절대로 용납하지 않을 작정이었고 캡틴 가족은 인근에서 몰려나 쫓겨나게 될 상황이었다.

　이것이 최후의 결정타가 되어 캡틴은 조선인 법관에게 가서 이 사안을 제출했다. 법관은 그 무덤이 금산, 즉 무덤 부지로 사용하는 것이 금지되어 있는 신성한 땅에 파여졌던 무덤임을 알아냈으며 이 무덤들은 애초에 불법으로 존재하고 있음이 드러나 변경되어야만 했다. 그 후로는 그들이 더 이용할 수 있는 명분이나 사유가 없어졌다. 캡틴은 새로운 땅 구입과 시신을 적절히 없애는 데 값을 지불했고 거기서부터는 더 이상 문제가 없어졌다. 그러나 이 싸움은 거의 2년간이나 지속되었다. 그래서 4000제곱미터가 넘는 이 땅에 단지 75달러를 썼지만, 몸의 세포, 신경, 근육들은 그 값어치를 위해 여러 차례에 걸쳐 소모가 많았다.

아빠, 엄마와 함께 브라운 아이즈와 얼룩말은 모두 상태가 꽤 좋아질 때까지 그 강가에 머물렀으며 여름의 악조건이 물러가고 그들은 다시 도시로 돌아왔다. 그리고 여기서 브라운 아이즈와 얼룩말은 영원히 이별해야 했다. 그에게 얼룩말이 한 마리 있는 것을 알지 못했던 조선의 어느 친절한 친구가 당나귀 한 마리를 보내 줬기 때문이다.

이제 새 당나귀와 옛날 얼룩말은 몇몇 이유 때문에 잘 지낼 수 없게 되었다. 아마도 옛 친구가 질투를 했기 때문이며 캡틴은 두 마리나 되는 동물을 잘 돌보기에는 여유가 없었는데, 조선인에게 선물 받은 당나귀를 딴 데로 보내는 것이 실례라고 느꼈고 그들의 감정을 상하게 하고 싶지 않았기 때문이다. 그래서 얼룩말을 5~6세 된 아이들이 있는 한 선교사에게 놀이용으로 빌려주기로 했다. 얼룩말은 끌려갔고 우리는 어느 행복한 가정에 있는 말을 금방 발견했다. 아이들은 강아지를 한 마리 가지게 된 것처럼 얼룩말을 애완용으로 삼았는데, 즉시 말에 올라타려고 온갖 노력을 다 기울였지만, 얼룩말은 절대로 조금의 신경도 쓰지 않았다. 그들은 말의 양쪽 귀와 꼬리를 잡아당기다가 발밑에 떨어져 나뒹굴었다. 그러나 말은 새끼 고양이보다는 좀 더 신사적이었으며 새 주인에게 주의를 기울여야만 한다는 것을 깨달은 듯 보였다. 점차 그들은 얼룩말을 최선을 다해 다루었으며 그들이 가는 곳마다 환영받도록 만들었다.

어느 정도였느냐면, 하루는 엄마가 평상시보다 심한 소음을 듣고 무슨 일이 있는지 알아보러 갔더니, 얼룩말이 마치 뒤뜰인 것처럼 침실 안에 들어와 있음을 발견했다. 끝내 모두는 큰 후회를 하게 되었다. 주인이 보기에 모든 정황으로 보아 의심할 여지없이 얼룩말은 도둑을 만나 사라졌으며 함께 한 좋은 날들은 끝이 났다.

브라운 아이즈의 양심
\

이 와중에 일본과 중국 간에 전쟁이 일어났을 때, 브라운 아이즈와 조선에 있는 모든 작은 외국인 소년은 병정놀이를 좋아하여 전쟁에 대한 생각으로 가득 차 있었다. 그들은 전쟁의 참상을 전혀 몰랐으며 그저 이 전쟁을 장난감 총과 칼로 쫓아다니며 놀 수 있는 재밋거리로 생각하고 사람을 죽이고 총알을 발사하는 것에 관해 이야기했다.

브라운 아이즈는 '조선의 안녕'을 위해서 '야패니즈(yapanese)'라 이름 붙인 중국을 돕기 위해 그의 당나귀에 타서 행군하고 있었다고 말했다. 그러나 그는 하나님께 매일 밤 "부디 전하와 왕비님을 돌보아 주시고 그들이 죽임을 당하지 않게 해 주세요" 하고 기도했다.

전쟁놀이는 매우 재미있게 빠져드는 것이라 일곱 살 아이들이 하루아침에 완전히 그만두기는 매우 어려웠다. 하지만 브라운 아이즈는 주일을 지키는 것에 대해서는 아주 주의 깊게 가르침을 받아왔다. 가끔은 주일 성수하는 어려움을 발견하기도 했다. 어느 주일에 식당에서 책을 읽으며 앉아 있던 엄마는 브라운 아이즈가 복도를 아래위로 왔다 갔다 서

성거리며 닫힌 문밖에서 자기 자신에게 이야기하는 소리를 들었다.

"해리," 작은 목소리는 침통하게 꾸짖는 어조로 시작되었다.

"해리, 너는 주일에 장난감 총을 가지고 놀면 안 되는 것을 알고 있잖아."

그러나 깨끗한 양심을 가진 브라운 아이즈의 내면 뒤에 살고 있는 다른 한 소년이 고집 센 자기방어로 대답했다. "그렇지만 나는 가지고 놀 것이 전혀 없잖아. 왔다 갔다 하면서 걸어 다니는 동안에만 이 총을 가지고 있을 거야."

"해리, (엄하고 슬프게) 너는 현재 이 총을 가지고 놀고 있다는 것을 알고 있잖아. 그리고 이것은 해서는 안 된다는 것을 알고 있잖아."

이에 대한 부정과 자기를 방어하는 목소리는 결국 잠잠해졌고 우뚝 세워진 양심의 빗장에 걸린 조그만 죄수는 그 총을 던져 버리도록 죄의식과 비난에 노출되었다. 위험한 무기들을 장난감으로 갖고 노는 것 대신에 그는 차선책으로 그가 사랑하는 영웅 다윗, 아니면 다니엘과 사드락, 메삭, 아벳느고의 도덕적 용기와 참으로 아름다운 믿음 이야기를 경청하는 기쁨 속으로 빠져들었다.

다윗은 브라운 아이즈가 그렇게도 용감하고, 아름답고, 젊고, 관대하고 늘 승리하는 최고로 좋아하는 인물이었는데 그는 젊음이나 아름다움, 용기나 성공을 사랑하지 않는 자였기 때문이다. 그래서 성경 이야기를 경청하며 성경의 장면을 세심하게 살펴보기 위해 그는 기분 좋게 두 팔을 옆으로 늘어뜨렸다. 결코 그 이야기에 싫증 내지 않았으며 성경 속의 인물들을 잊지 않았고, 때로는 신기하고 작은 생각을 겉으로 표현했는데 이것은 성경 읽기가 그의 어린 마음에 얼마나 큰 감동을 주었는지를 보여준다. 한 번은 그가 가정주부로서 의무를 다하고 있는 어머니를 계속 쫓아다니면서 주위를 맴돌자 그녀는 사랑스러운 미소로 왜 엄마를 짓궂게 괴롭히면서 온종일 따라다니는지 물어보았다.

브라운 아이즈는 "나는 엄마가 가는 곳에 있고 싶어서"라고 답했고, 몇 분 동안 조용히 있다가 다시 "엄마, 루스가 자기 엄마한테 말해 준 어느 시가 예쁘지 않아요? '당신이 가는 곳에 내가 갈 것이며, 어디든 당신이 죽는 곳이 내가 죽는 곳입니다'"라고 이야기했다.

겨울 동안 브라운 아이즈는 극심한 신경통의 고통을 겪었는데 특히 밤에는 더 심했다. 마법 같은 하마멜리스(개암나무 열매 연고)를 오랫동안 바른 뒤에 잠이 들었으며 다음 날 아침에는 훨씬 좋아진 것 같았다.

소년의 믿음

\

엄마는 한 어린이가 살고 있는 천국이 얼마나 가깝고 그에게 얼마나 현실적인가 하는 영원한 진리를 잊고서 생각 없이 말을 했다.

"내가 보기에 천국은 너를 더 좋게 만들어 주는 훌륭하고 따뜻한 목욕 수건이라고 생각해."

그랬더니 "아니야, 엄마. 그건 목욕 수건이 아니야" 그녀는 그 심각한 작은 얼굴을 보고 깨달았지만, 브라운 아이즈가 하는 말을 전부 듣고 싶어서 계속했다.

"그러면 하마멜리스일까?"

"아니야, 엄마. 그건 하마멜리스가 아니야. 엄마는 그걸 여러 번 발라

주고 있지만 그건 나를 도와주지 못해. 나를 더 좋게 만들어 주는 분은 예수님이야."

그리고 어느 날은 그녀의 불쌍한 작은 환자 때문에 울고 있는 것을 발견한 브라운 아이즈가 말했다.

"엄마, 무엇 때문에 울고 있어요? 왜 엄마는 예수님께 말하지 않고, 예수님께 나를 낫게 만들어 달라고 부탁하지 않아요?"

브라운 아이즈의 신념과 헌신, 그리고 충성됨은 실패하지 않았다.

소년의 도움

\

어느 날 브라운 아이즈가 먹는 빵에 설탕을 넣는 것을 금지하자 그는 시무룩하고 뾰로통해서 "나 미칠 것 같아요" 하고 말했다. "뭐라고! 엄마한테 미칠 것 같다니!" 그녀가 대답했다.

그러자 그는 작은 팔로 그녀의 목을 감싸 안으며 뺨을 톡톡 만지며 속삭였다.

"나는 다른 것 때문에 미칠 것 같다는 이야기예요. 왜냐하면, 나는 엄마와 같은 엄마를 충분히 갖고 있지 못해. 나는 엄마가 스무 명쯤 되면 좋겠어. 그리고 엄마한테 머리가 스무 개쯤 있어서 스무 개의 엄마 얼굴에 전부, 언제나 키스를 했으면 좋겠어."

여기 이 감성적인 엄마의 다이어리에 적힌 또 하나의 기록이 있다.

"금요일, 그는 친구들과 강으로 나가서 보트를 탈 기회를 오랫동안 소원해오고 있다."

"그는 기뻐했고 처음에는 엄청나게 신이 나서 시작했다. 그러나 불과 몇 분 지나지 않아서 모든 걸 되돌리고 돌아왔다. 극심한 두통으로 고통스러워하는 내가 나갈 수 없었기 때문이다."

"나에게로 달려와서 작은 팔을 내 목에 휘감으면서 중얼거렸다. '엄마, 말하고 싶은 게 있어요. 엄마가 외로울 텐데 내가 멀리 나갈 수 있겠어?'"

"아가야 글쎄다, 그렇지만 나는 네가 가서 좋은 시간을 보냈으면 좋겠단다."

"음, 엄마. 엄마가 아주 조금이라도 외롭다면 가지 않을 거야" 그렇기는 하지만, 나는 그 작은 아들에게 밖으로 나가라고 간청해야만 했다. 물에서 보트를 타는 것이 그의 최고의 영광이었기 때문이다.

또다시 지난 일요일, 나는 조선인의 모임에 가고 있었고 커다란 여러 책을 양손에 가득 들고 추스르려고 애쓰고 있었다. 브라운 아이즈가 보고는 구해주려고 달려와서 말했다. "안돼요, 엄마는 이 책을 들어서는 안 돼. 내가 들어 줄 거야." 그리고는 갖은 애를 쓰면서 작은 친구는 책 더미를 들고 계단을 기어 내려갔는데, 그가 감당하기에는 힘에 부치는 것이었다. 그는 나를 위해 그 책들을 내 가마에 갖다 주었다. 그리하여 브라운 아이즈와 엄마의 진정한 사랑은 이루어졌다.

6
브라운 아이즈

브라운 아이즈의 몇 가지 교통수단

＼

어느 날 신분이 아주 높은 조선인 숙녀(궁궐에 있는 왕족)가 그의 엄마에게 톰킨스를 궁궐로 데려와 달라고 청했는데, 조선인 숙녀들은 어린 아이를 아주 좋아하며 작은 미국인 꼬마들을 보면 너무나도 즐거워했기 때문이다.

그래서 그는 최고로 멋지게 옷을 차려입고 튼튼한 가마꾼 네 명이 끄는 가마를 타고 엄마와 함께 갔다. 당시 그는 단지 네 살이 조금 넘었지만 여러 나라에서 수많은 종류의 교통수단을 엄청나게 많이 타 봤다.

사람의 어깨 위에 메는 중국식 가마를 타기도 했고, 일본에서 모두가 사용하는 재미있는 아기들의 이동 수단인 '진리키샤(인력거)' 안에서 믿기 어려운 놀라운 속도로 빠르게 갔으며, 그 전에 싱가포르에서 진리키

샤만큼이나 기묘하고 조그만 '게리'라 불리는 교통수단을 탔다.

또 택시나 합승 마차 안에서 런던 거리를 따라 덜커덩거리면서 갔고 런던 땅 밑으로 2페니짜리 '튜브'라 불리는 런던 지하철을 타기도 했으며, 빽빽이 들어찬 미국 도심의 주요 도로에서 전차를 타기도 했다. 미국 할아버지의 편리한 바구니 같은 유모차에 들어가서 조용한 시골 길을 따라 가기도 했으며, 호화로운 특급 차 안에서 철길을 수천 마일 쏜살같이 달리기도 했고, 영국의 도로와 그 외 유럽 대륙 위에서는 마차라 불리는 작은 상자 안에서, 몇 년 뒤에는 파리에서 2층짜리 노상 전차를 타고 달렸다.

내가 말하기 부끄러운데, 브라운 아이즈는 심지어 한 번은 살인적인 속도로 질주하는 어느 못된 자동차를 타기도 했다. 요파라는 이스라엘 도시에서는 당나귀에 다리를 벌려 앉았고, 예루살렘에서는 키가 큰 아랍인의 팔에 안겨 옮겨 다니기도 했고, 한 번은 조선에서 지게 안에 타기도 하고, 중국에서 한 번은 '스켄자'라는 노새가 끄는 사인교 가마에서, 블라디보스토크에선 언젠가 한 번은 위험할 정도로 빨리 달리는 러시안 '드로스츠키'를 덜커덩거리면서 탔고, 좀 더 자라났을 때는 물론 자전거를 타고 속력을 내어 달리기도 했다. 그러나 브라운 아이즈처럼 궁궐로 들어가는 가마를 탄 꼬마 외국인은 극히 드물었다. 왜냐하면, 비단으로 안이 꾸며지고 벨벳으로 뒤덮인 왕비의 가마였기 때문이다. 이 가마는 조선 왕비가 그의 엄마에게 선물로 보내 주신 그녀의 지엄한 명령과 위엄으로써 사용되었던 것이다.

궁궐로 가는 길에는 연료를 실은 짐을 운반하는 커다란 황소들이 줄줄이 긴 행렬을 지어 가득 메우고 있었으며 헝클어진 매무새를 한 소란스러운 소년들이 조랑말에 타고 작은 짐을 딸랑거리며 지나가고 있었다. 여기저기서 사탕 장수나 과일 행상꾼들, 가마나 당나귀를 탄 양반 등이 지나쳐 갔다. 사람들은 이 위대한 브라운 아이즈가 지나는 길가에서 그를 향해 큰소리를 지르고 어슬렁거리며 긴 행렬을 지어 앞서거니 뒤서거니 하고 있었다. 협소한 진흙 바닥 거리를 굽이굽이 돌아서 지나갈 때 아이는 작은 유리로 된 창문 바깥을 살짝 내다보았고 하루 종일 재잘거렸다. 아무것도 하지 않고 이 구경에만 완전히 몰두해 있는 수많은 한량꾼이 두리번거리며 배회하고 있었다.

일상의 바쁜 장사를 하고 있는 여러 작은 가게도 있었다. 나는 놋쇠 제품을 파는 가게를 보고 브라운 아이즈가 무엇보다도 가장 즐거워했다고 생각한다. 우리는 요즘 놋쇠나 구리로 된 모든 물건 덕분에 대단히 기뻐하는 미국 숙녀의 마음으로 인해 아주 즐거워하고 있었다. 조선산 놋쇠로는 정말로 훌륭하게 사용되는 금속 종을 주조하며, 이 종은 마을 주민만 만들 수 있는 특유의 예술 작품이다. 이런 가게에는 온갖 종류의 덮개가 달린 빛나는 밥그릇과 컵으로 가득 차 있었고, 접시나 받침들, 숟가락과 젓가락, 촛대와 램프 받침대(그렇게도 독특한, 키가 크고 우아한 것들)도 진열돼 있고, 작은 종도 있었다. 이 금속 종들은 모두 제각각 사슬이 달린 고풍스럽고 진귀하게 보이는 물고기 모양의 풍경이 붙어 있어서 집 지붕에 걸었을 때 바람이 그 물고기를 움직이지 못하게 할 것이며, 종은 부드럽고 온화한 소리를 내면서 딸랑딸랑 울린다.

서울 중심가에는 추를 달아서 울리는 게 아니라 육중한 당목으로 치면 울리는 어느 유명한 종이 있다. 이 종이 극도로 매력적인 저음을 발할 때, 속속들이 그 소리가 도시에 스며들어 서울 전체에 다 들리도록 울린다. 밤에 대문이 닫히거나 아침에 이 종소리와 함께 문이 열릴 때 말이다. 어느 슬픈 전설이 있는데, 이 종을 주조할 때에 한 어린아이가 뜨거운 쇳물 가루에 빠질 때 울려야 할 경고 소리가 울리지 않았다. 그 최후의 비명소리 어머니, 어머니를 부르는 애처로운 비명은 그들이 말하듯이 종을 칠 때마다 정확하게 다시 들려오고 있다.

국왕을 알현하다

브라운 아이즈와 엄마는 곧 엄청난 돌로 만든 아치형 궁궐 대문 밑으로 가마를 타고 통과하여 두 팔을 벌려 환영하는 궁궐 경비대를 지났다. 이 작은 꼬마는 기쁨이 넘치는 정중한 경례를 받고, 줄곧 많은 문과 다리를 지나는 동안 모두가 머리 숙여 인사하며 많은 군사가 호위하는 구불구불한 길을 지나고, 담벼락을 지나면 또 다른 담벼락을 통과해 빙글빙글 돌아 궁궐 내부 길을 지나갔다.

아주 보기 좋은 훌륭한 연꽃이 피어 있는 연못에는 겨울에 얼음이 유리처럼 덮여 있지만, 여름에는 사랑스러운 분홍색 꽃이 만개해 있다. 연못의 중심에는 사랑스러운 작은 전각이 있고 사방팔방 어디에나 정말로 많은 크고 작은 전각이 있었다. 우리는 모든 것에 둘러싸여 구불구불한 길을 들어오고 나가면서 꽤 어리둥절했다.

마침내 가마는 도착했고 조선인 관료가 브라운 아이즈를 안아서 밖으로 꺼낸 후, 지체 없이 데려오라는 명령을 받은 궁녀에게 넘겨주었다. 이 궁궐은 여러 개의 큼지막한 단층 건물로 되어 있었고 여러 개의 작은 방이 건물마다 차 있었다. 바닥은 최상의, 가장 두꺼운 기름 먹인 종이(장판)로 덮여 있었는데 이는 고급스러운 광택을 입힌 나무 바닥처럼 반짝반짝 빛이 났다. 그것들을 떠받치고 있는 서까래와 기둥은 아주 인상적이고 고급스럽게 윤기가 나는 목재 대들보로 엄청난 통나무들이었다. 등불과 화로와 놋쇠 집기는 모두 많이 문지르고 닦아 반짝반짝 빛이 났다. 방바닥 위에는 엄청나게 많은 자수를 놓은 방석과 깔개가 놓여 있고, 벽에 기대어 세워져 있는 것은 매력적으로 진기하고 우아한 장롱이었으며, 일부는 진주가 박혀 있고 나무와 금속으로 세공된 장식과 일부는 문과 뚜껑 등 경첩, 자물쇠 등으로 무게감 있는 장식품이었다. 여기저기에 시계나 의자 같은 외국산 가구가 조금 보이는 것 같았으나 그림이나 휘장, 작은 골동품은 없었다. 꽃이 만발한 식물이 들어 있는 커다란 통이 여러 외전 중 한곳에 있었는데 이런 모습은 조선 왕실이나 모든 귀족 집안에서 아주 공통적이다.

 이 궁궐 방문에 관한 자세한 묘사는 전에 말한 적이 있다. 해리는 그에게 알맞은 것 이상으로 총애와 귀여움을 듬뿍 받았으며 궁궐 사람들은 그를 보고 맘껏 즐겼다. 그리고 여기서 때로는 전에도 증명되었는데 해리는 많은 사람의 마음을 활짝 열어 주는 아주 편리한 열쇠였다. 선교부에 대한 이같은 호의는 때맞춰 적절하게 감사한 것이 되었다. 그들에게 보여준 친절은 넘쳤던 반면, 돌아오는 길에는 미로처럼 복잡한 구불구불한 길을 모두 통과하느라 갑작스럽게 휙 방향을 전환하곤 했다. 그들의 입장에선 그저 평범한 미국인인 것과 조용히, 단순하게 그들이 소유한 소박한 집에서 살 수 있다는 것, 그들의 삶이 어디나 오고 가는 데 자유롭다는 것, 수많은 눈과 입의 주목을 받는 세계적인 위대한 무대에서 각광을 받지 않고 살 수 있다는 것을 진정으로 아주 기뻐했다.

산봉우리는 기온이 차갑고 많이 드러나 있는 것만큼이나 외로워 보였다. 산길은 걸어가기에 아주 미끄러운 곳이었으며, 아래쪽에 무시무시하게 깊숙한 커다란 계곡들이 입을 벌리고 있다. 그들이 이를 깨닫는다면 세상의 웅대한 산봉우리에 집짓기를 좋아하는 사람들은 많지 않을 텐데. 브라운 아이즈는 집에 도착하자마자 궁궐에서 미리 보내준 맛있는 음식이 들어 있는 그릇과 상자를 발견했다. 그는 자신이 그것을 먹을 수는 없다는 것을 잘 알고 있었기에 이 선물들을 갖고 먹는 것보다 마을 친구들에게 나눠주면서 훨씬 더 즐거워했다.

두 명의 마술사

＼

그는 궁궐에서 선물로 보내온 우아하고 앙증맞은 음식을 먹을 수 없었으나, 여러분은 작은 친구에게 이런 것을 대신해서 보충해주고 그가 행복하고 경건한 한때를 보내고 있는 것을 보기 위해 최선을 다하고 있는 사람이 있었다는 사실을 알지도 모르겠다.

첫째로 가장 중요한 사람들은 저 멀리 미국 땅에 있지만 결국 너무 멀리 떨어져 없는 것이나 다름없는 사람들이 결코 아닌 톰킨스의 할아버지, 할머니, 친척 아줌마와 아저씨들이었다. 이들은 불신자들과 냉철한 과학주의자와 온갖 사람들이 말하는 것에 상관없이 황홀한 것으로 가득한 요정 나라로 전혀 손색이 없었다. '사랑'이라 불리는 한 마술사가 지팡이를 한 번 내리쳐서 시간과 공간을 다 제패해 버린다. 보라! 그렇게도 커다랗던 세상이 아주 작아졌다.

그리고 '믿음'이라고 불리는 위대한 또 한 명의 마술사가 있었는데 그는 '믿는 자에게 모든 것이 가능한' 것을 미리 예시했다. 그리고 둘이 손을 맞잡으면 미국은 조선의 모퉁이를 돌면 바로 나타난다. 그리고 이것은 커다란 크리스마스 선물 상자를 북미의 대초원과 대양을 만 마일이나 가로질러 보내주기 때문에 전혀 속임수가 아니다. 자동차, 증기선, 선박 회사, 아주 건장한 철도 일꾼들, 삼판(중국의 돛단배), 거룻배, 그리고 조선의 소달구지를 모는 사람들은 모두 사랑과 믿음의 노예들이었다. 그들은 이 주인을 위해 의지를 가지고 일하고 있으며 심지어 우리가 이 사실을 실감하지 못할 때도 여러분이 알다시피, 이들 두 위대한 통치자를 통해서 세상은 스스로 올바로 돌아가고 있었다. 그래서 커다란 짐 보따리와 선물 상자들이 거의 항상 브라운 아이즈를 위해 크리스마스이브 전에 우리 손에 도착하게 되었다.

때때로 이를 아무 노력도 없이 얻어 가지려는 자가 있거나 가끔 선물 상자가 늦게 만들어지고 잘못된 사람들에게 보내지기도 했지만 사랑은 그런 손실을 모두 보상해 주었다. 그럴 때 그에게는 두 가지의 좋은 시간이 있었다. 하나는 진정한, 진실한, 사랑스러운 크리스마스였고 또 하나는 이 선물이 있음으로 크리스마스 메시지와 멋진 소원, 심지어 포장지와 라벨에서도 즉시 느낄 수 있는 미국 크리스마스의 분위기를 담아 주변인들에게 향기를 발하도록 나눠주는 시간이다.

물론 하나님이 주신 신성한 물건들을 훔치는 손에 의해 강도를 당하고 나서도 한 어린이의 크리스마스 선물 상자가 텅텅 비게 되는 것을 허용했던 이유는 그 선물이 도착했던 바른 주소인 한 사람 브라운 아이즈

뿐 아니라 마을 모두를 위한 선물 꾸러미로 보내졌기 때문이다. 이 축복의 진가를 나는 아직도 깨닫지 못한 것이리라. 우리가 아무리 영리하게 주인인 척했던 것과는 관계없이 우리가 마땅히 받아야 할 선물 가운데는 우리 중 그 누구를 위한 선물도 없었다. 이는 설명하려고 노력할 필요가 전혀 없으며, 우리가 해야 할 최선의 일은 아주 솔직하게 말하는 것이다.

황폐하게 텅 빈 크리스마스 상자에 대한 의문이든, 세상이 명백하게 불협화음을 내든 간에 이는 평안이며 위로였다. 이 모든 것을 알고 계시고 브라운 아이즈를 사랑하시는 한 분이 살아계심과 모든 행사를 최상으로 가장 고결한 선함으로 처리하시는 그분을 믿기 위해서였다. 물론 나는 여전히 잘못된 곳으로 전해지는 크리스마스 선물 상자가 있다는 것이 아주 비통하고 기쁘지 않았다. 그러나 이는 강도 만난 자에게 큰 선물인 여리고 도상을 따라 조선에 도착한 것이다. 나는 현재로는 이에 관해 말하고 싶지 않다.

다시 브라운 아이즈의 행복한 크리스마스를 말하려고 한다. 어쨌든 크리스마스이브 저녁에 온통 못질을 해서 아무나 포장을 뜯을 수 없는 선물 상자는 세상을 위한 것이 아니었으며 아빠의 서재로 옮겨졌고 벽난로 근처에 있는 커다란 침대 위에 놓여졌다. 그 집에서는 호기심이나 나쁜 생각으로 그 상자를 살짝 열어보는 영혼은 하나도 없었다. 그리고 오오, 아무것도 들어 있지 않은 옛날 상자를 낡아 보이게 만드는 달콤한 비밀을 소중히 간직한 새 선물 상자!

크리스마스 양말 주머니 속의 선물

　나는 가끔 산타클로스가 오래된 친구이지만 진실한 신사이며 아주 정직하고 사려 깊다고 생각해 왔다. 그래서 산타클로스는 물론 아이들이 호기심으로 살짝 선물을 엿본다고 결코 생각하지 않을 것이며, 너무 바빠서 시간이 없을 것이다. 그리고 그는 지금 얼마나 서두르면서 바쁜지 모든 크리스마스 축제 때마다 세계를 돌면서 여행을 시작했다. 브라운 아이즈의 양말 주머니는 길지 않았던 아이의 생애 초기 크리스마스보다 다소 작아졌다. 그래서 엄마의 양말 주머니가 보통 항상 굴뚝에 걸려 있었다. 일반적으로 굴뚝은 조선의 집에 달려 있었으며 우리 집에는 서재에 붙어 있었는데 침실에서 멀지 않았다. 그 굴뚝은 훌륭하게 큼지막해서 산타가 큰 보따리를 가져와 내려놓기에 보다 쉽다. 우리 집에서 굴뚝은 중요한 존재였으며 산타클로스는 항상 브라운 아이즈에게 아주 커다란 선물 보따리를 가져왔다. 아마도 그는 브라운 아이즈가 언제나 케이크나 사탕 없이 인내로 지냈음을 발견했을 것이고 착한 어린이가 환호성을 지르며 감사하는 것을 보고 싶어 했으리라. 크리스마스 아침에 우리 가족은 평상시보다 빠르게 잠에서 깨어 첫 번째 선물을 발견했다. 세 개의 선물은 세상에서 가장 사랑스러운 물건이었다. '메리 크리스마스'라고 환호하는 것이 나머지 두 개의 선물보다 먼저 받는 선물이었다. 브라운 아이즈는 보통 이 시합에서 항상 승리자였다.
　캡틴은 모직으로 만든 기모노를 걸쳐 입고 같은 일을 하기 위해 서재로 달려가(남에게 말하면 안 된다. 그는 그렇게 채신머리없는 존재라고 알려지는 것을 좋아하지 않을 것이다) 불을 지폈다. 밀린 일거리를 하기에 앞서 몇 시간에 걸쳐 불꽃은 맹렬하게 타오르고 멋지게 치솟아 장작이 탁탁 소리를 내면서 타들어 가는 동안 계속해서 들려주는 '메리 크리스마스'는 브라운 아이즈와 함께하는 첫 번째 선물임이 틀림없었다.

브라운 아이즈와 엄마가 재빨리 허둥지둥 기모노를 걸치고 슬리퍼를 신고서 선물이 있는 곳에 정확하게 도착하는 것도 역시 오래 걸리지 않았다. 무엇보다 그들이 발견한 양말 주머니! 거기에는 모든 즐거움과 기쁨이 가득 담긴 불룩하게 솟아오른 주머니가 걸려 있었다. 또 여러분은 바깥으로 나가서 도착한 선물을 볼 수 있다. 승마용 채찍, 장난감 총, 칼, 나팔이나 지팡이가 밀봉되어 있는 상자 위를 열어젖히는 동안 한쪽에는 길쭉한 선물 상자가 있었고 한쪽에는 둥근 상자가, 그 위에는 각진 네모난 상자들이 쌓여 있었다. 모든 것을 아빠와 엄마에게 보여주었고 가족은 쉴 새 없이 들뜬 마음으로 떠들면서 감탄을 연발했다.

상자를 열어보니

다음 상자! 그 상자에 담긴 여러 새 옷, 새 장난감, 새 책, 모든 것이 너무도 기쁜 심정을 누가 설명할 수 있을는지. 사랑스러운 메모가 이 모든 것을 더 달콤하게 해주었다.

'그분은 사랑이시며 기쁜 크리스마스를 맞기를—해리에게 아줌마가', '예수님은 사랑이시며 기쁜 크리스마스를 보내기를—해리에게 아저씨가', 가족 모두에게 선물을 나누기 위해 포장 종이를 전부 재사용할 때까지 정신없이 분주한 마음으로 포장한 선물은 모든 의자와 책상에

쌓였고 아침 식사는 아무도 준비하지 않고 먹지도 않았다. 식욕조차 없는 채로 편지와 선물들은 답례로 우리 쪽에서 보낸 것이 다른 외국인에게 도착하기 시작했다. 오, 사랑스럽게도 그때까지 아무도 옷을 차려입지 못하는 상황이 어땠는지. 그러고 나서 그들이 잽싸게 옷을 갖춰 입자마자 마을 모든 사람에게 보내 줄 여러 자루, 상자, 바구니가 꾸려졌다. 모든 선물은 포장해서 크리스마스 전에 다 끈으로 묶었고 각각의 꾸러미들은 겨우살이 가지나 호랑가시나무로 장식되어 있었다.

선물 꾸러미를 여러 가난한 사람들에게 보내기 전에 하인들을 비롯해 가족 모두가 모여 크리스마스 선물을 받았다. 해리가 아이였을 때 부모는 그가 이기적으로 자라날까 봐 아주 많이 두려웠고 그래서 그들은 기쁨과 즐거움을 반드시 다른 사람과 똑같이 나눠 가지도록 여러 가지를 계획해 노력했다. 그리고 이날은 다른 사람을 행복하게 만들도록 도와야 했기 때문에 해리만을 위한 날이 전혀 아니었다. 그들은 언제나 크리스마스이브에 조선의 기독교인과 함께 교회에서 예배를 드리면서 크리스마스를 보냈다.

작은 교회는 밝은 등불과 겨우살이 나무와 상록수로 멋지게 단장해서 밝고 화사해졌으며 모든 것 중에서 즐거운 모습은 작은 꼬마들과 어린 색시들의 화사한 옷차림이었다. 최소한 이때를 위해서는 그리도 질투가 많아 연중 내내 적대적이고 방어적이던 마을 색시들도 교회로 모여들었다. 모임은 얼마나 보기 좋고 빛났던지, 모두 빨강, 노랑, 초록색 옷을 입고 가장 화사하고 화려하게 단장을 하고 있었다. 크리스마스 캐럴을 부르고, 성탄을 예배하는 소리가 울려 퍼지고, 그 아기와 천사들과 별들에 대한 정답고 오래된 달콤한 이야기, 기쁨에 충만한 크리스마스 기도와 찬양이 드려지고 모두 서로 상대방에게 환하게 웃음을 지었으며 "성탄을 축하합니다" 하고 기원했다.

우리가 전한 이야기는 행복하다거나 기쁘다는 것을 넘어서 갈릴리의 권위를 가진 것이었다. 조선인은 좋아하는 떡과 다른 소화가 잘 안 되는 음식을 먹으며 함께 즐기기 위해 작은 무리를 지어 자리를 떴다. 그리고 원 목사 가족은 산타를 돕기 위해 분주했으며 오랜 겨울잠을 자는 마을 주민들의 정신을 상쾌하게 깨우고 평안을 주었다.

크리스마스 밤에 원 목사 가족은 언제나 그들이 준비할 수 있는 선물만큼이나 많은 오래된 개척 선교사들이 곁에 있어 집에서 저녁 만찬을 함께 했다. 많은 유익한 경험을 함께하며 많은 시간을 친밀하게 교류했던 오랜 친구들은 형제자매만큼이나 서로의 집에서 오래도록 머물며 아주 즐겁고 행복한 시간을 보냈다. 서로의 오래된 농담에 웃으며 옛이야기에 관심을 기울이고 서로의 차이와 다름의 오래된 쟁점에 대해 토론을 했다. 원 목사 부인은 그들에게 이제까지 자신들의 삶에서 일어난 가장 흥미롭고 즐거웠던 일에 대한 이야기를 준비해 와 달라고 요청했다.

저녁 식사를 마치고 그들은 모두 벽난로 주변에 둥그렇게 모여 앉아 밤새도록 줄줄이 이어지는 이야기가 계속 되었다.

크리스마스 파티

\

대륙과 대양을 가로질러 왔던 선교사들, 의미 있고 기묘한 경험을 간직한 조선과 같은 땅에 살았던 사람들의 모든 이야기를 지금 듣기를 바란다면 언젠가 머지않아 들려줄 것이다.

크리스마스 이후 첫 날 혹은 둘째 날에는 언제나 크리스마스트리와 모든 외국인 아이를 위한 파티가 있었다. 그것은 우리 집만큼이나 오래된 하나의 기관이었으며 꼬마 톰킨스는 자기 혼자서만 크리스마스트리 하나를 독차지하고 싶어 했으리라. 어린이 트리, 또는 이기적인 트리에 대해 지금까지 이야기를 들은 누군가는 좋은 아이디어라고 생각했으며 어린이 트리를 보기 위해 모든 꼬마 외국인들이 초대되었다. 한 번은 40명이 모였다. 여러분은 원 목사 가족의 크리스마스에 대해 마음대로 생각하지 않길 바란다. 우리만을 위한 날이 전혀 아니었다. 원 목사의 교회에 속한 조선 기독교인의 축제 동안에는 수차례에 걸쳐 모든 이들이 저녁 만찬의 즐거움을 위해 초대되었으며, 새해를 맞이할 때도 외국인이나 마을 주민들이 모두 연락을 받고 왔다.

이 파티는 조선인들을 위해 실험적으로 노력해 볼 수 있는 기능과 역할을 했으며 외국인의 관습을 알지 못한 채 초대받은 몇몇 마을 주민을 위한 것이었는데 이들은 바닥에 오렌지 껍질을 던져 버리기도 했고 신분이 높은 몇 명의 조선인을 초대하면 자기 하인과 같은 방에 있는 것을 견딜 수 없어 하기도 했다. 그리고 어떤 조선인은 그렇게도 많은 사람이 기다리는 것을 보면서도 너무 오래 머물려고 했고, 어떤 이들은 이야기를 서로 나누지도 않았다. 그래서 원 목사 부인의 머리에서는 이들이 생산적인 주제로 대화할 수 있도록 이끌고 그들이 기독교 정신을 흡수하도록 고민하며 머리를 쥐어짜 내야 하는 힘든 상황에 머물러 있기도 했다. 그래서 때로는 파티가 모두 끝났을 때 그녀의 친구로 남아 준 사람은 많지 않았으며 특히 다시 함께 사역을 시작할 사람은 절대로 많지 않았다.

매일 일상의 고된 일

아마도 여러분은 이 모든 것을 통해 선교사의 생활이 아주 재미있다거나 파티와 저녁 식사와 사회적으로 즐기는 오락으로 가득할 것이라 생각할 수 있다. 그러나 크리스마스 행사 이야기로 인해 그런 인상을 유발했다면 나는 상당히 많은 내용을 잘못 전한 것이다.

사역을 하며 중요한 사안에 대해 얼마나 영감을 끼쳤든, 동료 선교사에게 서로 얼마나 헌신했고 열정적이었든, 무엇을 얼마나 성취한 일이든, 얼마나 굳건한 믿음으로 매 순간 싫증나고 지루하고 힘들고 단조로운 수많은 일을 전달하고, 또 순종하는 신실한 모습이었더라도 지켜보는 이들에게 전혀 칭찬을 받지 못했던 많은 순간과 구체적인 일이 넘쳐났다. 이 일들 자체로는 사람을 강하게 독려할 수 없을 때도 많았다. 선교사들은 어떤 보상을 받든 전혀 받지 못하든 하나님의 성령, 순종과 신실한 믿음을 간구하고 강권하는 것 말고는 마을 주민을 지원한 것이 아무것도 없을 때 갈등하고 고뇌했다. 내가 말하는 이 모든 것은 오락이나 놀이가 아니다.

어느 날은 다른 선교사와 똑같이 약을 조제하고, 조선인의 고통과 아픔과 질병에 관한 역겨운 이야기에 경청을 하고, 공감하고 도우려고 노력했다. 또 어둔한 아이에게 산수와 지리를 가르치고 영어책을 조선말로 번역하면서, 이 나라 안을 지친 몸으로 고되게 두루 다니고, 불결한 여인숙에서 잠을 잤다. 그리고 이교도의 우상숭배가 우리와 다른 점에 귀를 막으며 극복하려고 노력하면서, 부정직하고 게으르고 더러운 하인에 대해 관용하고 인내하려고 고군분투하는 가운데 이 모든 것이 재미

있는 것이란 아무것도 없다. 그러나 계속해야만 했고 이와 같은 것을 훨씬 더 많이, 날이 밝고 저물며, 몇 달 몇 년이 흐르도록 계속해야만 한다. 어디를 둘러봐도 사명감 있는 누군가를 찾지 못한 채로 평범하게 매일매일 해야 하는 일일 뿐, 위대하거나 좋거나 고상하거나 재미있는 것은 아무것도 없다.

선교사들은 심지어 자신들이 위대하다거나 영웅적이라거나 어느 면에서도 보통 사람과 달리 특별하다고 느낄 수조차 없었다. 또는 그들이 하는 일들이 괄목할 만한 업적이라고도 느낄 수조차 없었다. 그들은 그저 조선에 평안과 위로를 주기 위해 할 수 있는 모든 것을 다해 버텨내고 이 땅에서 떠나지 않고 생존하기 위해 분투하며 일했다. 그들은 하나님께서 보내신 곳에 있었으며 크든 작든 그의 명령에 순종하려고 노력하면서 인도하시는 손길을 따라 많은 것들을 가시적으로 보지 못하면서도 하나님께 결과를 맡겼다. 그리고 언제나 변함없이 하늘나라의 왕께서 이 땅에 오신다는 희망으로 단조롭고 따분한 삶이지만 작은 일에 헌신했다.

그래서 내가 말했듯이, 나는 원 목사 가족과 동료가 매일 하는 일에 관한 이야기를 재미있는 책으로 만들지 못할 것 같아 두렵다. 그럼에도 나는 조선에서의 삶 가운데 매력적인 것을 알려주기 위해 선교 생활의 밝은 것을 추리려고 노력하고 있다.

연중 내내 원 목사는 매일같이 많은 문서 작업을 했는데, 주로 성서, 찬송가, 소책자, 신문 기사 준비, 주일학교 교재 작업 같은 것이었다. 원 목사는 사역을 돕는 자들과 함께 엄청나게 많은 일을 매일같이 했다. 즉 이 작은 팀에 편지를 쓰고 사역과 관련해 몇몇 현명한 기독교인을 보내어 책 파는 사람을 감독하고, 먼 지방에서 오는 보고를 주의 깊게 검토하고, 마을 신자들과 모이는 한편, 그를 만나기 위해 몇 킬로미터의 길을 달려올 가능성 있는 사람들이나 동료 선교사들과 공동체 모임을 계속해 갔다. 그뿐인가. 이 나라 선교사업의 지도자를 위한 훈련 수업을 지탱해 가면서, 소년들의 학교에서 가르치고 설교하고 강력하게 권고했다. 또 서울에 있는 마을 교회를 지키고, 고위층 조선인 신사들의 방문을 받는 일 외에도 이제까지 설명할 수 없는 많은 일을 하면서 아침 6시부터 때때로 잠잘 시간이 훨씬 지난 깊은 밤까지 고되게 일했다.

성서 번역

성서 번역은 원 목사의 일 중에서 가장 중요한 부분의 하나로써 잘 진행되었으며 거의 항상 이 일을 했다. 왜 성서 번역이 그렇게 오래 걸리는지 궁금할 것이다. 성서 번역을 자세히 들여다보고 이 일이 무엇인지 확인해 보면 알게 된다.

우선, 각 사람은 그에게 주어진 특정한 부분을 맡아, 문서 사역 보조자들과 함께 혼자 힘으로 맡은 부분을 완수했다. 원 목사와 동료들은 히브리어나 헬라어 원문을 아주 신중하고 조심스럽게 읽고 개정판을 검토하고, 성령께서 주신 정확한 의미를 모으기 위해 최상의 해석을 정독했다. 또 그는 중국어판 또한 연구했으며 때로는 라틴어나 독일어, 프랑스어, 스페인어판까지 연구했다. 사본들에 있는 번역자의 관점 가운데 가장 유익한 것을 취하기 위해서였다. 그리고 원문의 가장 보편적이고 명료한 의도를 아는 일에 이르렀다. 다음 임무는 결코 쉬운 일이 아니었는데, 분명하고 자연스러운 조선어로 표현하기 위해 그들은 반드시 조선인 조력자에 의존하며 그의 머릿속에 넣어 주었다. 그러나 아이디어 대부분이 조선인에게는 완전히 낯선 것이어서, 상징과 그림과 비유로 이해시키려고 노력하면서 때로는 여러 시간이 걸리기도 했다. 그들에게 완전히 이해시키고 말씀에 감사하는 것이 가능해지도록 한 후에는 그리고 나면 앞 단계보다 조금도 덜하지 않은 고된 일이 또 기다리고 있었다. 그것은 바로 이렇게 추출해낸 생각을 표현하기 위한 좋은 단어를 찾기 위한 노력이었다.

담당 조선인은 일이 다 되었다고 여기고 큰 만족을 하며 인쇄할 예정이었다. 그러나 아직도 중국어 어원에서 비롯한 어휘로 가득한 전문적이고 학문적인 부분들이 많이 남아 있어서 가난한 여성과 농부들에게는 영어보다도 더 이해할 수 없는 상태였다. 또한, 이런 식의 표현은 원래 의미의 훌륭한 포용력을 잃어버리고 있었다.

미스터 선교사 원 목사가 말했다.

"안 됩니다, 이대로는 안 됩니다."

"더 간결해져야 합니다. 여러분은 그 뜻을 완전히 이해하지 못하고 있어요."

그러나 조선인 동료는 완강하고 고집이 세거나 어리석거나, 아니면 둘 다였는데 다른 식으로 표현할 수 없다고 말했다. 그래서 원 목사는 마음을 정하고 번역이 올바르게 될 때까지 그대로 진행하지 않았다. 대신에 마태복음이나 로마서나 또는 무엇이든 번역이 완료될 무렵 성서번역위원회는 전체 회의를 열어 한 사람이 맡았던 작업을 거듭 신중하게 검토했다. 왜냐하면, 혼자 번역한 것은 신뢰가 떨어질 것이고, 담당자를 신뢰하면 안 되는 것인데다 성서의 한 구절 번역이라도 위원회의 권한에 위임하기 위해서였다. 이제 결정에 많은 차이와 이견이 생겨서 합의에 도달하기까지 더 많은 시간을 연구하고 토론하면서 '자신이 없는' 부분은 마을 주민의 의견을 중시했다. 이런 방식은 마을 교회가 성경을 실제로 활용할 수 있는 것이 중요하고 이 때문에 사람들이 이해할 수 없는 부분은 수정해야 한다는 판단에서였다. 이 번역이 제대로 되고 마을 주민들에게 적합하고 유용하도록 선교사와 조선의 기독교인들은 많은 노력을 기울이며 엄격한 평가를 거듭하여 개정을 시도하며 여러 해가 지났다. 그리고 마침내 그들은 불완전함과 오류들을 수정하고 보완하여 드디어 성경을 출판했다.

때때로 여러 달 동안 평균적으로 번역한 분량이 하루에 3절 이상을 넘지 못했고, 네 시간 동안 7절에서 20절을 절대로 넘지 않았다. 엄청난 정신적 소모라든가 중압감이 다소 덜한, 그들 중에 가장 강인한 자만이 이 작업의 일정 범위에서 하루에 네 시간 이상 견딜 수 있었다. 그래서 그들은 신약 가운데 자신 없는 구절을 돌파하면서 10년 이상 이 일에 매달렸고, 이것이 이처럼 빨리 완성된 것에 대해 스스로 축하를 했다. 이 모든 것은 놀이가 절대로 아니었다. 조선에서 장난하며 놀고 있는 선교사들은 없었다. 원 목사 가족과 동료들은 모든 일에 반대부터 일삼는 본성적이고 신경질적인 반역자들의 슬픈 경험을 겪으면서도 전혀 놀아나지 않았다. 그랬기 때문에 그들은 즐거운 웃음을 터뜨리고 활력에 넘쳐 여러 축일을 매우 신경을 써서 지켰다. 생일도 마찬가지였다(물론 조지 워싱턴의 생일도). 심지어 결혼기념일과 7월 4일 독립기념일도 지켰다. 어떤 사건이 있었다는 편지가 도착할 때도 있었다. 미국인을 비롯해 외국인이 태어났거나 사망하는 사건도 있었으며 새로운 외국인이 왔거나 일생에 단 한 번의 행사인 결혼식도 있었다.

연례행사, 조선 관광과 시찰

＼

원 목사는 서울에서 300~500킬로미터 멀리 떨어진 곳을 순방하며 매년 최소한 한 번 조선의 기독교인 모임을 위한 긴 선교 여행을 했고 마을에서는 좀 더 가까운 곳으로 짧은 방문도 했다. 나는 복음주의적 일이라 불리는 선교 일을 그가 가장 좋아했던 것을 확신한다. 죄인에게 복음을 설교하고, 조선의 기독교인을 인도하고 가르치며, 세례받기를 지원하는 양 무리를 자세히 살펴보고 받아 주며 지도자를 교육하고 양 떼를 목양했다.

원 목사는 항상 이런 여행을 하며 걸어 다녔다. 조선산 조랑말은 빠르지 못했으며 그는 느릿느릿하고 짜증스러운 조그만 말을 좋아하기에는 너무나 조급했다. 원 목사 부인은 마을 선교 활동에 남편과 함께 참여했으며 가마를 타고 다녔다. 브라운 아이즈와 엄마는 같은 가마에 타고 다녔다. 한편 그녀는 음식 준비를 위해 요리사를 도왔고 다른 여성들과 함께 이야기하고 찬양하며 청소년 아이를 돌보기도 했다.

브라운 아이즈가 더 자라나자 가마를 싫어하며 매우 자주 거부했고, 얼마 지나지 않아 매일 여러 마일을 도보로 걸었다. 일곱 살이 채 되지 않았을 때부터 그는 걸어 다녔고 하루에 16킬로미터나 되는 길을 따라 걸으며 놀았다. 전혀 지친 기색도 보이지 않았다. 그는 '진심으로 사랑하는' 산과 수풀 가운데, 야생적인 자연 속에 있으면서 꽤 행복하고 즐거워했다. 그들이 두루 여행을 한 곳은 아름다웠고, 명랑한 기분을 주는 상쾌한 공기를 마셨으며 어느 마을의 분위기는 참으로 훌륭했다.

그들은 모두 어느 정도는 보헤미안을 담은 사진 한 컷과도 같았고 이러한 야외 생활을 사랑했다. 그들은 가장 불편한 복장을 하고 있을 때만큼이나 천국이 그렇게도 가깝고 분명하게 있음을 느낀 적이 없다고 말했다. 그들은 조그맣고 위엄도 없고 볼 만한 것도 없는 멍청한 조선의 수도 서울을 떠나 소박하고 단순한 마음, 진지하고 열정 있는, 진실하고 진심 어린 시골 기독교인들과 자연과 그 자연의 주인이신 하나님과 함께 몇 주를 머물러 살기도 했다. 그들은 사랑하는 백성의 얼굴과 목소리 속에서 그분께 귀 기울이고 그분을 바라보았으며, 외로운 산악 지대를 지나는 가운데 숙연한 거룩함을 느끼게 하는 수풀과 파란 하늘에서 그분을 느꼈다. 즉 '숨을 쉬고 생각을 하는 것보다 더 가까운' 언제나 그들을 안아주시는 그분을.

캡틴에 대해서 말하면 그는 기독교인 지도자들과 여러 시간 동안 가장 기본적이고 친밀한 사역에 둘러싸여 있었고 어린이와 환담을 하며 그들 모두의 어려움과 고통, 기독교 신앙에 대한 모든 의문을 경청했다. 캡틴은 적당한 거리를 유지하며 조선인들이 적합한 것 이상으로 너무 가까이 오거나 너무 오래 머물지는 못하게 했다. 한편으로 그는 마을 주민들에게 공정하게 엄격했고 그들도 그에게 그러했다. 그러나 지금까지도 이들은 함께 일하기에 꼭 맞는 인물은 아니었다. 왜냐하면, 캡틴이 순방했던 지방에서는 절대로 엄격한 품성을 지닌 사람이 많지 않았기 때문이다.

음악은 매력이 있다

＼

　브라운 아이즈, 나는 이제 그를 해리라고 불러야 하겠다. 해리는 그만큼 자라나고 있었고, 엄마의 가마에서 멀리 떨어지지 않고 아버지 옆에 붙어서 빠른 속도로 길을 걸으며 전반적인 모습을 보자면 생기가 넘치고 재미있는 작은 동료처럼 보였다. 엄마의 옆에 있을 때 가마 안에는 샌드위치, 간단한 조선 사탕, 말린 곶감, 때로는 초콜릿 등의 맛있는 것들도 있었다. 소책자와 찬송가도 있었으며 가마꾼들이 쉬기 위해 가마를 내릴 때면 무리를 지어 여성들과 아이들이 모여들었고 엄마가 그들과 이야기하고 찬양을 하는 동안 그는 가끔 소책자를 집어서 수줍어하며 나눠주었다. 가끔 사람들은 이야기를 듣는 데 너무 호기심이 많았다. 그들은 우리 옷이나 외국인에 대한 설명을 듣고 싶어 했다. 그러나 그들은 그런 호기심이 너무 큰 나머지 찬송가에 대한 이야기를 듣지 못할 정도는 절대로 아니었다. 찬양은 신기했고 낯선 사람들이 부르는 노래가 어느 것보다 흥미로웠기 때문이다.

　생각해보라, 실제로 그들은 감미로운 선율과 곡조로 노래를 부르는 여성에 대해 전혀 들어본 적이 없다. 그들에게는 몇 곡 정도로 노래가 매우 적었고(추정해 보면 조선에 통틀어서 여섯 곡 정도만 있었다) 여성들은 심지어 조선의 고유의 노래도 이제까지 거의 부른 적이 없었다.

　그 무리를 지나쳐 갈 때, 어느 것이나 그냥 넘어갈 수 없는 눈을 지닌 캡틴은 항상 초봄의 야생 꽃이나 또는 여름이 다 지나갈 무렵의 마지막으로 활짝 핀 꽃을 주의 깊게 알아보았으며, 가마 속에 앉아서 꽃을 보지 못하는 아내에 대한 지극한 정성으로, 그는 이 꽃들을 따서 해리에게 선물로 주었다. 그녀는 꽃이 어디서 전해왔는가를 잘 알았고, 꽃은 두 배의 향기와 아름다움을 지니고 만개해 가마 속으로 운반됐다.

원 목사 부인은 꽃을 사랑했으며 꽃송이는 하늘 아버지의 손을 지나, 그녀의 남편 손을 거쳐, 작은 아들의 손을 거쳐 그녀에게 왔다. 그렇다, 무엇으로도 형언할 수가 없다. 그녀의 가마가 느릿느릿 길을 갈 때 '아이가 건넨 선물 뒤에는 남편이 있었으며 그 모든 사랑, 아름다움과 축복, 기쁨이 첫 번째 원인인 우주에, 아버지가 주신 위대한 아름다움, 사랑, 기쁨이 배후에 있었다.'

시골 길에 대해 말하면 아마도 여러분은 뉴욕이나 위스콘신을 상상하며 난간 형식이나 철조망이 있는 버지니아의 안전을 위한 울타리가 있는 넓은 도로를 생각할 것이다. 그러나 조선에는 이런 도로가 아무것도 없었고, 조선의 숲은 내륙의 북쪽 지방을 빼면 안전장치가 매우 부족하고 드물며 철조망은 알려지지도 않았다. 몇 킬로미터 또 몇 킬로미터를 가는 동안 마을 인근 오솔길을 제외하면 땅을 구분해주거나 길과 길을 구별해주는 울타리가 전혀 없어 우리는 어리둥절하면서 갈피를 못 잡고 다른 길을 가로지르기 일쑤였다.

일행은 주요 도로나 큰길을 택하라고 지시를 받았다. 그래서 일행이 숲길을 뒤지고 찾는 것이 헛된 일이다. 그리고 한참 후에야 길이 단지 사람들이 많이 다니기 때문에 주요 도로이며 큰길이라는 것을 알게 되는데, 이 주요 도로는 커다란 중심가에서 다른 쪽으로 인도해 주기 때문에 주요 도로일 뿐이다. 때때로 큰 길을 선택하기 위해 엄청난 주의를 기울이는 여행자에게 몇 마지기 안되는 논이 펼쳐진 위로 인도되기도 하고, 진흙탕으로 미끄러지기도 하였다.

원 목사 부인의 가마꾼들은 온종일 너무도 지치고 피곤한 나머지 미끄러지기도 하고 발을 헛디디기도 했다. 때로는 길 사이에 있는 넓은 배수로를 모든 행렬이 함께 건너뛰어야 했으며 가마에 앉아 점프를 해야 하는 동안에 그녀는 할 수 있다면 걷는 것이 더 나았을 지도 모른다. 저녁 그림자가 드리울 때 행로를 비추는 단 한줄기 빛은 몇 세기 전에 빈혈로 죽은 이의 유령처럼 약하게 꺼져 가는 모습의 조선의 등불이었고, 그 상황은 정말로 힘들었지만 재미있는 추억이기도 하였다. 사실 그녀는 크고 작은 골칫거리들을 견디며 일일이 헤아리지 않았고 이 야외 선교활동은 원 목사의 가족에게 다른 놀이보다 유익한 것이었다.

7

조선 유람

강가에서 돌아온 후 오래 지나지 않아 크리스마스 축일을 보내고 원 목사 가족은 황색 바다(yellow sea)유역이란 뜻을 지닌 황해도를 뒤로하고 긴 여행을 시작했는데, 그곳에는 현장 업무의 아주 큰 부분이 기다리고 있었다. 기차도 없고 말한 대로 오솔길 말고는 그 어떤 길도 나 있지 않았다. 그러나 그들은 학교에서 집으로 하교하는 어린이처럼 행복했다. 그들은 온종일 긴 여행을 하면서 야외 생활을 예상하고 있었고 세계에서 가장 상쾌한 기후 속에서 몇 날 며칠을 보낼 것을 기대했다. 꽤 괜찮은 땅, 가장 아름다운 장소에서 모두가 함께, 그들이 사랑하고 그들을 많이 사랑해주는 소박한 마음의 친절하고 겸손한 농부들에게 가고 있었다. 이런 여행은 어떤 가족이라도 아주 행복했을 것이다. 그러나 가장 중요한 이유는 달랐다. 이는 나머지 모든 이유보다 더 큰 것이었다. 그들은 이 사람들이 절대로 본 적이 없거나 어떤 안경을 통해서만 어슴푸

조선 유람 189

레하게 보던 빛을 전해 주기 위해서 간다는 것을 알고 있었다. 그리고 그들은 왕이신 주님의 일과 그 일만이 가져다주는 존엄과 기쁜 생각으로 가득 차 있었다.

그들은 행로를 서두르면서 웃으며 이야기했고 만나는 사람들과 더불어 그날의 정다운 칭찬이 스쳐 갔으며, 때로는 크게 소리쳐 메아리를 듣거나 깨끗하고 찬 봄기운을 들여 마시거나 농가에서 친근한 이야기를 나누기 위해 잠시 멈춰 섰다. 캡틴은 개인 소유의 권총을 지니고 있었는데 가끔은 꿩 한 마리, 비둘기 한 마리, 야생 거위 한 마리를 총으로 쏘아 사냥하기도 했다.

위험한 다리

\

가끔 얕은 계곡에 이르렀을 때 가마꾼들은 붕대로 감싼 발을 풀고서 무심하게 물속을 첨벙거리며 건너갔다. 한 번은 그들이 강으로 왔을 때 연중 보통 때보다 폭이 넓고 물이 가득 차 있었다. 비 오는 계절에 가마꾼은 다리 밑으로 곤두박질쳤다. 마치 해외에서 동양으로 운송되는 가구처럼 완전히 녹초가 되었기 때문이다. 그들은 고비의 순간에 예상치 못하게 지쳐 나가떨어지는 안타까운 경향이 있다. 부지런한 다리 건설업자가 그 다리를 놓지 않았다면, 강은 모두를 휩쓸어 가 버릴 뻔했다. 거의 모든 것이 이와 같아서, 그 의문의 다리는 널빤지 한두 개의 간단한 보행로였고 아주 얇은 나무로 된 지지대 위에 놓여 있으면서 보기 싫은 것들로 뒤덮여 있었다. 이 다리는 어느 둑에서 다른 둑으로까지 45미터 가량 되는 길이었다. 원 목사 부인은 이런 위험한 다리나 다소 불확실한 것이 보이면 신경이 전부 곤두서서 불안했고, 다리를 심하게 절뚝거리긴 했지만, 포교를 접고 떠나겠다고 주장했다. 캡틴은 그녀에게 아무것도 붙잡지 않고는 좁은 보행로 위에서 정신이 아찔할 것이 틀림없다고 경고했다. 어지럽든 어떻든 간에 그녀는 감히 가마를 신뢰할 수가 없었다. 어지럽다는 말은, 그 다리는 아주 높고 폭이 좁으며 강 물살은 최고로 빠르고 소란스러웠다는 것이다. 그러나 그녀는 아래를 내려다보지 않고 캡틴에게 거머리처럼 찰싹 붙어서 아악 소리를 지르며 그 다리의 3분의 2 가량을 안전하게 건너기 위해 갖은 애를 썼다. 그들 바로 앞에서, 다리 전체가 부서져 산산조각이 났고, 발판들은 느슨하게 걸쳐진 상태로 일부는 물에 둥둥 떠 있고 일부는 얼기설기 만든 다리 지지대의 가장 낮은 끝 쪽에 떨어졌다.

   그제야 원 목사 가족은 그녀가 가마 안에 있지 않았던 것을 기뻐하게 됐다. 그 좁은 곳 위에서 가마꾼은 가마를 돌릴 수도, 다리 위에 안전하게 가마를 내려놓을 공간을 확보할 수도 없었기 때문이다. 그때의 사정으로는 느슨한 널빤지의 도움에 의지하여 캡틴은 한편으로는 안심하고 기어가기 위한 발판을 찾아 아내에게 손을 뻗어 잡아주면서, 또 동료 여행자들이 안전하게 건너가도록 돕기 위해 갖은 애를 썼다. 그 가마꾼들에 대해 말하자면, 텅 빈 가마는 꽤 가벼웠고 언제나 그렇듯 그들은 솜씨 좋게 애를 써 모두가 금방 안전하게 멀리 있는 강기슭에 도착했다.

   그 위험한 가마는 대개 그런 얕은 여울을 통과할 때 진흙탕 속에 빠져 허우적대고 어찌해야 할지 아무도 모른다. 하지만 가마꾼들은 절대로 스스로 해결하지 않으며 최악의 홍수에도 노력을 하지 않는다. 그나마 그들이 우리를 버리지 않고 있어 줄 경우 물살의 위험을 피해 그 다리로 간다. 한편 어떤 경우에는 여행 중 심각한 이런 순간에 나룻배를 부르고 도선업자(연락선 책임자)들은 소리가 들리는 가까운 곳에 있다. 강 건너편에 고함소리가 닿지 않으면 도선업자들은 아주 흥미롭고 재미있는 사람이 되는데, 사람의 인내심을 시험하고 완전히 지치게 하면서 출발지가 아닌 도착지의 엉뚱한 쪽에 있는 사람들에게 오라고 헛되이 고함을 지른다.

기독교인의 한 무리가 있는 어느 농촌 마을에 도착하니, 마을 사람 전체가 우리 선교사들을 만나기 위해 몰려왔다. 그리고 길가 한편에는 사람들이 줄지어 서 있었다. 경멸, 싫어함, 호기심, 우리의 우스꽝스러운 복장과 이런 '외인들이(wayinduli)' 지닌 일반적인 외모를 노리개 삼기 위한 헛된 목적과 그런 이유의 공손함을 금방 읽을 수 있는 눈빛으로 우리를 뚫어지게 응시하고 있었다.

원 목사 가족은 캠핑 복장만으로 놀랄 만한 구경거리가 되었으며, 지치고 피곤하여 먼지나 티끌 같은 아주 초라한 기분 외에는 아무것도 느낄 수 없었고, 별로 자랑스럽지 않았다. 그러나 다행스럽게도 조롱하고 비웃는 이웃이 달려들기 전에 극소수의 기독교인들이 왔다. 단지 두 가정이었을 뿐이다. 이 신자들은 우리가 마치 귀족이었던 것처럼 기쁘게, 화기애애한 환영을 하며 맞아 주었고 거의 숭배하듯, 헌신과 존경으로 대하며 우리를 자신의 초라한 집으로 안내했다. 이것은 쉽게 할 수 있는 평범한 일이 아니었을 것이다. 그 우스꽝스러운 외국인을 받아주고 환영하는 것도 보통 일이 아니었을 것이다. 그 낯설고 새로운 교리 안에서, 조상의 영혼과 선대의 믿음을 저버리고 스스로를 기독교인으로 확신할 수 있을 만큼, 그들을 둘러싼 환경이 신앙의 확신을 주지 못했음에도 말이다.

"누구든지 사람 앞에서 나를 시인하면 나도 하늘에 계신 내 아버지 앞에서 그를 시인할 것이요."(마10:32) 원 목사 부인의 마음에 이 말씀이 떠올랐다. 그녀는 이 말씀이 고뇌할 만한 도덕적 용기와 확고한 헌신이 필요하다는 것을 실감했다. 이 말씀이 없이는 가엾은 소작농들은 그 믿음의 이유에 대해 공개적으로 표현하는 신앙 정서를 용감하게 할 수 없기 때문이었다. 잠시 후에, 그들은 그 마을에 왔던 최초의 기독교인이 한 어린 신부였다는 것을 알게 되었다.

기독교인 신부가 겪는 고난

지금은 신부의 지위가 쉽게 치부될 환경 아래 놓여 있는 것은 아니다. 그러나 남편, 시댁, 시어머니에게 완전히 낯선 이방인인 어린 색시는 일하느라 시냇가에 있었고 시집 와서 온갖 일을 전반적으로 다 하는 하녀다. 그녀는 어른에게 대꾸 없이 순종해야 하고, 묻는 말에는 즉시 온순한 동의를 할 때를 빼고는 함부로 말이 튀어나오거나 말하면 안 되는 것으로 간주되었다. 그녀의 의무 중 하나는 조상 경배를 하기 위해 제물을 준비하는 것과 숭배에 참여하는 것이다.

온순하고 겁에 질린 어린 소녀가 그녀를 둘러싼 힘 있고 거만한 자에게 낯선 종교를 설파한다는 것이 어땠을까? 주일에는 다림질하기, 설거지하기, 바느질하기 등의 노동을 그녀가 어떻게 피할 수 있었을까? 어떻게 그녀가 우상을 숭배하기 위한 제사 준비를 벗어나 이런 금지된 예배에 참석할 수 있었을까?

그러나 불신자들로 가득한 온 마을에서 기독교인 친구와 지지자들, 교회와 선생들과 멀리 떨어진 곳에서 이 작은 색시는 혼자서 모든 고통을 감당할 수 있었다. 경악을 하고 격분한 그녀의 집안은 거세게 반대하며 그녀를 꾸짖고 매질을 했다. 그녀는 욕설과 비난과 조롱으로 둘러싸였다. 그리고 마침내 색시에게 닥칠 수 있는 가장 큰 수치가 가해지며 위협을 받았는데, 파혼당하고 시댁에서 쫓겨나 그녀의 부모에게 되돌아가는 것으로, 경멸과 버림을 받고 남편의 집에는 살 수 없게 되었다. 몇 달 동안 그녀는 혼자 버림받아 지내고 있던 가운데, 우리는 훌륭한 고백을 목도하고 있었으나 어린 색시가 처한 비참함은 상상하거나 묘사하기 힘든 것이며, 우리 중에 누구도 실감하기 어려운 것이었다.

'순교자들, 그 고귀한 군대'는 조선에 엄청난 분열을 가져왔고, 조그맣고 위축된 많은 작은 소녀들은 그들에 관한 책에 기록되어 있음이 발견될 것이다.

내가 아는 사람은 정말로 내쫓겨 지금도 수치와 슬픔의 깨어진 심장으로 엄청난 고통 가운데 처해 있다. 견고하게 서서 믿음을 포기하기를 거절했기 때문이다. 결국 남편은 아내를 쫓아내지 않고 오히려 그녀의 삶과 모본의 영향력 아래 항복했고 두 사람은 함께 믿음이 견고해졌다. 나중에는 시댁의 시아버지, 시어머니는 차례대로 조금씩 가족 전체가 낡은 우상과 미신을 버리고 집안의 가장 어린 며느리에게 전도되어, 오직 한 분이신 진리의 하나님을 예배하게 되었다.

조금씩 그 가정은 다음 세대도 믿음 안으로 들어왔으며, 이들은 원 목사 가족이 격려하고, 가르치고 눈에 보이는 교회 안에서 생활하게 된 사람들이다. 다음은 사람들이 세례를 받으러 왔을 때 대개 질문을 받는 방식과 중요한 대답을 하는 방식이다.

질문 당신은 예수님을 사랑하십니까?

대답 그분은 나에게 아름다우신 분입니다.

질문 당신은 당신의 집안에서 숭배하는 어떤 것이 있습니까? (물론 조상 숭배를 위한 여러 가지 명판, 우상, 주물을 뜻한다)

대답 그렇습니다, 바로 그 주인이신 예수님입니다.

질문 (한 작은 소년에게) 당신은 당신의 모든 죄를 모두 용서받았음을 확신합니까?

대답 (머뭇거리며) 네-네. 죄악은 아주 조금만 남아 있습니다.

질문 지금 예수님은 어디에 계십니까?

대답 그분의 나라에 계십니다.

질문 당신의 모든 죄악이 사라지고 무엇이 왔습니까?

대답 그것에 대해서는 예수님께서 돌봐 주실 것입니다.

그러나 보통 그들은 원 목사 부인이 입맞춤을 해주기엔 적합하지 않게 느껴지거나 마치 예복이 여러 겹에 둘러싸인 것처럼 자신들이 영광스러운 존재가 되었다는 것에 대해서는 아주 조금의 희미한 생각도 없이, 믿음과 단순한 영웅주의로 가득 차 있는 것처럼 보였다.

어느 도박꾼의 회심

　초기에 방문했던 마을 한 곳에서 그 마을의 우두머리가 이전에 도박에 미친 사람이었다는 이야기를 들었다. 어느 날 저녁 모두가 그들의 경험(그들은 서로 사랑하고 있었으며 하나님께서 그들을 위해 무엇을 하셨는지를 말하고 있었다)을 이야기하고 있었을 때, 나이 든 유 씨는 이제 그의 가족과 함께 신앙을 갖게 된 사람이었으며 심지어 결혼한 손자들도 믿고 있었고 여러 해 동안 확고한 믿음의 사람으로 지내 왔던 이야기를 해 주었다.

　마을 우두머리는 외국인이 소개하는 새로운 종교에 관한 정보를 들었다. 그는 처음에 기독교가 단지 조선에서 가장 낮고 가치 없는 자들에게만 받아들여지는 것으로 여기고 관심을 기울이지 않았다. 그런데 멀리 떨어진 곳에서 집으로 돌아오는 어느 저녁, 보통 때처럼 술에 취해 있었는데 신분이 높고 존경받는, 부유한 친구를 발견했다. 그 친구는 다른 마을의 우두머리였는데 등에는 기독교 서적의 짐을 지게에 지고서 온종일 집집마다 다니면서 마을을 돌았는데, 그의 품위 있는 아내도 모든 이웃에게 이 책을 사서 보라고 설득하고 있었다. 이것이야말로 놀랍고 믿기 어려운 사실이었다. 왜냐하면 첫째로 높고 뛰어난 사람이 지게를 운반하기 위해 자기를 낮춰야 했다는 것, 둘째는 그가 기독교 서적을 파는 행상을 해야 했다는 것, 셋째는 아내가 가정의 사생활을 뒤로하고 남편과 동행한 점이다.

　그 자리에서 유 씨는 큰 충격을 받고 멍해져 세상에 이런 일이 있는가 욕을 했다. 이것이 무엇을 뜻하는가? 그동안 그가 가진 모든 낡은 생각의 견고한 기반과 편견이 뿌리째 흔들리고 있는 것처럼 느껴지기 시작했다. 이 기독교라는 종교가 만약 사람을 명예롭게 해주는 것이라면 낮고 천한 사람만 믿어야 한는다 그의 생각과는 상당히 거리가 먼, 다른 중요한 문제였다.

고 씨는 자존심을 포기하고 기독교 책을 팔러 나갔으며 더욱이 이 기독교는 보수적인 생각을 포기한 고 씨 부인을 세워 일하게끔 인도할 수 있었다. 대체로 여성들은 언제나 낡은 관습과 편견을 포기하는 데 가장 느리고 최후까지 지키고 있는 사람들이기 때문이다.

유 씨와 그의 책

유 씨를 거스르고 짜증나게 하는 고 씨의 행동에는 특이한 점이 있었다. 고 씨는 유 씨의 집안을 위해서는 한 권의 책도 남겨 두지 않았다. 이게 어찌 된 일인가? 그렇게도 비천한 데 빠져 있는 유 씨는 이런 경멸받는 종교를 가르침 받기에도 적합하지 않은 희망 없는 도박꾼이며 술고래가 아닌가? 그들은 유 씨를 여러 책 중에서 하나도 주기 아까운 가치 없는 사람으로 여겼던 것인가?

그는 반쯤 술에 취해 분노하면서 고 씨 집안에 격분했다. 그래서 자신이 무시 받지 않겠다고 맹세했다. 그는 책 하나를 꼭 가져야만 하겠다며 저녁을 먹자마자 당장 가서 받아내겠다고 맹세를 했다. 그래서 곧장 고 씨를 찾아가서 그를 보자마자 책을 받을 권리가 있다면서 오래된 친구가 자신을 무시한 것을 비난했다.

그러자 고 씨는 유 씨를 빠뜨린 것을 즉시 흔쾌히 사과했고 유 씨는 '그 신념을 연구하는' 데로 나아가게 됐다. 유 씨가 처음 산 책은 단순히 초신자의 『교리 문답서』였는데, 그는 이 책을 재빨리 훑어보았고 다른 사람들도 따라서 보았다. 그는 금방 완전히 지적으로 투철하게 확신하게 되었고, 마음에 아무런 변화를 경험하지 않았는데도 큰 소리로 자신이 기독교인이라고 선언하면서 여전히 술을 마시고 가끔은 과도하게 계속 마시고 있었다. 이때쯤 모든 계층 가운데서 가장 경멸받는 백정 중의 한 사람은 오래전에 한 사람의 기독교인이 된 그는 유 씨의 공개적인 표명을 듣고서 그에게 형제애를 주장하며 요청했다. "이는 위대한 것입니다" 하고 아무개가 말했다.

"이제 우리는 서로 만나서 예배할 것입니다. 때로는 당신의 집에서 때로는 우리 집에서 말입니다."

"그건 절대로 조금도 안 되는 일이야"라고 그의 냉랭한 형제가 말했다. 유 씨는 심지어 서로가 기독교인이라도 천한 백정과 함께 교제하고 싶은 마음은 조금도 없었다.

"전혀 안 돼. 당신의 집에서 해. 당신은 당신 집에서 예배하고 나는 내 집에서 할 것이야. 우리는 백정과는 어떤 교제도 할 수가 없어."

그러나 유 씨를 이리저리 쳐다보던 백정은 이렇게 언급했다.

"그건 나에게도 역시 기쁜 일입니다. 나는 당신이 조상 숭배의 주물을 없애지 않았고 이교도의 풍습도 버리지 않은 것을 알고 있으니까요. 그래서 우리는 형제가 될 수 없습니다."

그렇게 그는 유 씨를 남겨두고 가버렸다. 백정에게 멸시를 받다니! 경멸하던 자에게 오히려 경멸을 받다니! 일은 분명히 이상한 방향으로 전개되고 있었다. 그는 술 취한 듯한 마음으로 불현듯 자신이 큰소리치고 공허한 공언을 하는 것 외에는 아무것도 진정한 기독교인이 된 것이 아니라는 생각이 들었다. 이 천한 사람이 그를 경멸하는 것은 이상할 게 없다. 그는 우상을 버리지 않았는데 이는 『교리 문답서』의 으뜸 되는 것이었으며 믿음 안에서 초신자들은 항상 그렇게 하기 때문이다.

유 씨는 불완전하여 절대로 아무것도 하지 않았다. 그는 도박을 했고 술을 마셨으며 그가 가진 권력과 싸웠으며 이제는 독한 술의 타격이 더해져 맥박은 엄청나게 빨리 뛰고 있었다. 그는 가족의 영혼들이 살고 있는 것으로 추정되는 저속한 물건들을 한 무더기 끌어내 내던져 버렸을 뿐 아니라 태워버렸다. 이를 보고 경악한 아내와 그를 미친 사람 취급하는 가족에도 불구하고, 심지어 자신이 종손이었지만 전체 문중의 족보와 기록을 담은 모든 조상의 명판을 가차 없이 없애버리는 데 앞장섰다. 바로 실망과 격분이 널리 퍼져 나갔다. 이 소식이 널리 퍼져 격노한 문중의 사람들이 쫓아와서 조상의 신성을 더럽힌 유 씨의 귀에다 그의 집을 부수고 불태우겠다고 위협했다. 하지만 그는 모든 것을 깨끗하게 청산하고 해결했다. 항복하지 않은 것은 아무것도 남아 있지 않아야 했다. 그래서 그는 자기뿐 아니라 가족 전체가 싫든 좋든 기독교 신자가 되어야겠다고 결정을 내렸다.

그러나 그의 아내는 단단히 마음을 먹고 있었다. 폭력적인 남편이 힘으로 밀어붙여 해결하려는 것처럼 보이는 기독교의 천국을 강제로 강요당하지 않겠다고 생각했다. 그녀는 숭배하고 공경하던 오랜 주물들을 파괴하는 행위와 이런 식의 기물 파손에 끔찍하게 질려 버렸고 충격을 받았다.

그녀는 자신이 아무것도 아는 바 없는 새로운 사상들 때문에 집안이 이렇게 갑자기 변하는 것이 소름 돋고 움찔했으며, 남편은 수년 동안 아내의 인내심을 몹시 시험해 왔다지만, 절대로 지금만큼 심하지는 않았기에 남편이 술에 취하고 미쳐서 이상해진 것으로 여겼다. 조선의 여성은 긴 세월을 고생하며 많은 것을 견디고 인내하고 참지만, 그들 역시 고집이 세고 완강하며 아주 보수적이라 그들이 무엇을 하는 데 있어 강제로 당할 수는 없는 중요한 부분들이 있다.

억지로 기도하는 사람들

남편은 "믿어라!" 하며 호통을 쳤으나 아내는 아주 적극적으로 분명하게, 일축하여 "그렇게는 하지 못한다"라고 말했다.

아내는 예전에 남편에게 절대로 반항한 적이 없었는데, 이번에는 믿기 어려울 뿐 아니라 참기도 어려운 것이었다. "기도해!" 목청이 터져라 그가 소리를 질렀지만 아내는 절대로 꼼짝도 하지 않았다. 그러나 유 씨는 자기가 생각하는 기독교 신앙에 있어 중요한 무언가가 반드시 되어야 하고 그것도 지금 당장이어야 했다. 그래서 그는 힘센 손아귀로 아내의 뒷목을 꽉 움켜쥐고 강압적으로 기독교에 헌신적인 태도를 보이라고 강요했으며 이제까지 반복해 말한 것보다 더 소리를 질러 "기도해!"라고 목청이 터지게 고함을 질렀다.

그러나 고집 세고 완강한 아내는 한 마디도 기도하지 않겠다고 천명했으며, 결국 유 씨는 어쩔 수 없이 아내를 위해 의무적으로 자신이 기도

해야겠다고 느꼈다. 짧은 몇 마디가 그가 언어로 표현할 수 있는 기도였다. 기도는 두려운 것이었다. 진정한 기도를 하게 하시는 성령이 그 안에 없었고, 아니면 아직까지 성령의 방식에 대해 알지 못하고서 무지막지하게 예배를 하고 있는 그 하나님에 대한 앎에서 나오는 순전한 빛 한 줄기도 없었다. 물론 조금 더 깨어 있어야 하고 교육을 받아야 한다고 추정되는 우리 중 몇 사람들과 같았지만.

"오, 주님! 성령님을 보내 주셔서 이 사악한 아내가 개심하게 하소서, 아멘." 이런 기도가 끝날 때까지 항상 아내를 꼼짝 못하게 단단히 꽉 움켜 붙잡았다. 그런 모습들이 이상한 남편 신앙의 시작이었다. 그러나 점차로 그의 영혼에 빛이 비추어 내렸고, 그의 눈은 크게 뜨여 밝아졌으며, 그는 이 일이 큰소리로 고함을 지를 것이 아니라는 것을 배웠다. 확고한 계명을 지키면서, 진리를 순전한 앎으로 받아들이면서, 진정한 그리스도인이 되어가는 본질을 행하기 시작했다. 겉으로 표현되는 것보다 중요한 것은 성령이 없는 가운데, 그는 사랑이 번제와 희생 제사보다 더 중요하다는 것을 알기 시작했다.

> 우리 친구들, 우리형제들, 그리고 우리 주님
> 예배는 무엇이 되어야 합니까?
> 명목도, 형식도, 의례적인 말도 아닙니다.
> 다만 당신을 따르는 것입니다.
> 우리는 끔찍한 전쟁과 파괴를 아무것도 드리지 않습니다.
> 우리는 새기고 조각한 돌을 쌓지 않습니다.
> 우리는 최고의 사랑이신 당신을 무엇보다 예배하고 섬깁니다.

또한, 그분의 형제들과 당신 소유의 백성들을 섬깁니다.

사랑과 감사, 그것은 당신과 화합하는 사랑스러운 기도의 성소.

당신 소유의 거룩한 예배들.

선하게 행하는 그 기쁨.

그리하여 아기 예수의 영이 유 씨의 가슴에 들어왔을 때 상당히 변화된 사람이 되었으며, 온화하게 마을 이웃을 거듭 살폈고, 그의 겸손한 이웃인 백정의 집을 방문했다. 그들이 무엇을 말했는지 모르겠지만 그들은 함께 행복한 시간을 보냈고, 주일마다 예배를 번갈아서 그들의 집에서 함께 열기로 정하였다. 물론 그 사람의 마음에 있는 이런 믿음의 기독교와 함께, 그의 아내와 온 가족은 이제는 진정하게 회심하게 되었다. 유 씨 가족과 마을 인근은 끔찍한 공포를 경험하는 것부터 출발했으나 그는 이제 기독교 지도자가 되었고 몇 해 동안 어느 곳에 가든지 사람들을 존중하고 공경했다.

여행 중의 여러 숙소

방문했던 작은 마을들은 대부분 가장 가난하고 낮고 겸손한 자들이 살고 있는 초가지붕으로 덮인 작은 오두막집만 있었다. 그리고 선교사들이 연중 내내 머물고 있는 곳은 보통의 숙소와는 전혀 다른 비좁고 더러운 곳이었다.

그런 마을에 도착했던 어느 날 저녁, 그들은 보통 조그만 숙소들보다 더 심한 교회 소속의 방 하나를 숙소라며 우리에게 보여주었다. 원 목사 부인은 몹시 놀라고 충격을 받으며 둘러보았다. 심지어 여행용 침대 두 개를 놓을 수 있는 자리도 없었다. 이 방은 보통 크기의 음식물 창고보다도 비좁았다. 때마침 옆으로 붙은 방으로 이어지는 문이 일부 열려 있었다. 그녀는 작은 틈으로 살짝 들여다보았다. 이 방은 더 크고 햇살이 들고 깨끗해 보였다. 일행은 왜 그곳으로 들어갈 수 없는지 그녀는 지체 없이 남편에게 물어보았다. 원 목사는 슬쩍 얼버무리며 대답했고 그 문제를 이미 다 지나간 고민처럼 여겼다. 그러나 원 목사 부인은 언제나 모든 것의 이유를 알고 싶은 호기심 많은 사람으로, 다른 훌륭한 아내들처럼 남편의 말을 믿어야 했지만 도무지 이해가 되지 않았다. 그녀는 왜 그런지 알 수 없었다.

대답을 듣지 못한 그녀의 이유들
행하고 죽는 것 말고는 없는 그녀의 이유들.

여러분은 캡틴이 아내에 대해 무심했고 어느 정도 비난을 받아 마땅하다고 생각되지 않는가? 그의 아내는 다시 그를 공격해서 이 문제를 지연시켰다. 그러나 이 문제는 해결되지 않는 것이었다. 정말이지 왜 그들은 작은 부뚜막에서 숨막히게 있어야만 하는가? 더 압박하자, 캡틴이 진실을 말해주는 것 말고는 다른 도리가 없었다. 그 모든 진실을, 진실이 아닌 것은 아무것도 없도록 알려주었다. 그 비밀의 방에는 4개월 전에 발진 티푸스 열병으로 죽은 어느 여인의 시체와 유품이 담긴 관이 하나 놓여 있다는 것.

이 대답에 가엾은 원 목사 부인은 경악하고 겁에 질렸다. 그녀는 무섭고 은밀한 방을 열어젖혔고 이것을 그녀가 알게 된 것이었다. "그러면 우리는 그 옆방에서 자고 있었단 말인가요?" 그녀가 공포에 질려 내뱉은 첫 마디였다. 그 마을에는 작년 여름에 티푸스 전염병이 돌아 여러 사람이 죽었다. 이 작은 기독교인 마을에 거주하는 거의 모든 집이 감염되었다. 물론 지금까지 아무도 소독이나 살균 따위를 꿈도 꾸지 못했고 어떻게 대처해야 하는지 아는 사람도 없었다. 가능한 모든 방법을 써서 제대로 대처하지 않은 것이 틀림없었고 이 나라의 모든 위생에 관한 법률은 격분이 들게 하였다.

고인을 모셔 놓기

조선에서는 이따금 죽은 자를 장례를 치르기 전에 몇 달이 지나도록 집안에 모셔 놓는다. 특별히 부유하고 위대한 가문에서 그러했고 이렇게 된 연유는 상서로운 시간과 공간에 대해 점쟁이에게 상의를 하기 위한 관습이 있었다. 점쟁이들은 그들의 신이 내린 마음을 자주 바꾸고 시간이 계속 지나도록 미룬다. 더 많은 돈을 받기 위한 기대 때문은 아니며 이런 이유와는 거리가 멀다. 그런 것은 그들에게 물론 그저 부수적인 일이다. 그들이 섬기는 영혼의 지시는 반복해서 자주 번복된다. 그러나 이는 교황의 경우와 같아 보이지는 않는다. 절대로 틀림없다.

이는 다음의 사례와 같다. 황제는 최근에 작고한 황후의 위엄을 지킬 무덤 부지를 지정해 그 날을 준비하고, 그 영들의 권력에 의해 선택된 곳에 한참 동안 그녀가 쉴 수 있도록 눕혀져 2~3년이 지나 영면을 하고 나면 황후의 무덤 부지를 다시 바꿔야 한다는 이야기를 또다시 듣는다. 그러면 가엾은 황후의 다른 묘지를 다시 물색해 나가야 한다.

그러나 가엾은 농촌 마을 기독교인들과 그들이 겪은 발진 티푸스 열병으로 죽은 시체 경우엔 매장이 연기되는 데 완전히 다른 이유가 있었다. 날씨는 덥고 매우 습하고, 장마 계절이 계속되었으며 고인의 관과 장식함은 흠뻑 젖은 빗속에서 먼 곳까지 여행을 하는 것이 틀림없다. 그리고 시체와 유품들은 방부 처리한 뒤에 나무로 된 관과 장식함을 밀봉하고서, 매장하기에 적절한 시기를 기다리기 위해 그 작은 교회에 송장이 든 관을 넣어 두었던 것이다.

비가 그치면 곡식들은 반드시 거둬들여야 했다. 그 지방은 이미 2년에 걸쳐 극심한 기근을 겪었기 때문에 위험을 최소화하기 위해 곡식을 전부 비축해야 했기 때문이다. 곡식을 모두 거둬들일 때 죽은 자들이 생전에 농사짓던 곡식도 추수해 한 켠에 모아두어야 했다(그래서 시신의 매장은 계속 지연되었다).

곡식에 대한 이야기는 나에게 이 장소에서 발생했던 또 다른 사건을 생각나게 한다. 원 목사가 어디든 작은 이웃들과 함께 머무는 것은 아쉽게도 짧은 시간이어서 세례를 받기 위해 차례를 기다리는 많은 사람이 있을 때도 그는 서울로 성서 번역을 위해 미리 정해진 날짜에 맞춰 돌아가야 하기에 그 마을에 머물 수 있는 시간은 오직 하룻밤 정도였다.

그가 오기 전에 세례를 받기 위한 지원자들이 기다리고 있었지만, 캡틴은 미리 오직 하룻밤만 그들과 함께 있을 수 있다는 전갈을 보내 두었다. 그래서 캡틴이 도착한 오후에는 모두가 불려 와 각자 한 사람씩 세례를 받기 위해 조사를 받았다.

저녁을 먹자마자 바로 세례의 근엄한 의식과 주님이 주신 저녁 식사의 성찬식에 참여했다. 아무리 자주 가더라도 1년에 한두 번이, 가련한 양 떼에게 줄 수 있는 축복의 특권이었다. 그들은 귀중한 그때의 행사를 진정으로 몹시 신성하고 가치 있게 여겼다.

한 영웅적 여성

세례식이 종료되기 바로 전에, 자매 신자들에게 모두 환영을 받는 어느 나이 든 여자가 들어왔다. 그날 밤 원 목사 가족이 그녀에 관해 특별히 알아야 할 것이 없었음에도 불구하고, 다음 날 이른 아침에 원 목사는 집으로 막 출발하려는 그녀를 만났다. 원 목사는 그녀가 전날 밤에 농사일을 마치고 밤이 되기 전에 세례를 받으러 16킬로미터나 되는 먼 길을 오게 되어 아주 늦게 도착했다는 것을 알았다. "그렇지만 자매님은 왜 일찍 오시지 않았습니까?"라고 원 목사가 물었다. 그녀는 멀리 떨어진 곳에 있는 부유층 소유의 논을 경작하고 있었다. 그들은 소작농들의 곡식을 받아왔고 그녀는 일을 마치기 위해 아주 어두워질 때까지 들에서 떠날 수가 없었다. 그리고 그녀는 가능한 한 일찍 일을 시작하기 위해 서둘러 돌아가야만 한다. 그녀는 3년 넘게 기독교인으로 살아왔다. 그러나 다른 기독교인과 선교사가 잠깐 도착해 머무는 곳에서 너무 멀리 떨어진 곳에 살아서, 세례받는 시간이나 축복의 식사를 불신자들과 함께 참여하기 위해 선교사와 목사의 시간에 맞춰 도착하기가 절대로 쉬운 일이 아니었다.

'마음 쓰지 마세요. 사랑하는 자매님, 당신이 속한 처음 거듭남의 보편적인 교회가 있답니다. 당신은 어린 양의 혼인 잔치에 참석할 것이고, 당신의 이름은 천사들이 지키는 그 책에 기록되었습니다. 그리고 그분은 당신에게 새 이름과 함께 흰 돌을 주실 것입니다. 그리고 한 분이신 아버지와 아들이 오셔서 당신은 그분과 함께 먹을 것이며, 당신이 지금 떠나야 한다고 느끼고 실망했을지라도 그곳에는 아무런 실수도, 이별도 없을 것입니다.'

원 목사는 그녀에게 세례를 주려고 했지만, 그녀는 늦어서 서둘러 가야만 했다. 그리고 그 사랑스러운 영혼은 보이지 않는 교회에 인내심 있는 일원임에도, 여전히 보이는 교회 바깥에서 기다리고 있다.

조선의 여성들은 새로운 이름을 너무나 소중하게 여긴다. 그들은 절대로 남자들처럼 공식적으로 이름이 불리지 않는다. 그리고 전에 말했듯이 그저 누군가의 어머니나 누군가의 아내로만 불린다. 그러나 세례를 행할 때는 그들의 이름을 기재하고 등록하는 것이 필수인데, 실수를 방지하기 위해 각 사람의 이름을 부르게 된다. 그래서 그들은 남편의 이름과 부합하는 한자 이름과 함께 자비, 믿음, 사랑, 인내 등으로 거명된다. 이제까지 그들이 가져 본 적 없는 최초의 기독교인으로서의 이름을 그들이 얼마나 어떻게 소중히 여기는가를 보는 일은 즐겁고도 조금은 애처롭다.

해리는 작은 친구였지만 전부터 기독교인들에게 엄청난 관심을 두고 있었다. 관심의 대상이었던 그는 나이 든 남자로서 마을 지도자들과 도와주는 사람들 가운데 가장 유용한 한 사람이었는데 이 나라 곳곳에 설교를 하면서 뚜벅뚜벅 먼 길을 걸어 다녔다.

"엄마는 우리가 천국에 갔을 때 미스터 서를 모를 거야."

해리가 말했다.

"엄마는 신사적이고 나이 든 한 명의 외국인이 들어오는 것을 볼 텐데, 그분이 그 사람인지 절대로 상상할 수 없을걸."

물론 아이의 마음에서 의미하는 것은 '조선인' 그리고 미국인이다. 그래서 원 목사 부인은 자신이 천국에 있는 모두가 미국인이나 유럽인일 거라고 너무 무의식적으로 가정하고 있지는 않은가 의심이 들기 시작했다. 그리고 사랑하는 사람들, 존경하는 무리들, 의심할 바 없는 장로교인들, 빛나는 눈으로 그들이 천국에 도착했을 때 천국 백성 가운데 최고인 조선인을 늘 생각하게 되었다. 지금 그녀는 어느 고상한 시의 메아리가 들리는 것 같았다.

> 우리의 작은 몸은 수명이 다하고,
> 그들은 때를 다해 생명이 그친다.
> 그러나 그들은 깨어진 당신의 빛들이며
> 그래서 당신, 오, 주님은 그들보다 더 훌륭한 예술작품입니다.

그리고 또다시 더 고상하고 사랑스러운, 영감 가득한 말이 들려오는 것 같았다. "우리는 그분처럼 될 것이며, 그가 나타나실 때 우리를 위해 그분 자신을 보여주실 것이다." 그녀는 성령이 충만해졌다.

마을 주민들이 장기를 둔다

\

　여기서 이야기한 일들은 원 목사 가족이 대개 그들이 전국 선교 여행에서 늘 만나는 여러 경험을 묘사하였다. 해리는 학교 교재와 카메라, 화구 상자와 게임 두세 개를 가지고 다녔다. 마을 주민들은 꽤 광범위한 계층에서 장기를 즐기고 있었다. 그들 스스로 장기판과 말을 만들어 며칠 동안 장기를 둔다. 해리는 열 수를 먼저 보고 상대방을 능숙하게 잘 이겼다. 그는 전혀 뛰어난 장기 선수가 아니었는데도 불구하고 그들은 놀라울 정도로 장기 놀이에 예리해진다. 한 편에 스무 칸의 자리를 차지한 말이 틀림없이 정확하게 눈 깜짝할 사이에 상대편의 아주 중요한 말의 위치를 차지할 것이다. 해리는 또 조선인들에게 몇 가지 야외 게임을 가르쳐주었다. 비록 고맙다는 말을 듣지 못했지만 신이 나서 폴짝폴짝 뛰는 개구리가 되었다. 해리는 활과 화살을 상당히 정확하게 겨냥하는 것을 배웠고, 아버지처럼 가족 식료품 창고에 사냥한 고기를 저장하기 위해 엽총을 어깨에 메고 다닐 날을 학수고대했다. 그들은 필요량 이상으로 더 많은 동물을 죽이지 않겠다고 생각했으며 사냥은 이런 경우를 제외하고는 분명히 좋은 것이 아님을 확신했다.

　우리는 이 여행과 관련해 그들이 두루 다니는 모든 것을 따라가 볼 수는 없다. 이에 대해 말하는 것은 이것으로 충분하리라 여겼으면 한다. 원 목사 가족은 6주가량 동안 여행을 마치고 그리운 집으로 돌아오는 길을 나섰고, 다소 추레해져서 얼마간은 집에서 먹는 음식을 먹지 못해 배를 곯았고 잘 정돈된 집으로 오는 길을 그리워했다. 조금은 지쳤지만 상쾌하고, 햇볕에 그을려 불그레하게 혈색이 좋아지고 몇 주간에 걸친 방랑 생활에서 강인함의 정신을 꽉 채워 모았다. 새로운 열정과 영감과 긍정적인 자극도 가득 채웠다. 그리고 마을 기독교인들의 믿음이 자라남에 따라 그 순수한 사람들과 밀접하게 접촉하면서 열정이 불타올랐다. 이곳저곳 여행할 때 하나님과 오랜 시간을 독대하면서 그들은 하나님께서 즐거운 장소에서 마을 주민에게 생명줄을 던져 주셨던 것을 감사하게 여겼다.

8

강가에서

7월이 되어 해리가 부모와 함께 강가로 갔더니 그곳엔 여름을 위한 작은 집이 그들을 위해 기다리고 있었다. 그 집은 그들이 전에 숱하게 즐겨 찾았던 조그만 마을 오두막집 위쪽 언덕 위에 서 있었다. 오두막은 차가운 가을밤에 안성맞춤이지만 환기가 안 되어 다소 답답하고 더웠으며 햇볕이 내리쬐고 비가 오는 긴 몇 주 동안에는 비위생적이어서 건강에 해로웠다.

원 목사 가족에게 피난처가 되었던 그 강가에 있는 곳, 많은 여름을 보낸 그곳, 그들만을 위한 것이 아니라 열기와 독성 있는 수증기와 매해 아주 고생하게 한 2~3년간의 서울의 질병에서 피해 피난을 온 다른 사람들도 함께했던 그곳을 여러분에게 보여주고 싶다. 그 집은 강물 위에서 15~18미터 가량 되는 세 개의 테라스가 있었으며 여기에는 그들이 사다 놓은 장미가 자태를 뽐내면서 사랑스러운 초승달 모양의 곡선으로 바닥을 둥글게 에워싸고 있었다.

비탈에는 품위 있는 소나무, 오크나무, 밤나무들이 숲을 이루면서 가장 높은 꼭대기에 자연의 왕관을 쓰고 있었다. 나무뿌리가 물에 잇닿아 있는 곳에는 아름다운 흰 모래와 아이들이 놀기 좋아하는 커다란 바위들이 있었으며, 언덕위의 집은 오후 4시부터 그늘 속에 들었고 시원한 저녁 산들바람이 매일 아침 첫인사를 속삭이고 입맞춤을 했다. 이 작은 집은 첫 여름에는 제 역할을 많이 하지 못했으나, 여러분이 지금 그곳을 볼 수 있다면……. 원 목사와 아내는 딱딱하게 굳은 땅과 정원을 인위적으로 많이 돌보지 않았으나 그들은 꽃을 사랑했고 여기에는 뭐든지 할 수 있는 많은 방이 있었다. 조금씩 그 집은 완성되어 갔으며, 여기에는 방이 하나 더 지어지고, 저기에는 현관이 생기고, 지금은 이 집이 앞뒤로 넓은 베란다가 있고 위로 올라가는 계단도 생겼다.

저녁에 산들바람은 북서쪽에서 아주 시원하게 불어왔으며, 오래된 사랑스러운 소나무가 있었다. 소나무는 집의 북쪽 구석에 바짝 붙어 있었는데 이 부근 북쪽 구석 가운데 있는 방을 일부 없애야 했다. 길이를 3~4미터 넓히자 바로 그 소나무 주위로 원형 마당이 만들어졌다. 그리하여 집은 식구들에게 친밀한 장소를 만들어 주면서 주변에는 소나무가 사랑스러운 가지 하나를 뻗쳤다. 소나무의 둘레 주위로 아이들이 놀고 있는 한편 엄마는 분주하고도 행복하게 가사를 돌보며 활기찬 콧노래를 흥얼거렸다. 이 나무는 모든 것에 충분히 잇닿아 있어, 마치 높은 사제와 같은 보호자처럼 천국을 향해 팔을 뻗으며, 돌봄을 받는 피조물들을 위해 영원히 간청하는 하늘과도 같았다. 끊임없는 기도를 속삭이면 공기에 깃든 우리의 영혼이 잠잠히 숨을 쉬는 듯한, 달콤한 작은 음성을 위에서 내려 주었다.

사람들은 그 나무를 없애라고 원 목사 가족에게 조언을 해주었다. "이 나무는 당신의 집을 파괴할 겁니다"라고 말했다.

"이 나무는 더 넓게 자라서 당신들이 있을 자리를 남기지 않고 몰아낼 겁니다." 그러나 진정으로 나무를 사랑하는 원 목사 가족은 말했다.

"아니오, 집은 또 한 채 지을지도 모르지만, 이런 나무는 또 없습니다. 그리고 이 사랑스럽고 오래된 친구가 매년 허리둘레가 더 크게 자라나 더 많은 방을 덮친다면, 우리는 집 공간이 작은 대로 살 겁니다."

그처럼 소나무는 이 공간에서 소중한 것으로, 아무도 소나무를 피할 수 없었으며 그곳에서 나무는 온 가족의 신뢰를 받으며 계속 남아 기나긴 겨울을 견디면서 신실하게 집을 지키며 서 있었다.

언더우드가 가장 좋아하는 경관

\

소나무 외에도 뒤뜰에는 포도나무 덩굴이 하나 있었다. 이 덩굴은 기둥을 둥글게 감쌌으며 믿음직하게도 집안으로 들어와 우아한 긴 덩굴을 드리우고, 시원한 푸른 잎사귀가 천장을 꾸며 주고 있었다. 그들이 이름 붙인 '덱(deck, 집 후면에 마루처럼 앉아 쉴 수 있게 만들어 놓은 곳 옮긴이)'에서도 잘 보이는 풍경이 있었다. 그 집은 사통 팔방에서 경관이 좋았지만, 이 경관은 내가 생각하기에 모든 것 중에 가장 편안한 휴식처였다. 여기서는 뒤뜰이 내다보이고 강 유역에 있는 평지도 볼 수 있었다. 골짜기 반대편에 있는 아름다운 푸른 언덕으로도 시야가 이어졌다. 언덕 건너편에는 평화로운 작은 마을이 둥지를 틀고 있었으며, 강을 흘깃 쳐다보니 몇몇 폐선의 돛대가 보이고 고기잡이배가 닻을 내리고 있었다.

구불구불한 언덕을 올라가면 길이 하나 있었는데, 이 길은 기괴하게 생긴 늙은 소나무 두 그루 사이로 나 있었으나 이상하게도 사라져 버렸다. 여러분은 그 길에 대해 온갖 상상을 다 할 수 있다. 원 목사 부인은 이것을 샬롯의 아가씨(the Lady of Shallot, 아더 왕 이야기에 포함된 에피소드 중 하나로, 영국 빅토리아 왕조 시대 알프레드 테니슨의 시에 등장하는 여주인공. 거울을 통해서만 세상을 보며 거울에 비친 변화무쌍한 세상 모습을 베틀에 실로 짠다. 창밖을 내다보면 저주에 걸리는 운명 옮긴이)가 그녀의 거울에서 본 것과 같다고 생각했다. 때로는 조선 가마가 느리게 오고, 때로는 어떤 여자가 머리에 대야나 옷가지 한 뭉치를 이고 지나가고, 때로는 짐을 등에 진 어느 짐꾼이나 황소를 끄는 사람이, 또는 긴 행렬의 짐을 실은 조랑말들이 등에 건방지게 까부는 작은 꼬마를 태우고 지나갔다. 그러나 금방 그곳에는 요정 같은 왕자나 놀라운 어떤 것, 즉 예기치 못한 것들이 이색적인 나무들 사이로 난 길에 나타나거나 하늘로 곧장 올라가는 어느 길이 나타날 것 같았다.

여러분이 눈을 반쯤 감으면, 옛날 옛적 애인의 팔에 기대 누워 잠자는 미녀를 볼 수 있다.

  그들은 새로운 세계를 향해
  언덕을 가로질러 먼 곳으로 갔다.
  이 세계는 오래된 곳이었다.
  그 언덕을 가로질러 멀리까지

가장 높은 곳에 있는 자줏빛 귀퉁이를 넘어서
죽음의 날들 깊은 곳으로
그 행복한 공주는 그를 따라갔다.

이 달콤한 상상은 밖을 내다볼 때 쉽게 할 수 있는 것이었다. 분명히 다채로운 향연은 길이 지나가는 곳에 존재했으며 자줏빛 모퉁이를 곧바로 돌면 바로 그 죽음의 날로 깊이 빠져든다.

모든 것 중에서 최상인 것은 골든 시티(the Golden City, 인도 서부 타르 사막에 자리한 도시 자이살메르. 황량하고 척박한 사막 한 귀퉁이에 900년 전에 세워져 금색 자이살메르 성 때문에 골든 시티로 불린다. 옮긴이)로 곧장 인도하는 상상력을 불러일으키는 달콤함이다. 황금빛 도시의 문은 언제나 저녁이면 활짝 열리고 아마도 어느 날, 축복을 전하는 자가 태양의 영광과 달의 고요함, 그리고 그 손으로 사람을 붙드시는 주님의 사랑과 함께 기쁜 소식을 가져올 것이다. 또 조용히 뒤돌아 가서 그분의 팔에 기대 누워, 그 문을 지나 도시로 들어가면 주님과 함께 영원히 있을 것이다.

거룩한 고요함

\

해 질 녘은 온통 장미꽃의 영광 속에서 노란색과 황금색으로 물든 경관이 보였으며, 꽃이 지면 희미한 어둠 속에 사랑스러운 어린 초승달이 집과 나무, 사람들에게 미소를 지으며 내려와 한동안 걸려 있다. 그들은 답례로 초승달에게 미소를 짓고, 그 달에게 한 번쯤 경배를 하는 이교도 불신자들에게 큰 애처로움을 느낀다.

원 목사 가족은 저녁 식사 후에 '덱'으로 접이식 의자를 꺼내왔다. 이 모든 평화로운 아름다움과 그들을 보살펴주는 산들바람의 시원한 어루만짐, 자비라는 주님의 심부름으로 기나긴 뜨거운 하루가 지나고 찾아오는 일몰의 천사를 즐기며 의자에 편안하게 비스듬히 기대어 앉았다. 하나님의 평안과 축복을 내려 주는 거룩한 고요함이 모든 자연을 뒤덮고 있었다. 그들은 발걸음을 정원으로 옮겨 내려간다. 골짜기에는 비탈과 수풀의 그림자에 반쯤 가려진 채로 엄청나게 많은 백합화 침대가 놓여 있었다. 또 감미로운 열매를 약속하는 포도나무 덩굴, 백리향(百里香), 샐비어, 라벤더, 산사나무의 긴 산울타리, 산딸기, 까치나무 밥 열매, 그리고 채소들이 줄줄이 있었다.

낮은 비탈에는 앞 정원과 뒤뜰이 분리되어 어린나무들로 빽빽한 수풀이 있었고 몇 걸음을 더 나아가면 사랑스러운 오래된 숲이 있었다. 서쪽에서 불어오는 바람은 골짜기 위를 멋지게 휩쓸어준다. 그러나 폭우가 내리는 계절에 장마는 창조 세계의 우두머리이며, 원한다면 우리에게 그 빗소리를 들도록 해주는데, 한바탕 소란이 일어나고 자연의 위력은 절대로 실수가 없다. 이곳의 장마철은 혼란과 혼돈이 주관하는 세계였다. 원 목사 부인은 극심하게 고통받는 나뭇잎들이 밀려와 요동치는 모습이 기세 좋게 계속해서 오르락내리락 흔들리면서 뱃멀미를 일으키는 대양의 격렬함과 같다고 말했다.

강가에 지은 첫 번째 테라스의 정면에는 딸기와 과실수, 채소가 가득한 정원이 하나 더 있었다. 여기에는 빨간 열매를 맺는 긴 깃털 같은 아스파라거스와 해바라기가 만개하고 가장 사랑스러운 다홍색 접시꽃이 있었다. 여기로 떨어져 내리는 작은 봄은 존재를 빛내고 봄의 침대가 바삭바삭 말라갈 즈음이면 시원한 말냉이가 자라났다.

옆의 테라스에는 자그마한 조선식 오두막을 지었고 지금은 하인들과 정원사가 사용하고 있다. 여기서 그리 멀지 않고 어여쁘고 조용하고 아늑한 어느 처소에는 시원한 나무 그늘이 드리워져 있었다. 그곳에서 조금 위쪽으로는 어린 오크나무와 소나무로 경계가 둘러진 강가 목초지가 펼쳐져 있고 그 부근의 높은 땅에 민가들이 줄지어 있었다.

산이 보여주는 경관

＼

원 목사는 어린 자녀가 있는 두 친구에게 이 장소를 같이 쓰자고 청했으며 각기 제3의 거처가 마련되었고 이 집들은 몇 해가 지나도록 세 자매처럼 그곳에 서 있었다. 원 목사 가족의 집 정면에서, 특히 아래 마당에서는 들여다보이지 않는 2층에서 보면, 그 집은 포도나무 덩굴과 어린 나무들, 잎사귀로 둘러진 화관을 쓰고 있었다. 그들이 이 식물들을 단호하게 잘라내지 않아 황홀하고 고혹적인 경관이 생겼다.

아래로 내려가면 높은 산비탈 가운데 이탈리아 호수를 생각나게 하는 강이 펼쳐져 있는데, 구불구불한 곡선을 이루고 있었다. 때로는 온통 은빛으로 반짝거리고 때로는 어머니와 같은 지구의 가슴에 펼쳐진 사파이어 같은 청록색 보석이 빛나고 있었다. 이 강의 표면에는 우아하게도 풍경에 은은하고 화려한 색조를 붓으로 한 번 입힌 듯 선명하게 화려한 멋진 황색 돛을 단 고기잡이배가 이따금 떠다니고 있었다. 저편의 더 푸른 언덕 너머에는 길은 초록 능선이 언제나 변함없이 펼쳐져 있었다.

이 산들은 절대로 똑같은 모습을 두 번 선물하지 않는다. 아침 햇살 속에서 산 너머 숨어 있는 부드러운 그림자와 함께 연두색과 푸른색이 섞인 그림자를 드리운다. 해 질 녘 일몰이 발갛게 타들어 가면 이 산은 '보랏빛 평원 위에 잠들었고' 아니면 은색 달빛으로 목욕하여 기묘하고 비밀스러운 장엄함을 느끼게 한다. 비 오고 습기 찬 계절에 산은 어느 때보다 아름답고, 주변은 녹색 느낌의 회색으로 정교하고 아름다운 엷은 안개의 베일을 예복으로 입었다. 한편으로 먼 곳의 시야는 반쯤 보이고 반쯤 가려진 채로 낮게 허리를 굽힌 구름과 격렬하게 퍼붓는 빗줄기의 팔 안으로 녹아들어 있었다. 또 이 산은 아름답고 흔들리지 않는 믿음직함으로 신실하지만 수천 개의 변화무쌍한 분위기를 지닌 변덕스러운 겉모습의 교태 아래에 사랑을 감추고 있는 여성처럼 사랑스럽고 변화무쌍함 때문에 훨씬 아름다워 보였다.

절벽의 가파른 비탈은 야생 포도 덩굴, 야생화, 수수꽃다리 덤불 숲, 아잘리아와 어린 오크 나무와 밤나무가 한데 얽혀서 무성하게 자라고 있었다. 위풍당당한 나무들 사이로 나 있는 길은 이 산비탈 사방팔방에서 보듯 구불구불한 오르막길이며, 바로 그곳에 지은 테라스에서는 강이 내려다보인다. 긴 의자 역할을 하는 이 테라스는 어느 정다운 나무가 넓게 펼쳐 준 가지 아래 놓여 여기에 앉으면 감사한 그늘 안에서 나뭇가지들은 전체 풍경을 엮어 주고 있었다. 누군가가 여기에 앉으면 집이나 강에서 들여다보이지 않게 숨겨져 이 모든 자연 속으로 녹아드는 느낌을 받는다. 그뿐만 아니라 여기서는 황색 언덕에 투영된 일몰의 발갛게 타는 빛과 절벽 왼쪽 모래밭과 저 멀리 떨어진 보랏빛과 일렁이는 나뭇잎들을 잘 볼 수 있다. 또 점잖은 물결이 잔잔히 퍼져 가는 소리를 귀 기울여 들을 수 있고, 때때로 노 젓는 배가 찰싹거리는 소리와 윙윙거리는 벌레의 노랫소리, 새들의 쩍쩍거리는 소리, 저 멀리 아이들의 웃음소리, 나뭇잎이 바스락거리는 소리, 바람이 속삭이는 소리, 그리고 고요함 속에 깃든 그 모든 달콤한 음악을 들을 수 있다.

그 정원의 귀족으로 참으로 아름다운 유럽 꾀꼬리 두 마리가 있었는데, 매우 수줍어하고 배타적이었지만 때로는 가끔 비할 데 없는 촉촉한 물기를 머금은 노래를 터뜨리면서 오두막 사람들에게 우쭐거리며 호의적이 되었다. 그리고선 물론, 즉시 자기들끼리 버릇없는 소곤거림이 이어지고 그 아름다운 가수들을 잠깐 훔쳐보면 발끝으로 살금살금 걸어가고, 화를 내며 날개를 한 번 후드득거린다. 천국의 환상이 아니라 나무 꼭대기에 있는 어느 가벼운 가지의 흔들림이었음을 증명할 수 있는 아무것도 남겨 두지 않고서. 물론 그런 장소에 중국인 막노동꾼 한 무리를 들여놓는 것은 신성한 곳의 훼손이었다. 확실히, 이들로 인해 고통스러웠다. 얼굴은 번들번들한 기름투성이로 매우 더럽고 시끄럽고 무엄한 중국인 대략 열 명 내지 열다섯 명이 언덕, 나무, 새들과 꽃 가운데 있는 그 모든 아름다움과 거룩한 평화 속을 마음대로 헤집고 다니도록 두어야만 했다.

집 페인트칠하기

\
 더 심한 것은 원 목사 가족이 페인트칠을 스스로 명령해야만 했다는 것이다. 그 집은 페인트칠을 하지 않으면 안 되었다. 하지만 원 목사는 번역하기에 너무 바빴고, 원 목사 아내는 침상에 아파 누워 있었고, 해리는 너무 작은 아이였다. 그래서 이 일을 위해서는 중국인을 부르는 것 말고는 도리가 없었다. 원 목사는 일 때문에 도심에 출타해 있었고, 아내는 긴 등의자를 가지고 중국인들에게 보이지 않는 숲 속으로 손수 운반하여, 크고 우렁차며 신경을 거스르는 목소리, 등골이 오싹하도록 소름 끼치는 남자의 고함소리, 불협화음 노래들과 그 모든 야단법석을 좀 덜 뚜렷하게 들을 수 있었다.

오! 그들이 해놓은 그 모든 끔찍한 짓거리! 지붕은 우스꽝스러운 빨간 색이었고, 집은 칙칙하게 가라앉은 희끄무레한 녹색이었다. 그러니까 그들은 먼저 지붕으로 기어 올라가 빨간색 페인트를 아무렇게나 조금 발라 놓고, 빨간 페인트는 너무 성기고 밀도가 낮게 섞여서 벽으로 뚝뚝 떨어져, 사랑스러운 등나무, 장미 덤불, 그리고 하얀 라일락 위에 떨어졌고, 어떤 끔찍한 핏방울을 뿌리는 짓(살인 현장)의 무시무시한 결과처럼 땅에 뚝뚝 떨어져 있었다.

이것은 잔인하고 충격적이었지만 다가올 사건은 더 있었다. 중국인들은 자신들이 먹을 기름기 많은 음식을 요리했고, 식사를 마친 기름기가 번들거리는 그릇과 입에 담기도 민망한 악취와 오물을 넓은 베란다에 놔두고 가버렸다. 헝겊으로 그들은 벽을 녹색 페인트로 쓱쓱 문질렀고, 페인트는 또 마당으로 작은 물결을 이루며 흘러내렸다. 그리고 서쪽 벽면은 집주인이 지시한 색깔로 되어 있었지만, 남쪽 벽면은 짙은 청록색이었고, 동쪽은 올리브그린 황록색, 북쪽은 녹색을 띤 회색으로 뒤덮였다. 이 광경은 비참하고 괴로웠지만 이것이 끝이 아니었다. 발코니도 페인트칠을 해야 했지만, 그들은 마지막까지 발코니를 칠하지 않고 남겨 두고 있었다. 이 사람들은 문과 창문 장식들이 어울리도록 발코니도 녹색으로 칠해야 한다는 말을 들었다.

하지만 이 단순한 제안도 그들이 알아듣기에는 어려워 보였다. 아이디어를 찾기는 힘들었으며 주로 이 지시사항만 중국인에게 주어졌다. 게다가 그들은 영어를 전혀 하지 못했고, 원 목사 가족은 중국어를 전혀 하지 못했다. 그래서 중국식 상업영어(pidgeon English, 영어에 기초하나 포르투갈어와 힌두어가 섞인 언어로 중국인과 외국 상인사이의 대화 언어. 중국 상업 지구에서 쓰던 아주 예외적이고 부자연스러운 대화로 여기서는 그와 같은 복잡한 의사소통을 뜻한다. 옮긴이)와 고약하게도 도움을 요청하는 고함과 심하게 서투른 조선어를 섞어 말하며, 우리가 원하는 것이 무엇인지 파악시키고 설명하기 위해 서로 노력했다.

한 시간 후쯤, 재앙이 올 거라 여기며 소나무 아래에서 향기를 맡고 있을 때 내가 누워 있는 곳으로 해리가 급히 달려오는 모습이 보였다. 숲 속의 엷은 색조와 들려오는 소리의 조화를 평화롭게 감상하고 있는데, 그는 흥분해서 울부짖었다. "엄마, 엄마, 저 사람들이 지붕을 녹색으로 칠하고 있어!" 원 목사 부인은 여러 주 동안 한 번에 몇 걸음 걷지 않았는데, 이 말에 깜짝 놀란 그녀는 겨우 일어나 집 전경 전체가 보이는 곳으로 마지못해 팔다리를 끌고 갔다. 그리고 진한 녹색으로 칠해진 지붕 절반을 바라봤다.

선교사도 사람이었다

물론 이것은 사소한 것이었고 그녀는 웃어야 할지 몰랐고, 그게 잘하는 일이었지만, 그 상황에서 그것은 재앙의 일부였다고 생각되었다. 물론 어느 선교사가 지붕이 어느 색깔이 되어야 할지 신경 쓰는 일을 넘겨야 하거나, 아니면 집 외관이 훼손되거나 꽃들이 망가지든지 말든지 마음을 단념해야 하지만, 가엾은 원 목사 부인은 완벽한 선교사는 전혀 아니었다. 그녀는 마을 주민들과 사역을 사랑했지만 아직도 다른 소유의 아름다움을 사랑했다.

그녀는 집이 어떻게 채색되어야 할지, 어떻게 보여야 할지, 자신의 이상이 있었으며 예쁜 장식품, 장신구, 모자, 드레스 등에서, 어머니나 자매들이 미국에서 그런 것들을 보내올 때, 예리한 즐거움을 취했다. 그리고 유리잔이나 자기 그릇 하나가 깨어져도 대단히 비통했던 것 같다. 여러분은 원 목사 부인에 관한 진실을 알지도 모른다. 그녀는 너무나 인간적이었으며 자기 아닌 다른 존재처럼 꾸미는 그 어떤 외식이나 가식도 절대로 만들지 않았다. 사실 그녀는 자신의 일터가 집인 수많은 조용한 기독교인 여성에 비해 자신이 귀족적이거나 고상하거나 현명하거나 더 선한 것이 결코 아님을 알았다.

내가 알기로는 사실상 선교사의 대부분이 신실하지만 불완전한 대부분의 다른 기독교인과 다르지 않다. 내가 판단하기에는 그들 모두가 책임이 주어진 땅에 대한 깊은 사명감과 너무도 강렬해서 저항하기 힘든 굳건한 확신으로 외국 땅으로 떠나왔다. 누군가는 희생과 헌신에 대한 어떤 예리한 감각으로, 누군가는 마음을 고취시키는 사역에 대한 엄청난 기대감에서 누리는 예리한 즐거움을 가지고, 모두 대략 그 부르심에 대한 대답으로 사랑스럽게 이 자리를 메우기 위해 떠나왔다. 그러나 그들은 다른 사람들과 같은 인간의 몸과 본성을 부르심과 함께 취했고, 매우 연약하고 부서지기 쉬웠다. 사탄은 선교사들이 타고 온 증기선에 탑승권을 얻어 함께 타고 왔으며 외국 땅에서 사는 그들의 집안에 매우 많이 존재했다. 그래서 누군가 일련의 매혹적인 것과 유혹을 뒤로하고 떠나면, 인간의 영혼을 시험하기 위해 꾸며낸 것들 안에서 사탄의 생존력과 번식력은 절대로 실패하지 않았다. 선교사들은 우리 가운데 나머지 사람과 똑같이 엄청난 고군분투를 하며, 맞서 싸우고, 실족해 넘어지고, 아마도 때때로 실패하면서도 하나의 목표와 하나의 소망과 하나의 기쁨, 그 왕과 그분의 나라가 오심을 붙들고 다시 일어났다. 그들은 허약함과 약점 때문에 괴로움을 당했으나 선교사 바울과 같이, 뒤에 있는 것을 잊어버리고 앞으로 올 것을 향해 달음질하고, 목적을 향해 앞으로 나아갔다.

나는 원 목사 부인에 대해 말하다가 다시 그 지붕으로 내려와야 한다. 아마도 여러분은 페인트칠 사건의 놀랄 일을 인지했고 그것에 대하여 그녀의 배려가 필요함을 인식했을 것이다. 그렇다, 전체 지붕의 절반은 녹색, 다른 절반은 빨간색, 도색 실수를 다시 고치는 동안 중국인들이 여전히 더 오래 머물러 있어야 한다는 것을 뜻했고, 핏빛 빨간색이 포도나무와 숲에 아직도 더 많이 떨어져야 한다는 것, 더 심한 것은 주르르 뚝뚝 흘러내리는 빨간 물결이 녹색 집 마당의 구석구석에 떨어진다는 것을 뜻했다.

"아, 어쨌거나 나는 세상적인 것에 아주 많이 신경을 썼어요."

자신을 고발하고 비난하는 의식과 양심이 그녀 안에서 목소리를 냈다.

"이것은 나에게 인내와 조그만 세상적인 일을 넘어서는 마음을 가르쳐주는 한 교훈입니다."

이제 그녀가 고백할 수 있는 것은 "꼭 알맞게 얻은 하나를 잃어버렸음을 발견하고 긴 시간을 지나며 붙들어 온 유익에 이르는 것들을 눈물로 관심에서 떠나보낸다."

원 목사 부인은 항상 더 큰 만족을 얻어 왔다. 이것은 일종의 도덕적 상업주의였다(선교사 윤리를 위반하지는 않았지만 그 안에서 이익을 얻으려 했다). 테니슨(Alfred Tennyson, 빅토리아 왕조 시대 영국 시인으로 1850년 계관시인이 되었다. 옮긴이)은 그것을 경멸하며 거절했으나 나는 이제 어느 정도 그의 경멸함이 편안하고 위로가 된다.

무익하고 무가치한 것을 위해 견뎌 내는 극심한 고통과 쓸모없고 열매 없는 고뇌와 비탄은 그녀에게 작든 크든 슬픔이라는 이용 가능한 가장 멋진 것처럼 보였다. 그러나 그녀는 이제 그 오두막에 대한 실망을 체념하고 버리게 되었으며, 집 주변에서, 또 그것을 넘어서는 집안에서의 실제 삶과 생활에서 점점 더 기쁨을 발견했다. 중국인들이 가고 난 뒤 자연은 점차 그녀의 흔들림을 확고하게 붙들어주었고, 허용한다면 그녀가 항상 그랬던 것처럼 집수리는 평범한 것이 되었다. 훼손되고 죽임당했던 그곳에서 새로운 잎사귀가 싹텄고, 포도나무 덩굴은 이글거리는 페인트 위에 사랑스럽게 자라 갔다. 여름 햇살과 비가 우리의 어린애 같은 유치한 시험 거리와 눈물, 고통스러운 부조화를 누그러뜨렸고, 사랑하는 주님의 손이 모든 것을 지워 주고 부드럽게 하며 가져가셨다. 많은 일들이 첫 여름에 강가에서 일어났다.

콜레라 치료하기

무엇보다 전국에 콜레라가 발생했다. 특히 서울 안에는 선교사 부모들이 신뢰했던 보모들이 있었지만 아기를 하늘로 떠나보내야 했고, 그리고서도 이 도시 안에서 병자들과 죽어 가는 사람들을 간호하는 데 많은 날들을 보내야 했다. 그런데 그 강가에는 콜레라가 많이 돌지 않았다. 고양이가 있었기 때문이다. 고양이는 콜레라와 어떤 관련이 있는가? 고양이는 무엇이었을까?

콜레라는 알다시피 조선인들에게는 '쥣병'이다. 콜레라에 걸리면 마치 쥐가 깨물고 팔다리로 기어올라 돌아다니는 것처럼 느껴진다. 그 증상이 그러한 것은 분명하다(역병, 괴질로 불렸던 콜레라는 당시 조선인에게 쥐가 다니며 무는 것 같은 증상 때문에 쥐가 옮기는 병으로 믿었고 이 미신에 대한 예방 관습으로 고양이를 키우거나 고양이 부적을 사용했다. 옮긴이). 골짜기를 가로지르는 언덕에는 예쁜 마을이 둥지를 틀고 있었으며 고양이가 있었다. 나는 그 부적이 절대로 고양이처럼 보이지 않았으나 내 말은 이러하다. 여러 해 동안 마을 주민들에게는 여기에 이견이 없었고 누가 뭐래도 그러했다. 모두가 알다시피 쥐는 고양이 근처에 오지 않는다. 그래서 마을에서는 고양이를 키우고 있었으며 아무렴, 그렇고말고! 그 인근 마을에는 콜레라가 없었다.

조선인에게는 특정한 언덕이나 산과 관련된 수많은 이상한 미신들이 있다. 원 목사 가족이 절벽에 지은 여름 오두막이 자리 잡은 산은 가장 낮은 곳에 있는 분지였는데 이 마을은 비단벌레라고 불렸다. 알맞은 온도와 조건에서 이 벌레를 기르기 위해, 그리고 서울의 안전과 행운을 보장하기 위해 이 벌레는 사육되어야만 했다. 그래서 바로 강 건너에 있는 조선 정부는 이 벌레와 커다란 뽕나무 숲을 잘 보살피며 길렀다. 이 이야기는 믿기 어려울지 모르겠지만 사실이다.

해리, 백일해 병을 얻다

말했듯이 그해 여름에는 콜레라가 발생했고 또 다른 병으로, 백일해(百日咳, 기침이나 재채기 등의 비말 감염으로 일어나는 어린이의 호흡기 전염병 옮긴이)도 발생했다. 어린 애플톤이 백일해를 앓기 시작했고, 누구든 가리지 않고 이 병은 사방팔방으로 퍼져 나가 해리도 이 병에 걸렸다. 해리는 재밌는 것이라면 뭐든지 절대로 그냥 넘어가지 않아 해리 엄마는 곤혹스러웠다. 해리는 사물을 그냥 지나치지 않을 뿐만 아니라 그가 했던 것들은 전부 자기 힘으로 했기 때문이다. 그는 음식에 곁들인 요리에서 백일해에 걸렸고, 매우 심하게 병든 작은 소년이 되었다. 최악인 것은 시샘 많은 백일해가 병을 이겨내는데 효능이 있는 생강을 먹을 수 있도록 놔두지 않았다.

"내 생강이 끝장났어."

윌리가 비통하게 울부짖었다. 해리의 빵과 버터, 비프스테이크에도 역시 백일해가 지나갔다. 매일 밤마다 해리의 생명이 고군분투하며 작은 골격을 뒤흔드는 가운데 기나긴 발작적 해소(경련성 기침)가 동반되었다. 아이는 곧 진단 내리기 쉬운 뻔한 증상이 몸에 나타났고, 매우 나른하고 연약해졌다. 그 작은 배는 이 폭풍우와 비바람에 풍파를 겪었으나 주님은 해리를 여전히 돌보시고 바람과 파도를 잔잔하게 하셨다.

어느 강도의 침입

\

   여름 집에서는 지루할 틈 없이 오싹오싹한 전율과 흥분이 계속되었다. 어느 여름에는 어떤 미친 사람을, 또 한 번은 강도를 만나게 되었다. 사람은 언제나 자신이 머무는 곳을 특별하게 여기기 위한 중요성이나 엄청난 사건을 원한다. 그리고 사람이 회의, 협의, 단순한 모임, 정신없이 진행되는 일거리를 얻지 못한다면 왜 이토록 미친 사람과 절도범과 같은 가엾은 대체물을 바라보며 만족해야만 할까?

   우선 미친 사람에 대해 말하자면 그는 해롭지도 않은 가난한 친구처럼 보였다. 그가 끔찍하게 날카로운 소리를 지르고 악을 쓰며 밤을 흉측하게 만들지만 않았다면. 밤에는 모두 모기떼와 잘 싸우고 더없이 행복한 잠에 빠져든 뒤 집 밖에서 배회하기에 그가 가장 좋아하는 시간대로, 밤 12시와 가장 이른 새벽 사이였다. 그들은 정신이 나갔거나 몽유병자만이 낼 수 있는 소리에 깜짝 놀라 고통스럽고 공포에 질려 넓은 집 곳곳에서 잠이 깼다. 그들이 이전에 그런 소리를 들어본 적이 있는가는 문제가 아니었으며, 여자들은 이 참상과 공포가 줄어들었다고 생각할 수 없었지만 남자들은 실제로 여기에 관심도 없었다. 그러나 그 가난한 사람은 밤중에 방황하며 배회하기를 좁은 지역에 국한시키지 않았다.

   그는 음식과 돈을 요구하면서 여성과 아이들이 있는 집을 골라 다니며 마당에 갑자기 나타나는 기괴한 수법이 있었다. 그는 자신이 은혜에 빠진 한 회심자라고 주장하며 원 목사에게 자신을 위해 기도해 달라고 애걸하거나 원 목사만이 자신의 병든 머리를 치료할 수 있다고 고집을 부렸다.

조선에는 서구 기독교인들의 지원을 받고 선교사들이 설립한 곳을 제외하면 복음이 최근에서야 들어간 다른 땅처럼, 병인, 맹인, 정신병자, 노숙자, 고아를 위한 병원이나 정신병원이 없었다. 이 남자의 가난한 농부 가족은 애써 그 남자를 돌보고 지키려고 노력했지만, 그런 문제의 사람을 사방이 막힌 곳에 단단히 가둘 수 있는 방이 가난한 오두막에는 없었다. 그래서 그는 계속해서 가족에게서 도망쳐 나와 마을 전체 인근에 두려운 골칫거리를 안겨 주면서 한밤중에 배회하고, 그가 놀래키는 아이들과 훔친 물건의 주인에게 매일같이 술에 취한 채 두들겨 맞았다. 그리고 수없이 많은 난감한 일을 저지르기 위해 덥든 춥든 어떤 날씨에도 옷을 거의 걸치지 않고 벌거벗었다. 원 목사 부인은 선교에 대해 트집을 잡고 불평하는 누군가가 선교지에서 몇 년 동안 살아보면서 이 땅에 오기 전과 오고 난 후를 비교해볼 수 있고 기독교 기관이 없이 고통받고 병든 광범위한 계층의 불쌍한 상황을 볼 수 있기를 갈망했다. 그리고 나면 기부금이 들어와 회심하지 않은 이교도들에게 적용되는 것이 얼마나 감사한지 알 수 있을 것이다. 그러면 그들은 자신들의 실수를 납득하고 확신할 것이다.

어느 강도가 있었다. 그는 정말이지 역사의 일부가 되었다. 그는 더 빈번하게 불쑥 나타나고 해가 더할수록 더 눈길을 끌었다. 나이 든 사람들은 아이들에게 이 이야기를 들려줄 때 숨죽이면서 속삭였다. 아이들은 엄청난 흥미를 갖고 숨을 죽이고 머리털이 쭈뼛해진 채로 조심스럽게 경청했으며 이 이야기는 입에서 입으로 전해져 왔다. 이런 이야기는 우리도 우연히 무심코 영예를 재산과 바꿔 팔아 버린 오래된 집터와 관련한 무시무시한 전설처럼, 젊은 숙녀 방문자들에게 들려주게 되었다. 마치 '잔치에서 해골이 기다리고 있으며 그들의 죄악 가득한 즐거움은 늘어 갔다'는 전설처럼.

사건은 오두막집의 2층에서 시작됐다. 2층 공간에 대해 덧붙이자면 사람들은 불손하게 빈정대면서 위층을 '땅콩만 한 의자'라고 불렀다. 이 집은 언덕배기 산마루에 있었는데 2층의 높이는 사람의 어깨에서 머리 꼭대기 정도에 지나지 않았다. 아무튼, 이 집에서 캡틴은 지독한 열병으로 죽은 자처럼 인사불성이 되어 누워 있었다. 원 목사 부인이 보니 해리는 달콤한 꿈에 빠져 있었다. 작은 오두막 아래층에는 조선인 하인들이 있었다. 해리 엄마에게 이 모든 것은 위층에서 들려오는 날카롭고 피가 얼어붙을 정도로 소름 끼치는 공포의 비명과 함께 시작되었다. 한밤중에 죽은 듯한 고요함을 찢어발기는 비명 소리에 8월의 공기가 딱 얼어붙는 것 같았다. 선명하게 부르짖는 소리가 들려올 때 그 땅에는 강도가 들어와 있는 것만 같은 무서운 정적이 감돌았다. 가슴 졸이는 긴장감은 끔찍했다. 원 목사 부인은 우선 베란다로 달려갔지만 하인들 말고는 아무도 없음을 알아차릴 수 있었다. 이어서 그녀는 손전등을 들고서 언덕으로 서둘러 올라가 보았다. 곧이어 더 큰 비명 소리, 서둘러 부르는 소리가 났다. 이는 최소한 지금 생명이 있는 생존자가 몇 명 있다는 신호였다. 정말로 일어났던 일은 위층에 있던 젊은 숙녀 방문자는 거대한 몸집으로 혐오스럽게 보이는 조선인이 무시무시한 긴 칼을 쥔 채로 그녀 옆에 서 있는 것을 발견하고 경악하며 잠에서 깼다. 그는 칼을 들이대며 숨

소리 하나라도 입 밖에 내면 당장 목을 베어버리겠다고 위협했다. 이에 잇따를 끔찍한 결과를 알면서도 그녀는 여성만이 할 수 있는 공포에 대한 반응이 튀어나와 폭발하듯 클라리온(선명한 나팔 소리) 같은 공포의 비명을 질렀고 이는 모두를 잠에서 깨어나게 했다. 그러자 악마는 달아났다. 이 강도가 다시 침입해 올 것이라는 전제로 숨고 찾아내는 게임이 벌어졌다. 그리고 지금 그 강도가 이 집에 있는 모두를 살해할 뿐만 아니라 그들을 한꺼번에 불태워 버릴 것이라는 위협을 느꼈다. 신경 쓰이는 아주 작은 성가신 것들에 자극을 받아, 의심의 여지없이 말이다. 뿐만 아니라 그가 손을 댈 수 있는 모든 것을 훔쳐갈 작정이었다. 그는 여성과 아이들이 합창해 지르는 비명 소리와 미국인 마크 햄과 그 하인들이 격렬하게 추격하자 재빨리 서둘러 도망쳤다. 그는 밤의 암흑 속에서 벨벳 카펫에 미끄러지며 완전히 사라졌다.

 이 사건으로 마을 전체가 가치 있는 교훈을 배웠다. 말하자면 미국 여성은 칼이나 권총으로 겨눌 때 숨소리도 낼 수 없는 상황에서 그저 꼼짝없이 조용히 침묵하지 않는다는 것과 의분과 용기로 위험을 무릅쓰고라도 도둑을 평화롭게 고발하지 않는다는 것이다. 원 목사 부인은 강도가 완전히 떠난 것을 알았을 때, 이 집의 경비가 다소 허술하게 방치되어 있음을 느꼈다. 범죄 현장에서 그녀는 집이 2층 구조이므로, 아래층 입구는 안전하게 빗장을 걸고 손에 엽총을 지니고 있어야 한다고 변명했다.

맹인들이 오다

\

한 즐거운 사건이 그 집을 사용하던 초기 밤중에 발생했는데, 이것이 원 목사 가정이 마을 사람들을 더 돌보고 신경을 쓰는 방향으로 이끌었다. 그들은 아래층 베란다에서 살금살금 조심스러운 발소리와 자물쇠를 손가락으로 건드리는 소리에 한밤중에 깨어났다. 캡틴이 재빨리 뛰어가서 아래를 살펴보니, 아래층 베란다에 대략 10~12명의 남자들이 조용히 걸어 다니면서 창문과 문을 살피며 조사하고 있는 것을 보았다. 그들은 모두 맹인들처럼 긴 보행 막대기를 가지고 있었다.

"누구십니까?"라고 언더우드 씨가 다급히 물었다.

"우리는 맹인들입니다."

그들이 대답했다.

"지금 아래서 뭘 하고 있는 것입니까?"

"우리는 구경하러 왔습니다. 선생님."

"지금 여러분은 내 집에 한밤중에 와서 이상한 소리를 내고 있는 겁니다. 하고 싶은 말이 무엇입니까?"

"선생님, 우리는 앞을 보지 못하는 맹인입니다. 우리에게는 낮이나 밤이나 모두가 밤입니다. 따라서 볼 수 있다는 생각으로 지나다니고 있었습니다."

이제 이것은 모두 좋은 일이었다. 우리는 이것이 그 맹인 주술사들의 야행성 습관임을 깨달았다. 이는 충분한 이유가 있는 행위가 분명했다. 그럼에도 불구하고 찜찜하고 의심스런 느낌이 남아 있었다. 특히 이 남자들은 아주 많은 부분에서 의심을 받아야 마땅하며 우리가 이의를 제기해야 할 무리들이었다. 그래서 그들에게 여기서 어서 떠나고 앞으로는 적절한 시간에 방문하라고 말하며 집 주인은 잠금장치와 지키는 경비를 더 확인했다.

이것이 전부가 아니었다. 그들에게 여기는 성스러운 땅 그 이상이었다. 고즈넉한 자연 그대로의 땅, 여기에는 작은 숲이 있었는데, 이 또한 의심스럽고 위험한 분위기였다. 나쁜 사람들은 가끔 거기에 숨어 밤이면 마을 사람들과 나그네, 여행자에게 강도로 돌변해 불쑥 나타난다는 얘기가 들렸다. 어느 날 밤 원 목사는, 어두워진 뒤에 집으로 돌아오는데 이 근처에서 한 남자를 만났다. 그는 끔찍하게 몸이 잘려 온몸이 피로 물들어 있었고, 그는 팔아야 할 물건이 든 짐 보따리를 도둑들이 강탈해 갔다고 말했다. 이외에도 어느 하인이 그 숲을 통과해서 서울로 돌아오던 저녁, 그는 여러 가족이 먹을 고기와 음식을 가지고 있었지만 빈손으로 돌아왔다. 그는 끔찍한 공포에 질려 안색이 하얗게 되고 실신할 지경이었다. 그는 유령이 따라왔다고 단호하게 말했다. 그 유령은 오히려 살아 있는 세상 사람처럼 보였는데, 유령이 하인의 등에 뛰어올라 그를 쓰러뜨리고 음식을 가지고 급히 달아났기 때문이다.

마을 주민들은 모든 종류의 온갖 귀신, 유령, 영혼과 악마들을 아주 확고하게 믿는다. 그리고 그 존재들에 대한 극도로 비참하고 절망적인 공포에 사로잡혀 있다. 그들은 또한 특정한 집이나 지역에 귀신이 나타난다고 믿고 있으며 어두워진 뒤에는 그 장소에 가까이 가지 않는다. 강도들은 이 장소에 유령이 나타난다는 미신의 이득을 챙기고 있다. 그들은 대개 아주 폭력적이고 사람을 죽이려 드는데, 사람을 잡으면 극심한 고문을 하고 심지어 대담하게 사형 선고를 내린다. 그들은 붙잡힌 사람들이 살아남으려는 희망에 아주 무자비하고, 잡힌 자가 달아날 기회를 절대로 주지 않으며 그가 달아나 강탈할 수 있는 사람이 없게 될 경우에는 인정사정없다. 그들은 대개 무리를 지어 다니고, 긴 칼을 가지고서 가난한 주민들이 소유한 모든 것을 약탈해가면서 마을 전체를 공포에 떨게 했다.

궁극적인 평화

그해 여름 이후 원 목사 가족과 이웃들은 좀도둑 몇 명을 제외하고는, 더는 곤란을 겪지 않게 되었다. 그리고 조금씩 점차로 마을 사람들은 원 목사 가족을 억압자나 탄압자로 인식하지 않고 친구로 인식하게 되는 것을 배웠다. 주민들은 마을길을 수리하는 데 도움을 주고 나무나 달걀, 닭고기를 좋은 가격에 사주며 수풀을 보호해 주고 나무를 훼손하고 파괴하는 불법을 방지해 주었던 보호자를 발견했다.

마을 사람들은 외국인 선교사들을 이웃으로 대해야겠다고 느끼게 되었다. 밭에 울타리가 없어졌지만 이제는 과일과 채소는 아무도 손대지 않은 상태로 남아 있었고 아무도 부인과 어린이들을 건드리지도 않았다. 그래서 그 강가에는 훌륭한 우애와 평화가 존재했다.

9

비 오는 계절

앞 장에서 암시했듯이 조선의 형벌은 매우 폭력적이고 잔혹하며, 심지어 경미한 위법이나 위반도 마찬가지다. 남자들은 목에 씌우는 나무 고랑으로 채워 두거나 길고, 납작한 나무로 만든 주걱 같은 막대기로 끔찍하게 두드려 팬다. 때로는 바로 가까이에서 사람들이 보도록 처형된 목이 내걸린다. 때때로 권력 있는 친구에 의한 중재가 예상되면 남자들은 감옥에서 비밀리에 살해된다. 아니면 자신들이 정적에 의해 제거당하지 않도록 종종 이용하고 있는 유용한 수단들이 있다.

그 낡은 체제에 따르면, 고위층을 체포하기 위해 경찰을 보내지만 언제나 고위층을 다루는 데 있어서 불운을 겪을 것으로 생각된다. 고위 관료들이 대규모로 감옥에 있을 때는 결국, 만약 증오스러운 범죄가 국민의 입방아에 오르지만 않는다면, 큰 권력자의 돈으로 무마되도록 비밀리에 충분한 합의금으로 범죄자는 우호적인 선고를 받거나, 형벌의 엄정함이 느슨해진다.

승려와 여승

\

무당과 불교의 사제들은 모두 기독교 공동체에 다소 위험스럽고 의심스러운 일원이다. 후자는 수도에 머무는 것이 금지되어 있으며 백정 다음으로 이 땅에서 가장 낮은 계급이다. 그들은 탁발하고 구걸하는 '아무짝에도 쓸모없는' 계급에 속해 있다. 대개 도와줄 사람이 없는 고아를 사찰로 데려오는 것으로 시작해서, 반대로 구걸하는 의무를 지우며, 그 성직의 기술을 부지런히 갈고 닦는다. 그리고 어느 부유한 사람의 성지나 무덤 부지에 아주 빈번하게 참석하거나 굽실거리는 의무를 수행하면서 그들이 일원이 된 작은 마을에서 어떤 식으로든 도움을 받는다.

남승과 여승은 모두 머리를 삭발해 밀어버리고 똑같은 옷을 입고 있어서 남자인지 여자인지 구분하기가 매우 어렵다. 어느 아주 고귀한 담당 구역에는 수많은 미신 때문에, 엄청난 돈이 그들의 손으로 넘어가기도 한다. 그러나 백성들 가운데서 부처의 가장 기본적이고 명백한 가르침을 따르는 진정한 종교나 양심은 물론, 그의 교리에 대한 지식은 아무 것도 찾아볼 수 없었다.

조상숭배, 이것은 나에게 조선에서 그들이 지닌 어떤 것보다 친숙한 하나의 종교가 되었음을 알게 되었다. 나무, 영혼, 그리고 악귀 모든 예배, 희생 제사 등의 두려움의 대상이고 엄청나게 많은 미신적인 의례들에 숱한 사람들이 관습적으로 순응한다. 그들은 곤경에 처했을 때 빠르게 벗어나기를 갈망하면서, 그들을 도와주는 대상이 누구인가는 크게 염려할 일이 아닌 것이다. 그것이 사탄이든 그 위엄 있는 하늘이든, 그저 빨리 어려운 상황에서 탈출하는 것만이 유일한 목적이다.

무당이 스님보다 더 자주 불려 오기도 한다. 그리고 그들은 물론 그 무지한 자들이 믿는 미신에 관련해 두려워하고 걱정하는 정도에 따라 거래가 이루어진다. 그들을 위한 자선 기관이 없는 상황에서 맹인 어린아이들은 거의 항상 부정직하고 교묘하게 속이며 사기와 협잡, 구걸과 수치를 일삼고 수많은 비난을 받고 있다. 중들과 무희처럼 어린아이들은 일찍이 어린 시절부터 그들의 '직업'을 교육받는다. 사탄은 일찍부터 어느 사람을 그가 영원히 고난을 겪으며 참도록 그의 모습에 영향을 주고 만들어 가는 것이 최상임을 완벽하게 인식하고 있다. 무당들은 무아지경에 돌입해 최면술 따위를 행하는데 내가 알기에는, 그들이 가히 놀랄 만한 임무를 완수한 능력은 일종의 텔레파시에 지나지 않는다.

노숙자들과 맹인 어린이를 위한 몇 안 되는 요양 기관이나 정신병원이 이런 부당함의 소굴과 공익을 해치는 근원을 뿌리 뽑도록 빨리 생겨나기를 바란다. 그리고 수천만의 불쌍한 어린이들이 기아에 시달려 비쩍 마른 모두를 구해 주는 결과가 있기 바란다. 이 소년 소녀들은 가장 돌봄이 필요한 나이에, 이런 악한 사람들의 손아귀에 붙잡혀 나락으로 떨어지거나 노예로 팔리는데, 이는 죽는 것보다 더 심한 것이다. 그들은 소속해 있을 곳이나 보호해 줄 수 있는 사람이 아무도 없기 때문이다. 심지어 이른바 기독교인의 땅에서도 수천 명의 아이가 셀 수도 없는 인생길에서 고생을 겪고 있는데, 조선에 자선 기관이 어디에도 존재하지 않는 이곳에서 그 끔찍한 상황과 여건은 과장하는 것이 아니다. 일부 비참한 어린아이들은 쌀 한 자루 값으로 팔려 노예로 살아가는 것 외에는 막노동꾼이 되는 길도 거의 없을 지경이다.

수영하며

\

다시 강가로 돌아가 보자. 원 목사 가족은 이곳에 살면서 묘미를 준 여러 흥분되는 작은 에피소드에도 불구하고, 강가에 있는 집에서 아주 행복했다. 원 목사는 조선어를 도와주는 조수 한 명을 거느리고 이른 아침부터 문서 작업이 있었는데, 그것은 마을 주민 기독교인을 위한 책을 준비하는 일이었다. 도심에서 방해와 일 중단, 소란에 휩쓸리는 것보다 이런 고요한 마을 인근에서 대단히 더 빠르게 진척되었다. 그러나 오후 5시 정각에는 강으로 수영을 하러 가기 위해 모든 일을 중단시켰다. 작은 조수들은 금방 마치 오리처럼 수영하는 것을 배웠으며, 생활에서 가장 달콤한 약속처럼 이 시간을 온종일 고대했다. 그리고 나면 그날의 뜨거운 열기와 과업이 지나가고 함께하는 즐거운 시간을 위해 모두 모일 때 동료 숙녀 중 한 명은 절벽에서 차를 준비한다. 그들이 사랑했던 습관 가운데 하나는 30분의 기도 모임이었다. 모두가 자신의 업무와 역할을 내려놓고, 있는 모습 그대로 와서 찬양하고 기도하며 연합했다. 이 모임은 그들의 마음이 중국에 있는 형제의 무거운 걱정으로 시작되었는데 그 축복은 이것이 하나의 모임이 형성됨으로써 확인되었다.

장마가 시작되고 몇 주 동안 비가 계속 내리는 가운데 그들이 10주 동안 여름을 지낼 때, 휴식은 가장 짧았다. 그럴 때면 비에 젖은 것을 말리고 비가 새는 곳을 막으려 애쓰는 것 말고는 수영이나 절벽에서 티타임, 수풀 속의 게임, 크로케(잔디 구장 위에서 나무망치로 나무 공을 치는 구기 종목), 그 어떤 것도 할 수 없었다. 구두와 신발은 한밤 동안 갑자기 엉망 진창, 형체를 알아볼 수 없게 되었으며 옷은 흰 곰팡이가 뒤덮고, 침구류는 퀴퀴한 냄새가 나며 눅눅하게 젖어들었다. 그리고 오오, 그 강! 고요하고 아름답고 잔잔한 물결이 갑자기 캄캄하고, 진흙탕이 되고, 아주 고약하게 벼락이 치면서 홍수가 나고, 나뭇가지는 떨어져 나가고 뗏목은 산산조각이 나고 집이 무너졌다.

이 홍수는 저 너머 언덕 위의 뽕나무들이 있는 평지로 흘러넘친다. 장미꽃이 조금씩 원 목사 가족의 평지가 낮은 정원으로 떨어져 흘러들어 올 때까지, 검은 딸기는 절반쯤 물에 잠겨 죽고 말았다. 딸기나무의 가시는 이 침입자를 방지하는 데 아무 소용이 없는 것으로 드러났다. 한편, 이 홍수는 원 목사 가족과 그 요정 같은 깜찍한 오솔길 사이에 난 계곡으로 흘러넘치고, 활어를 잡는 세로돛을 단 소형 어선과 연락선 나룻배는 시야에 잘 보일 정도로 가까이 들어오는데, 때로는 거의 우리 집 뒷문 가까이 오게 된다.

개구리들은 음울하게 개굴개굴 꺅꺅거리고, 바람은 나무 사이를 헤집고 울부짖으며, 태양은 여러 날 동안 물에 젖어 짙게 드리운 담요 아래에 있었다. 산은 엷은 안갯속에 가려진다. 그러나 오오, 어찌나 푸르고 얼마나 향기롭게 신선하고 푸르게 변하는지! 계속 목욕을 하면서 목초지와 모든 나뭇잎은 요정같이 반짝반짝 빛난다. 그리고 모든 것이 얼마나 성장하는지! 홍수로 인하여 수풀과 나무가 미끄러지며 다른 곳으로 옮겨져 심어지는 시간이었다.

이때는 정말 마음에 드는 책을 읽는 시간이거나 밀려 있는 편지를 쓰는 시간이었으며, 떨어진 옷을 바느질하고, 훌륭한 피난처가 되는 뜰에서 어린아이들과 모임을 하며 게임을 하고, 이야기책을 읽고, 공중그네를 타고, 골동품을 수집하고, 스크랩북 만드는 취미 활동을 조율하는 시간으로 보냈다.

힘겹게 전진

\

날이 갠 첫날, 모든 옷과 침구들을 바람과 햇볕을 쐬도록 위 베란다에 가지고 나갔다. 그런데 뜻밖에 못된 구름이 갑자기 물바다를 퍼부었고, 달려 나가 쫓아가서 온 가족이 널린 물건을 구하려고 재빨리 움직였다. 집 밖으로 나가려면 이 계절에는 침수된 길, 사나운 폭우를 대비하고 가야 한다. 고무장화와 방수 우비는 평상시 빗줄기에는 매우 좋지만, 이때는 맹렬한 폭우를 견뎌 내기 위해 길이가 긴 특별하고 예외적인 방수 우비를 입어야 한다. 어떤 장화도 위험한 홍수를 막아낼 수 없다.

한 번은 원 목사가 국내 순례 여행에서 거센 물결 속에 휘몰아치는 물줄기가 목까지 차오르는 물을 헤치고 걷도록 제압을 당했는데, 훨씬 더 긴 방수 우비를 입고서 매우 어렵게 겨우 발길을 지킬 수 있었다.

또 한 번은 몸이 흠뻑 젖었는데 물기가 마른 옷도 없이 비를 통과하며 짐이 흠뻑 젖었고, 그는 여인숙에서 헛되이 시간을 보내야만 했다. 그날의 소식은 단지 배에서 물이 줄줄 새고 홍수가 났다는 것이며 이것은 한 해 가운데 늘 치르는 여름철의 사건이다. 캄캄한 한밤중을 지켜보고 있을 때 원 목사 부인은 그 강의 음침한 포효, 바람과 끊임없이 퍼붓는 비의 울부짖음에 반쯤은 공포에 질리고 반쯤은 매료되어 귀를 기울이면서 잠을 자지 못하고 깬 상태로 누워 있었는데, 그녀는 어딘가에서 희미하게 쿵 하는 소리를 들었다. 그것은 천장 일부의 큰 덩어리가 떨어져 내렸다거나, 아니면 다행스럽게도 단지 물방울이 방울방울 떨어지며 또다시 집에 물이 새고 있는 것을 뜻했다. 한 가지 희망은 책이나 다른 훼손되기 쉬운 재산이 아니었다는 것이다.

물건들이 비를 맞았는지, 훼손되었는지 확인을 하고 또다시 내리는 새로운 재앙이 잠잠해지는 힘을 발휘할 때까지 목욕 수건, 마루 깔개, 방수용품을 준비하며 문과 창문을 감싸는 천 덮개를 씌우고, 비가 새는 것을 막는 데 유용한 모든 부엌 가재도구를 배치하고, 다시 축축하고 눅눅한 침대로 가서 비에 젖은 침대보를 잠깐 치워 두었다.

조선의 지붕은 기와나 초가지붕이며, 두 종류의 지붕은 모두 이런 엄청난 우중에 비가 새면 물결에 휩쓸려 떨어지고 흠뻑 젖게 된다. 그리고 봄철에 부르는 지붕 수리꾼이 부주의하면, 기와 한두 개가 떨어져 깨어지고 엉뚱한 곳에 배치되거나 충분히 잘 포개어지지 않으면, 우기에는 슬픈 일이 벌어질 것이 확실하다. 또는 지붕 수리가 모두 잘 끝난다 해도, 바람이 가끔 초가지붕의 큰 덩어리를 떼어내거나 기와들이 엉뚱한 곳으로 가게 하거나 느슨해지게 한다. 상상을 초월하는 온갖 종류의 방식으로 여닫이창 주변으로 빗물이 퍼부을 때, 만약 이 건물에서 오직 한 곳의 마른 구석이라도 있다면, 혼자만 비를 맞지 않아 질투를 일으키는 현관 입구다. 전체 대기는 사람의 폐가 적당한 양의 오존을 들이마시기에 불가능해 보이는 습기가 너무도 과적되어 모두가 노곤함과 권태, 피로로 가득 찬다.

 강은 이 시기에 절대로 실망시키지 않는 재미있는 근원이었다. 내륙에 있는 산에서 항구로 오는 길에 엄청나게 큰 통나무 뗏목이 매일 불빛을 반짝이며 지나갔다. 때로는 밤중에 뗏목들은 바람의 거센 힘과 급류가 동반되어 부서지거나 물속의 암초에 걸려 배를 매어 두는 계류장에서 다 파손되었다(왜냐하면, 이 뗏목은 언제나 물결 밖으로 나와 해안 가까이에 둥둥 떠다니다가 밤중에 닻을 내린다). 그리고서 태풍과 홍수는 바다로 널리 퍼져 갔고 흥분하여 포효를 하며 흉측한 밤을 만들고, 가득하게 실은 목재를 다 부숴 버릴지도 모른다.

운송 수단 나룻배

 연락선인 나룻배를 관찰하는 것 또한 흥분되는 일이었다. 바닥이 평평하게 널찍하여 물이 새는 배들은 뱃머리나 선미에서 노를 젓는 남자 두세 명의 인도로 앞으로 나아갔다. 황소, 조랑말, 여행자들과 짐꾼이 모두 최대한 가까이 함께 붙어 옹기종기 서 있다가 물가에 다다르면 가득 실은 짐을 내렸다.

 말하고 싶은 핵심은 이것이다. 그들은 잔잔히 흐르는 반대편 물가에서, 즉 정박하는 곳 위쪽의 먼 거리에 있는 원 목사의 집 부근에서부터 역류를 타고 노를 저어 올라가야만 한다는 것이다. 배는 과감하게 물결을 거슬러 철렁거리며 계속 위쪽으로 노를 저으며 한편으로 급류와 싸웠다. 그들은 아래로 거슬러 빙그르르 배를 돌려 대개 출발한 곳 반대편

정박지 부근으로 상당히 정확하게 도착한다. 강은 더는 아름답지 않았다. 강은 먹이를 앞에 둔 미친 야수처럼 보기 싫은 거품을 내면서 갈색으로 변해 버리고 많은 사람이 강의 포효에 매년 희생당한다.

어느 해인가 원 목사 부인이 그곳에서 머물면서 다이어리에 적은 일부의 기록이 적혀 있다.

3월 19일이나 20일

나는 너무도 병고를 겪어 왔고 아직도 방을 가로질러 혼자 걷지 못했다. 그러나 조용히 사색을 하는 중에 신선한 공기와 햇살이 내려와 회복이 빨라졌고, 그들은 어제 나를 여기로 데려왔다. 이날 아침 일찍 나는 양탄자에 퀼트를 하면서 대단히 기뻤고 잔디밭으로 옮겨져 긴 등의자 위에서 햇볕을 정면으로 쐬고 있었다. 봄 냄새가 얼마나 향긋했는지! 새들은 아주 바빴다. 나는 개똥지빠귀를 보았고 종달새의 노래를 들었다. 노란 개나리는 거의 만개해 있었다.

3월 25일

온종일 햇빛 아래서 매우 달콤했다. 그림자가 드리울 때 나는 햇살이 화창한 장소로 옮겨갔으며, 매우 자주 그 강을 정면으로 바라보면서 이따금 매우 기쁘게 뒤쪽의 언덕에서 어린 봄의 부드러운 색조의 그늘과 함께 신록을 발견했다.

4월 15일

'개나리(canaries, 조선인은 이렇게 부른다)'가 어느 때인가 벌써 만개해 있었으며 아주 멋진 아름다운 풍경이었다. 이 황금빛 꽃들로 뒤덮인 강가 정원으로 내려가는 길에는 작은 정자가 하나 있다.

때때로 나는 이 모든 아름다움의 심장부에서 온종일 누워 있을 때 이것이 울타리로 가두지 않고 끝없이 펼쳐진 그 따뜻한 잔디밭 땅 밑보다도 더 달콤할까 궁금했다. 모든 생명의 심장 아주 가까이 만물이 시작되는 곳에서 하나님께서는 어둠을 빛으로 몰아내시며 일하고 계신다. 이 계절의 어둠은 만물을 누그러뜨리고 달래주는 편안한 안식이며 정말로 부드럽고 친밀하게 사람을 껴안는다. 그분께서 계신 곳에는 죽음도, 그 어떤 어둠도 진짜 어둠이 절대로 될 수 없다. 그분에게서 분리되고 떨어진 것만이 차가움이요, 어둠이요, 죽음이다.

때때로 사람 안에 있는 생명이 이 변화와 새로움에서 멀어져 움츠러들고 몸서리치는 것, 그것을 죽음이라 부르며, 여기에서의 삶은 정말로 표현할 수 없을 정도로 충만하고 사랑스럽고 달콤하다. 하지만 사람은 여전히 몇 주 동안 '모든 돌덩이가 밤의 소용돌이를 느끼는' 봄의 부활, 그 바깥에서 살 수가 없으며 이 부활 안에 살지 않으면 음울한 짧은 봄 계절을 두려워하게 된다.

가장 앙증맞은 양털 같은 푹신한 구름이 최고로 기묘한 파란 하늘 위에서 춤을 추고 있으며, 살포시 잠들어 누워 있는 강물에 모든 것이 반사되고 투영된다. 새로운 잎사귀가 빛나고 있고, 결국 떨어져 나가겠지만 요정처럼 즐겁게 웃음 짓는다. 소나무에는 부드러운 속삭임이 있고, 어느 곳에나 발삼나무 냄새가 향긋하게 퍼져 나가며 살구, 벚나무 숲과 다른 많은 식물이 활짝 꽃피워 있다.

5월에

5월 20일

모든 과실수의 꽃잎이 떨어졌다. 땅은 골짜기와 언덕에 향기로운 색채의 잎들을 깔아 주면서 그 꽃들로 인해 환히 빛난다. 그 기쁨과 즐거움이란 사람이 참을 수 없다. 이야기 속 요술쟁이 마부처럼, 사람은 터져 나오는 기쁨으로 뿌듯한 가슴을 느낀다. 흰 라일락은 정원 전체를 사랑스럽고 달콤하게 만들어 주고 첫 번째 꽃피는 노란 장미는 영광을 터뜨리며 그들의 왕국을 시작한다. 해리는 그에게 부과된 잔인한 조롱처럼 보이는 수업 중이 아니라면 온종일 강가에 있었다. 이 모든 것의 한가운데, 누가 산수의 분수, 지리학과 문법들을 생각할 수 있을까? 모든 자연이 그를 홀리기 위해 그녀의 최선을 다하고 있지 않은가? 나는 우리가 아이들을 너무 이른 나이에 많은 시간을 공부하게 만들었다고 믿고 있다. 나는 해리가 아침 식사 전에 한 시간, 오전 9~11시까지 두 시간, 그리고 2~3시까지 한 시간 공부하도록 계획을 세웠고 더 이상은 시키지 않았다. 이것은 언제나 나에게 로터스 이터스(the Lotus Eaters, 그리스신화에 등장하는 종족으로 북아프리카 근방의 섬에 살며 로터스라는 식물을 먹는다. 로터스 열매와 꽃이 주식인데 이것을 먹으면 평화롭게 잠이 든다. 옮긴이)의 아이들을 위한 특별한 간청과도 같았다.

> 아아, 숲의 한가운데서
> 무리진 나뭇잎은 꽃봉오리 싹이 움트는데서 구애를 받고
> 가지 위에 부는 바람으로, 그리고 거기서

녹음은 자라나고 널리 퍼지며 아무런 돌봄도 필요치 않음을 안다.

태양은 정오에 햇살을 흠뻑 머금었고 달빛 안에서 밤이슬을 키웠다.

만물이 쉼을 얻으며 만물의 으뜸인 우리만이 힘써 수고를 한다.

그리고 우리만이 끊임없이 계속 신음하고 불평을 한다.

여전히 한 가지 노동에서 또다른 내몰림으로,

언제나 우리의 날개를 접지도 않고,

잠의 거룩한 위안에 우리의 이마를 적시지도 않고,

내면의 영혼이 노래하는 것에 귀를 기울이지도 않는다.

블라디보스토크에서

\

6월 20일 제물포

내 병세는 더 나빠졌고 지금 우리는 일본과 블라디보스토크로 짧은 바다 여행을 하려고 한다. 우리는 여기로 정말 수월하게, 기쁘게 내려왔다. 그들은 나를 강가 언덕에 내려다 주었으며, 진기하고 예스러운 늙은 뱃사공이 모래 위에서 기다리고 있는 그림 같은 배가 하나 있었다. 그들은 나를 배 안으로 옮겨다 주었으며, 안락의자와 모든 짐도 싣고 우리는 일몰과 함께 오색찬란한 황금빛 물결 속으로 미끄러져 내려갔다. 가끔 녹색 들판과 바쁘고 시끄러운 마을 사이를 지나고 때로는 이끼와 나뭇잎으로 뒤덮인 높은 절벽 사이로 지나갔다. 가끔 우리는 또 다른 정교한 자연들 가운데로 지나쳐 갔으며, 뱃사람들은 혹시 내가 죽은 게 아닌지, 그래서 어느 오래된 가족의 매장지로 옮겨가는 게 아닌지 궁금해했다. 우리가 작은 증기선에 도착했을 때 나는 갑판으로 들어 올려졌고 정말로 안전하게 왔다.

7월 2일

우리는 블라디보스토크 여행을 마치고 다시 돌아오는 길이었다. 나는 거기서 바닷가로 나가기에는 너무도 아팠으며 증기선은 미국의 거친 서구 마을의 어떤 모습처럼 불손하고 오만한 모양새였다. 항구 전체가 방어 시설로 무장한 요새 안에서 들쭉날쭉했고 영어를 사용하는 호텔이나 숙소는 없었다(1897년). 결국 우리와 함께 왔던 미국의 중개 무역 상인들은 경악하여 식사를 하러 배로 되돌아왔다. 러시아 식당에서는 검은 빵, 검은콩 수프, 익히지 않은 햄과 보드카를 빼고는 아무것도 얻을 수 없었다.

우리는 항구에 철로를 만드는 미국산 철, 못, 토목을 실은 미국 선박을 보고 매우 기뻐했고 자랑스러웠다. 우리는 러시아에 수입된 미국산 상품의 규모가 어마어마하다는 이야기를 들었다. 이것은 새로운 소식이었으며 미국인 외교 판매원이 동양에서 이곳까지 멀리 온 것을 본 것 또한 분명히 즐거운 경험이었다. 우리는 이곳 기후가 현저히 맑고 상쾌하다는 이야기를 들었다. 공기가 정말 수정처럼 맑았다. 여전히 우리는 휴식하기에 충분하다는 것이 기뻤다.

정원 수호하기

7월 12일

우리는 다시 집에 돌아와 있다. 그리고 모든 것이 좋고 행복하며 분주하기에 하나님께 감사하다. 정원을 가진 사람은 아무도 게으른 생활을 할 수가 없다. 원 목사 가족은 계속해서 바빴으며 적들과 싸우고 있었다. 개미류와 새들은 서로 동맹군이었으며, 그들은 전부 자연에서 아름답거나 유용한 모든 것을 파괴하는 데 열심인 것 같았다. 모든 종류의 온갖 해충이 나무를 공격했고 천곤충(나무에 구멍을 내는 해충)은 나무의 심장부로 살금살금 기어갔다. 과일이 충분히 익었을 무렵, 새들은 반역자로 변했고 커다란 말벌들이 과일을 걸신들린 듯 먹는 새들을 돕고 있었다. 포도나무 덩굴은 이른 봄부터 마지막 포도가 축 늘어질 때까지, 생존을 위한 전투를 했다. 장미 역시 진딧물과 애벌레의 공격을 받았고 최악인 것은 장미 꽃봉오리가 자라나서 아름다움을 터뜨릴 준비가 될 때까지 기다리고 있는 잔인한 장미 딱정벌레였는데, 기다렸다가 장미의 심장부를 가차 없이 먹어 치웠다.

정원사로 임명한 어떤 늙은 조선인이 있었다. 그는 수년 동안 그의 지식과 이해력, 생각을 감안해서 고용한 신실한 가마꾼이었다. 이제는 그가 가마를 메기에는 너무 나이가 들어서 원 목사 가족은 그에게 오두막집을 주고 정원을 돌보는 임무를 주었다. 그러나 그렇게도 까다롭고 힘든 방법으로 관리하는 정원은 엄청난 도움이 필요했지만, 김 씨가 나이가 들었고 조금은 게을러서 가끔 그 적들과 그는 긴 싸움을 시작했다. 김 씨는 기독교인이 아니었다. 그는 정원을 가꾸기 위한 물 초롱을 아주 좋아했다. 그는 신앙에 대한 열렬한 옹호자였으며 이따금 소책자를 사람들에게 나눠주었고, 원 목사에게 일꾼이나 가르치는 교사를 이 마을, 저 마을로 보내야 한다고 조언해 주었다. '왜냐하면, 우리는 그곳에서 기독교인을 확보하지 못했기 때문'이었다. 그는 기독교를 사람들에게 추천하라는 말을 들어왔고, 역시나 불신자들에게는 매우 열광적이었으며, 의심할 여지없이 열렬한 교회의 일원이 되었으나, 닭을 훔치고 술에 만취해 행동을 아무렇지도 않게 했다.

그러나 원 목사 가족은 그를 좋아했는데, 그 이유는 그는 절대로 호의를 얻기 위해 믿는 것처럼 꾸미고 가장하지 않았기 때문이다. 내가 어떤 하인들이 하는 일에 대해 말하기가 유감스러운 한편, 김 씨는 원 목사 가족과 그들의 관심사를 위해 진정으로 헌신하는 일을 대단히 감사하게 여겼다. 요리사처럼 그도 가정의 일원으로서 모든 면에서, 인격을 포함해 평가를 받았다. 그들에게서 떨어지면 그는 죽음뿐이었다.

그의 보수는 집과 땅, 그 들판에 있는 숲, 그리고 한 달에 3달러였다. 다소 신뢰할 수 없는 김 씨를 포함해, 원 목사 가족은 하인들과 전쟁을 했다. 그들은 때때로 이런 모든 악한 피조물이 존재하는 목적이 무엇인지 궁금했고, 점점 다음과 같은 확신을 했는데, 그들이 지닌 단 한 가지 목적은 선하고 좋은 것을 파괴하는 것이고, 그들은 사탄의 소유였으며, 아니면 어쨌거나 어떤 면에서 죄악의 결과인 질병과도 같았다. 그럼에도 불구하고 그들은 하나님께서 위대한 선을 행하시기 위해 그들을 사용하고 계셨다는 것과 하나님의 백성에게 근면성, 불굴의 용기, 인내를 가르치고 계신다는 것을 실감했다.

한편 그들이 사는 곳 문 가까이에는 '잠든 숲에서 밤중 내내 부드러운 목소리로 노래했던' 작은 시냇물이 계속 흐르고 있는 어느 개천을 통과하는 4~8만 제곱미터 가량 되는 소나무 숲이 있었다. 이 시냇물에 의해 퇴적된 땅은 양치식물과 야생 꽃들로 장식되어 있었고 비가 오고 난 뒤 냇물은 끔찍하게 시끄러운 방식으로 춤을 추고 소동을 벌였다. 조선 여성들은 빨래나 설거지를 하기 위해 여기에 오곤 했는데, 수정같이 맑은 물에 자리 잡은 돌덩이 위에서 빨랫감을 쿵쿵 두드리며 빨래하는 동안 편하게 수다를 떨며 소문을 내고 험담을 하고 있었다. 해리와 꼬마 애플톤과 마크햄은 여기서 노는 것을 좋아했고, 물속을 헤치며 걷고, 댐을 짓고, 조그만 배를 타고 항해를 하고, 고즈넉하고 그늘이 드리워진 집이나 나무 가운데서 '인디언과 강도' 놀이를 했다. 이 숲에는 어린이들이 두려워하는 해로운 생명체가 거의 없었다. 뱀은 대부분이 무해하고(독 있는 뱀은 매우 드물다), 여기저기서 오랜 시간 간격을 두고 한두 마리 지네들이 모습을 드러낸다. 반면에 나는 말벌보다 더 무서운 곤충은 아무것도 알지 못한다.

   가엾은 해리는 어느 날 말벌의 소굴인 벌집으로 불행하게도 작은 왼다리가 빠져 거꾸러졌고, 나는 온갖 방법으로 큰 소리로 울고 소리 지르며 그의 생명을 구하기 위해 달려갔지만, 이 맹렬한 곤충이 주는 혹독한 형벌을 벗어날 수 없었다. 어느 해의 7월에 강변의 집으로 가족이 갔을 때, 말벌들이 응접실 창문과 나무로 만든 덧문 사이에서 벌집을 지어놓고 그 장소를 점령하고 있음을 발견했다. 거기 안쪽에서 이 말벌들의 놀이방을 살짝 들여다볼 진귀한 기회가 있어서 새끼를 기르고 있는 말벌의 모든 가족 내부 사건을 전부 관찰했다. 나중에 마을사람이 밤중에 횃불을 가지고 와서 대담하게 덧문의 벌집을 헤집고 허물어 버렸다. 그랬더니 그 눈먼, 미친 말벌들은 곧바로 불 속으로 날아가 전멸했다.

소풍 장소

\

1~2킬로미터쯤 더 가다 보면 또 다른 방향으로 더 야생적인 즐거운 장소가 하나 있었다. 여기는 그야말로 훌륭하고, 고요하고, 위엄 있는 소나무 숲, 양쪽 사면으로 높은 언덕, 커다랗고 멋진 돌과 바위, 그리고 최고로 유혹적인 황금 모래밭을 가로질러 흐르는 더 크고 아름다운 계곡이 있었다. 이 물결을 가로지르며 나무들은 그림자를 드리웠고, 당당한 소녀의 목에 걸린 보석 같은 아주 옅은 빛줄기는 물결의 가슴을 부드럽게 어루만지고 있다. 몇 개의 장애물이 앞에 놓여 있기는 했지만, 이 계곡은 곳곳에 시원하고 깊은 수영장이 펼쳐져 있었고, 사람의 허리까지 오는 물속에 서 있을 수 있다. 그 뒤에서는 여름날에 한 어린이의 귀에 들려오는 세상에서 가장 기분 좋은 즐거운 소리와 함께 이끼가 덮인 돌덩이 위로 계곡 물이 쏟아져 내렸다.

이곳은 소풍하기에 우리가 가장 좋아하는 장소였다. 그러나 그런 시간은 언제나 너무 짧았다. 아아! 때때로 이야기하듯 시간은 심술궂은 괴팍한 늙은이였고, 당신이 언제나 시간이 느리게 가기를 원할 때 가장 빨리 간다. 그러나 만약 당신이 치통을 앓고 있다면 그 꾸물거림은 이야기가 다르다. 내가 정리하면, 그는 고통스러운 때는 전부 고집스럽게 정지해 달라붙어 떠나지 않고 서 있다.

비가 그쳤을 때는 소풍을 하는 시간이었다. 또 비가 그치고 우기가 너무 오래 머물지 않으면서 곧 해리의 생일이 다가왔다. 비가 그쳤을 때, 빨간 고추는 지붕 위에서 멋진 다홍색 조각들로 환하게 빛나기 시작했다. 8월의 백합도 피었다. 원 목사 가족의 정원에는 어디에나 백합들이 무리지어 있었다. 밤에 꽃들은 달에게 속해 있고 변화무쌍하게 한밤 내내 향기를 주며 서 있다. 아침에 백합꽃은 순수한 꽃잎을 닫고서 강렬한 태양의 자유로운 눈빛에서 달아나 은퇴를 한다.

나는 달과 백합화가 함께 어우러져 있을 때 처음 맞이하는 밤보다 더 아름다운 것은 아무것도 없다고 믿는다. 그 아래로, 강은 온통 은빛으로 반짝반짝 빛나며 여신과 같은 자태는 마법 같은 황홀함으로 어느 때보다 더 사랑스럽게 펼쳐져 있다. 그 너머에는 언덕과 산이 있는데, 여기는 부드럽고도 매우 정교하고 아름다운 광채가 나고 저곳은 비밀스러운 그림자에 덮여 있었다. 집 주변의 정원은 고요했고 향기를 가득 품었으며, 매력적인 것만을 드러내고 훼손되었거나 아름답지 않은 모든 것을 친절하게도 감추어 주는 부드러운 빛 덕분에 한층 더 큰 아름다움으로 펼쳐져 있었다. 그리고 백합화, 오, 그 백합들! 우울함과 어둠과는 대조적으로 진정 눈부신 흰색으로 빛나고 있으며, 백합꽃들은 '세상에서 그들을 더 희게 할 수 없을 만큼' 너무나도 빛나고 있었다.

우리는 한숨을 돌리지 않고는 더 긴 시간을 절대로 바라볼 수가 없었다.

'그리고 이 모든 것을 우리를 즐겁게 해 주시려고 만드신 그분께 감사하기 위해!'

'영겁의 죄와 악의 저주에 의해 훼손된 피조 세계가 이렇게 영광스럽다면, 그분께서 예비하러 가신 '처소'는 무엇과도 같을까?'

'분명히 우리는 이보다 더 아름다운 것을 열매 맺기 위해서 영원히 죽

지 않고 살 것이 틀림없어.'

이것이 우리 마음에 있는 최고의 생각이었다. 그 장소는 고귀한 안식처나 보호처와 같았으며, 여기서 전능하신 창조주께 찬양하고 경배하는 것을 빼면 무엇이 합당하겠는가?

때때로 아이들이 부추겨서 그들은 백합과 정원을 떠나 영광스러운 찬란한 밤중에 조선식 범선을 타러 강으로 가곤 했다. 모두가 함께 꼬마 어린아이도 거절하지 않았고 어떤 모양으로든 신선함과 상쾌함을 담은 공기 한 바구니가 항상 우리를 따라왔다. 물론 그 공기를 마시며 즐거운 노래가 물결에 떠다녔고, 모두가 좋은 시간을 보내는 데 찬성했다. 그러나 조용한 베란다로 그들이 안전하게 돌아왔을 때, 고요한 하늘 아래 그들을 둘러싼 백합화의 향기를 마시며, 궁금해서 서로가 바라다보면서 말했다. "왜 우리가 멀리까지 나갔을까? 우리가 어떻게 그럴 수 있었지?" 아무도 대답할 수 없었고, 그 문제는 풀리지 않은 채 남아 있다.

이별을 말하다 안녕!

찬란하고 습기가 마르고 달콤한 9월의 날들이 완전히 다가왔을 때, 그들은 그 강에 작별을 고해야만 한다는 것을 알았다. 그리고 더러운 도시로 돌아가서 연례 선교 회합을 준비하면서 집을 깨끗이 청소했다. 오! 안녕을 말하는 것이 얼마나 힘들던지. 해리는 가끔 다정한 엄마의 가슴 같은 대지 한가운데 누워 있는 것을 아주 좋아했으며 작별의 입맞춤을 했다. 그는 감성이 풍부한 아이로 태어났으며(조금도 놀랄 일이 아니다)

적당하고, 조용하고, 차분한 것을 절대로 좋아하지 않았다.

마지막 정다운 작별 인사는 모든 것에 했고, 강가에 있는 바위들 가운데 남아 있는 그 모든 것들과 빛나는 자줏빛 베일, 고요함에 매료되고 넋이 빠졌으며, 이 모든 황홀함은 하나님의 신호이자 그분의 목소리였다. 그런 뒤에는 죄와 속임수, 기만, 질병, 그리고 사탄과 싸우는 단호하고 엄격한 전쟁으로 돌아가서, 늘 그렇게 10년 동안이나 몹시 힘든 몇 달을 보냈다. 그들은 꽤 길고 충분한 휴식을 누리며 즐겁게 놀았던 그 강에 안녕을 고하고 슬퍼하면서도 열정적으로 일터로 돌아갔다.

자연의 아름다움이 준 기쁨만큼이나 사랑하는, 더 사랑하고 더 고귀하고 더 숭고하고 더 신나고 영감이 넘치는 것이 있었다. 진리의 빛이 그 어둡고 슬픈 장소에 활짝 열리는 것이다. 결국, 어른들의 생각은 그러했다. 그러나 해리에 관해 말하자면, 그는 다음 해 여름 강변의 생활을 기대하는 때가 될 때까지 매년 찾아오는 그 강의 긴 겨울을 유감스럽게 생각했다.

10

꼬마 신랑들

첫 여름을 보내고 그들이 도시로 돌아온 직후, '고요한 아침'이라 불리는 가엾은 작은 나라에 엄청난 사건과 소요, 폭동이 있었다. 조선 왕비가 살해당한 끔찍한 일이 벌어졌다. 정권의 당파에 의해 죄수가 되어 감시당하고 있던 국왕을 제외하고, 왕비의 모든 친구는 그들이 늘 그렇듯이 달아났고 겁에 질렸다. 조선 정치인에게 국왕을 달아나지 못하게 붙들고 있는 것은 체스 게임에서 왕비를 붙잡아 놓는 것과 유사하며, 심지어 체스 게임의 법칙보다 더 중요할 뿐이다. 수많은 외국인 각료와 때로는 통역을 위해 때로는 밤중에 그의 위엄을 지키기 위해 불려 가던 선교사들이 궁궐로 왔다 갔다 했다. 국왕은 잔인하고 기만적인 사람들의 권력 안에 포위되어 있었으며 무슨 일이 일어난 것인지 실제로 알지 못했다. 그래서 다른 사람들처럼 국왕을 돕는 일에 기뻐하며 언제나 즉시 준비되어 있던 캡틴은 그가 가진 힘을 겸손하게 사용하는 방식으로, 이 능력과 지위를 상당히 자주 이모저모 사용하면서 궁궐에 오고 갔다.

조선 안에는 반란과 민중 봉기, 폭동이 일어났다. 아무도 그 사악한 정권을 좋아하지 않았기 때문이며, 사태는 어디에서도 이보다 더 나빠질 수 없을 정도로, 통제하기 힘든 백성들은 모든 것에서 이익을 취했다. 머지않아, 여러 달 동안 문제가 힘든 상황에서 더 심각하게 번진 후에, 국왕은 러시아 공사관으로 피신했다. 그런 뒤 여전히 많은 문제가 쌓여 있는 가운데 오랫동안 묵은 복수극이 벌어지고, 성난 백성들은 당장 사악한 집권자들에게 보복을 가하기를 원했으며 국왕에 대한 자신의 충성을 천명했다. 그리하여 맹렬히 분노한 군중들은 더 많아졌으며 더 많은 재판과 처형이 행해지고, 다른 당파에 소속된 자들은 더 많이 달아났다. 이는 측은하고 가련하며 동정심이 생길 정도로 한심한 상황이었다. 더욱더 가련한 것은 여전히 모든 당파에게 수탈을 당하고 압제를 받는 가난한 백성들이 사는 이 국가였다. 반란 주동자나 선동자들도 국민을 수탈하고 압제하는 것은 마찬가지였으며, 이 상황에서는 어떤 평화나 안전, 미래에 대한 희망도 존재하지 않았다.

그러나 이 많은 혼란을 겪으면서 원 목사 가족은 그들을 더욱 사용하셨던 하나님의 보호 아래서 완벽하게 안전했다. 사랑하는 그 오랜 영광의 주의 날개가 그들 위에 위엄 있게 물결을 치고, 또 다른 방식으로 그들의 안전 역시 아주 훌륭한 방식으로 보장되었다. 나는 여러분에게 확언할 수 있는데, 이 조선에 사는 미국인 소년들은 이것이 미국인에게 무엇을 의미하는지, 매일의 삶에 있어서 어떤 의미인지, 아주 많은 측면에서 완벽하게 깨닫고 있었다. 즉, 미국인 소년들은 이 시국에 집을 떠나는 것이 절대로 불가능하다는 것이다. 무엇보다도 그들은 모국과 이 동방 나라 사이의 대조적인 모습을 알고 있으며, 자유, 현명한 법률, 정의, 강인한 정부, 생활의 편안하고 사치스러운 것들, 질병에서 국민들을 보호하는 미국의 유례없이 탁월한 안전 조치를 정확히 인식했다. 반면에 여기에는 수천만 사람을 죽이는 엄청난 전염병이 존재한다는 것과 축복받는 진취적인 종교와 사람들을 계몽하는 교육의 장점을 이 동방의 무지로 희망 없음을 비교해서 잘 알고 있었다.

이방인 소년

＼

그들은 조선이 절대로 할 수 없고, 다른 나라들이 두려워하며 찬탄하고 존경하는 미국 정부가 세계에 긴 팔을 펼쳐 영향을 미치며 아이들을 보호하는 미국의 위엄과 힘이 모국의 집에는 존재한다는 것을 깨달으며 실감했다.

그들이 모국에서 태어나지 않았기 때문에 모국을 사랑하지 않는다고 생각하는가? 그렇게 말하지 않는 편이 좋다. 모국의 미국인 부모 밑에서 태어난 모든 아이와 마찬가지로 그들도 모국을 사랑한다. 나는 진정으로 그들이 오히려 국가를 더 우애하고, 더 자랑스러워하며, 모국에 있는 대다수 소년보다 더 많은 이유 때문에 더욱 계몽되고 깨인 정신으로 모국을 사랑한다고 믿는다.

나는 해리가 얼마나 국기를 공경하고, 7월 4일 독립기념일을 어떻게 지켰으며, 미국사를 얼마나 열정적으로 공부했는지 말하고 싶다. 해리는 12살이 되기도 전에 미국 초등학교에 가서 두 번이나 역사를 공부했으며 미국 진보의 역사를 세 번이나, 그리고 이와는 별도로 서로 다른 작가의 책을 두 번이나 보았다. 애버트(Abbot)의 『대통령의 삶들(Lives of the Presidents)』, 『1812년의 청색 재킷들(The Blue Jackets of 1812)』, 그리고 『1876년의 소년들(Boy's of '76)』을 최소한 각각 세 번씩 읽었고 그 밖에도 내가 모르는 여러 역사 이야기의 주인공을 공부했다.

여러분이 스페인 전쟁에 관한 기록과 사진으로 가득 찬 그의 스크랩북을 보았다면, 그리고 그에 대해서 궁금해 했다면, 그가 얼마나 완벽하게 모든 전함, 순양함, 포함을 알고 있었는지, 이름 모를 해군과 과거와 현재의 역사, 그 모든 위대한 장군과 해군 장성들의 놀라운 업적에 대해 얼마나 훌륭한 정보를 습득했는지 발견했을 것이다. 또한, 여러분은 극동에 사는 미국인 소년이 이에 관해 어떤 애국자보다 덜 하지 않았다는 것을 보아 왔을 것이며 나는 여러분에게 해리의 애국심이 해리와 유사한 상황에 놓인 다른 수많은 미국인 소년들이 지닌 애국심의 한 예시였을 뿐이라고 확언할 수 있다.

극동에 살고 있지만 고국을 방문한 이 소년들을 만나는 거의 모든 낯선 미국인들은 이들이 해외에서 태어났다는 것을 아는 즉시 상처를 주며 비웃고 조롱한다. '그러니까 너는 절대로 대통령이 될 수 없어'라는 편견은 생각 없는 짓거리이며, 불친절하고 무례하며, 또 진실이 아니다. 그들 대부분이 높은 영예를 얻고자 열망하는 것은 아니지만, 선교사 아이들은 자신의 국적과 시민성에 대한 완벽한 특성과 인물됨에 어느 정도 헌신하고 있다. 외국 땅에서 무기한 거주하는 해외 사역자, 선교사들과 다른 외국인에게서 태어난 미국 아이들의 권리와 특권을 보호하는 특별법이 있기 때문이다.

주인 된 권리를 지닌 해리는 직계 조상으로 7명의 혁명 군인을 둔 자손의 권리를 주창하고 있으며, 다른 한편으로는 뉴욕의 네덜란드인 가운데서 거슬러 올라가 계수되고, 뉴잉글랜드 청교도로도『메이플라워』에 조선 초기 정착민으로 기록되었다. 그래서 그의 애국심이나 시민권을 비난받을 때, 어느 때나 어린 가슴에서 분노가 고동치는 것이다.

소년과 황제

＼

조선의 국가적 사건이 조용해지고 황제가 다시 궁궐에서 마음이 편안해졌을 때, 그는 검증되고 신뢰할 수 있는 친구인 해리 아빠를 자주 불러서 해리를 같이 데려올 수 있느냐고 한두 차례 물어보았다.

지금은 국왕이 황제가 되셨다. 황제는 언제나 환영하는 선교사들을 볼 때마다 엄청난 겸손함으로 대해 주셨다. 한 번은—변명으로 기억해 달라, 해리는 아직 여섯 살이 되지 않았음을—황제의 곁에 해리가 잠깐 서 있었는데, 철부지 어린아이가 황제의 옥좌로 달려가 올라앉은 것이다! 끔찍하게 겁에 질린 아버지는 엄청난 수치심으로 아이를 와락 잡아채어 끌어내렸지만, 자신의 친구에게 모두 친절하고, 신사적이며, 너그러운 황제는 버릇없는 무엄한 친구가 그 의자를 포기하도록 허용하지 않았다. 오히려 꼬마 앞에서 옥좌를 물렸고, 몇 분 동안 그와 함께하며 그 친구를 어루만지고 위로하며 이야기를 나누었다. 해리는 이 일이 조선인에게 얼마나 많은 것을 의미하는지 너무 어려서 깨닫지 못했다. 그러나 해리는 더 성장했을 때 웃으며 말하곤 했는데, 어떤 사람들이 말한 바로는 그가 절대로 대통령은 되지 못할 것이나, 최소한 옥좌를 한 번 점령해본 적이 있다는 것이다.

이런 행위는, 정말이지 단순히 아무것도 모르는 순진무구함이지만, 초청을 받아 궁궐에 간 적 있던 아홉 살배기 다른 미국인 소년보다 더 귀한 대우였으며, 왕자 전하는 해리의 나이를 물어보았다. 내가 전에 말했듯이 조선어 동사의 어미는 모두 중요하며, 특별한 어미들이 왕족이나 윗사람에게 사용되어야만 할 뿐 아니라 완전히 다른 단어로 사용되어야만 한다.

예를 들어, 누군가가 작은 아이나 아주 낮은 위치의 사람에게 나이를 물어볼 때는 "몇 살이냐?"라고 하며, 거의 동등한 위치에 있는 사람에게는 "나이가 몇이오?"라고 하며, 더 높은 사람에게는 "연세가 얼마시오?"라고 할 것이다. 그러나 한 어린아이가 왕자에게 절대로 나이를 물어서는 안 되며, 대부분 나이가 있는 미국인도 어림잡아 조선 왕실의 예법을 지레짐작해서도 안 된다. 그러나 해리 친구인 어느 소년은 왕자 전하가 나이를 물어봤을 때, 아주 정직하고 단순하게 '몇 살이냐?'라는 어법과 동격인 "아홉 살. 당신은 몇 살?"이라고 대답했다.

잠시 죽은 듯한 고요한 정적이 흘렀다. 소년이 엄마에게 이 이야기했을 때 그녀는 왕자가 아들에게 어떻게 했는지 경악하며 물었다. "아아, 왕자는 즉시 돌아서더니 나에게 절대로 이야기하지 않았어요" 이것이 그의 대답이었다.

그가 조금 깨달은 것은 이것이 부분적으로는 조선의 오랜 전통과 옛적 영광에서 기인한다는 것과 미국인들, 특히 이 소년의 아버지에 대한 대우는 특별하게 왕족의 호감과 친절의 결과였으며, 또 부분적으로는 모든 어린아이를 향한 그들의 관용 정신과 유난히 귀여워하는 태도라는 것이었다. 그래서 다행히도 그 소년은 현장에서 즉결 처분되지 않았다.

해리는 많은 일로 궁궐에 자주 초대를 받았지만, 절대로 그런 황당하고 굴욕감을 주는 장난을 되풀이하지 않았으며, 그가 더 성장했을 때는 황제의 친절한 우애에 대해 극도로 겸손함을 보이는 것이 칭찬받는 일임을 배웠다. 때때로 그들은 왕가의 고귀한 연못에서 스케이트를 타도록 초대를 받았고, 때로는 그 아름다운 왕실의 공원으로 소풍을 가는 것이 허용되었다. 때로는 미국인 어린이 한 사람 또는 다른 미국인 선교사 가정에 대한 특별대우로 왕실은 궁궐 안에 관객을 모아 놓고 이들을 위해 수세기 역사를 지닌 태블로우(역사적 장면 등을 여러 배우가 정지된 동작으로 보여주는 것 옮긴이), 마임 등을 상연했다. 그러나 해리는 그들을 존대하는 왕실의 모든 구경꾼보다 엄마와 자신에게 바치는 거수경례를 훨씬 자랑스럽게 여겼다.

옛 영광에 기인하여

\

어느 날 그들이 가마에 실려 도심에서 어느 정도 떨어진 지역으로 돌아올 때, 모든 거리가 새로 지은 궁궐에 속한 길로 이어지는 것과 수백 명이 넘는 왕실 경비대가 가까이 밀착하여 황제를 호위하고 있는 것을 발견했다. 황제의 위엄이 길거리 행렬에서 몇 분 동안 연출될 것은 예상할 수 있었으며, 황제가 걷는 특별한 땅에서 인파는 황급히 흩어져 길을 내고, 불경한 발은 절대로 이 땅을 디딜 수 없었으며, 다른 어떤 가마나 사람도 이 길을 지나는 것이 허용되지 않았다.

　그러나 우리는 행로가 늦었으며 황제의 행렬은 이 길에서 긴 시간 정체될 예정이었다. 우리는 왕실 일행이 나타나기 전에 서둘러 길 밖으로 나갈 것을 약속하고 간신히 우리 부탁을 들어줄 것을 희망하면서 지나가게 해달라고 애걸을 했다. 아주 황송하게도 경비대의 관료는 동의를 해주었다. 모든 것이 조선의 오래된 옛적 영광 때문에 그러했으며, 우리 가마꾼은 긴 행렬을 이은 병사와 관료를 비롯해 황제의 행차가 지나갈 때 합당한 군사적 의례에 따라 거수경례를 하는 남자들 사이로 통과해 상당히 빨리 달려갔다. 우리가 받은 이 모든 혜택은 해리의 생애에서 가장 상징적인 영예였다. 이는 작은 미국인이 자기 의지대로 할 수 있는 용감함을 보여준 자랑스러운 날이었다.

꼬마 유부남

　해리는 꼬마 미국인, 캐나다인 그리고 영국인 놀이 친구들의 모임을 매우 좋아했지만, 조선인 친구들도 있었다. 그리고 이 학생들 가운데 해리의 유년 시절 친구가 한 명 있었고 해리가 아직 분명하게 발음을 하기도 전에, 그는 어떤 형제를 '브라저(brozher)'라고 불렀다. 그리고 나머지 우리는 그를 '꼬마 유부남'이라고 불렀다.

　꼬마 유부남은 12살이었지만 7~8살 되는 미국인 소년들보다 키가 크지 않았으며, 그 짧은 머리는 머리 꼭대기에 바짝 조여 망간에 말쑥하게 묶여 있었다.

그는 아직 모든 유부남처럼 검은 갓을 쓰고 있지 않았으나 엄청나게 넓고 무거운 짚으로 된 삿갓을 썼는데, 이것이 그의 얼굴을 보호해 주었다. 그는 또 삼베로 짠 외투를 입고 허리둘레에 끈을 두르고 있었는데, 꼬마 유부남은 아버지를 잃었기 때문이었다. 지난여름에 콜레라가 아주 극심했을 때 꼬마의 아버지가 돌아가셔서 애도의 표시로 상복을 입고 있었다.

소년의 아버지는 기독교인이 되어 신사적으로 거듭난 사람이었으며, 선생이면서 해리 아버지의 문서 사역 보조자였고 종교적 문헌을 조선어로 번역하는 조력자였다. 콜레라가 그를 쓰러뜨렸을 때, 갑자기 그의 아버지가 사망해 홀어머니와 이 소년과 작은딸을 남기고 떠났다. 그래서 지금 가련한 '유부남'은 명목상으로 가장이 되었다. 나는 그의 어머니가 지략이 풍부하고, 활기차며, 관리 능력이 있는 사람이라고 확신하고 있었다. 남편이 죽기 전에도 그랬다. 조선 여성들은 많이들 그렇게 행동한다. 그러나 그들은 전부 습관적으로 조용히 있다.

그 조력자가 죽었을 때 원 목사는 최대로 할 수 있는 한, 이 작은 꼬마에게 아버지가 되어 주기로 약속했고, 그래서 그를 미션 스쿨에 보냈으며 그 뒤로 거의 매일 소년은 해리를 방문하러 왔다. 해리는 조선어를 단지 아주 조금만 배웠을 뿐이고 그들은 서로의 말을 거의 이해하지 못했으나 멋지게 의사소통에 성공해 상대의 뜻하는 바를 매우 잘 알았다. 그러나 그들 사이에는 차이점이 하나 있었다. 해리에게 매일의 일상이었던 수많은 것들을 꼬마 유부남은 절대로 꿈도 꿀 수 없었으며, 반면에 해리와 비교했을 때 나이가 더 많은 쪽은 조선인 꼬마였다. 꼬마 유부남의 머릿속은 모든 종류의 이상하고 어리석은 미신과 우화들, 수백 개의 한

자어와 그의 나이를 넘어선 문제에 대한 지식으로 완전히 가득 차 있었다. 둘 다 조선에서 태어났지만 한 사람은 빛 안에서 계속 성장하며, 양육을 받고 점점 더 빛 가운데 사는 삶에 도달해 가고 있었지만, 다른 한 사람은 어둠과 퀴퀴한 냄새가 나는 곳에 폐쇄되어 사방이 둘러막히고 영혼의 달콤한 빛과 분위기에서 멀리 떨어져 있었다. 그래서 유부남의 눈은 감겨 있었고 본성은 좁고 얄팍하고 피상적이며 연약했다.

그의 아버지가 돌아가시기 전에 언젠가 그는 미국인에게는 꽤 유별하게 느껴지는 의식을 치르고 결혼을 했다. 물론 조선에서의 결혼식은 계급에 따라 차이가 나고, 어디에서나 똑같은 것처럼 수많은 부류를 상징한다. 그리고 가장 가난하고 낮은 사람들은 신랑과 아내가 된다는 소식을 대개 아는 사람에게 알리기만 하고, 신랑 집안에서 약간의 쌀가마를 신부 집안에 주어야만 한다는 것을 빼고는, 어떤 의례도 없다.

그러나 1년에 최소 수입이 일본 돈으로 500엔인(이 씨 부인은 남편의 월급으로 생활하였다) 꼬마 유부남의 집안은 결혼식을 하는 것이 당연했다. 그래서 상당한 규모로 결혼식을 올렸다. 얼마 전에 이 씨 가족은 결혼 잔치를 준비했는데 여러 친구와 이웃이 도우러 와서 떡 만드는 모임과 바느질하는 모임이 있었다. 떡은 큰 덩어리로 만들어져 작은 방에 가득 찰 정도였고 결혼식을 위해 잠가 둔 채 보관했다. 잔치 국수는 밀가루 반죽을 많이 하여 낡고 무뎌 보이는 국수 기계의 도움으로 현장에서 즉석으로 만들었고, 닭고기, 계란, 견과류, 과일, 그리고 다양한 환상적인 요리가 줄줄이 늘어져 있었다. 신랑은 물론이며 모든 가족에게는 멋진 새 옷이 제공되었다.

신부의 결혼식 복장

　신부의 집에서도 혼숫감을 준비하면서 몇 주 동안 분주했다. 결혼식 날을 위해서 부드럽고 얇은 조선 비단으로 만든 길고 빨간 치마와 노란 비단 저고리가 만들어졌다. 결혼식을 준비하는 여성은 보통 중매자인데, 두 가정 사이의 혼례 계약을 성사시키고 결혼식을 위한 모든 준비를 맡았다. 만약 결혼식에 필요한 물품이 부족하거나 너무 가난하다면 그녀는 필수적인 장신구, 신부의 의자, 신랑의 조랑말, 혼례복 등 필요한 모든 것을 빌려온다.

　이 결혼식은 계속해서 잔치가 이어지고 아주 크게 벌어졌으며, 현란하고, 우리가 보기에는 우스꽝스러운 머리 장신구와 허리띠 장식이 입혀졌다. 신부의 머리는 반짝반짝 광이 날 때까지 기름을 발라 양쪽으로 갈라 뒤에서 다시 얹어 묶었는데 가능한 한 바짝 조였으며, 신부 얼굴의 일반적인 윤곽을 완벽하게 만들기 위해 이마 주변에는 살짝 머리를 밀었다. 그녀의 눈썹도 가능한 한 맵시 있는 곡선이 되도록 손질을 했고 얼굴은 흰 밀가루 반죽으로 두껍게 뒤덮였는데, 이것이 마르면 보기에 섬뜩할 정도로 유령같이 창백한 얼굴을 만들어 준다. 그런데 밀가루로 덮인 얼굴은 차라리 낫다. 그녀의 입술 위는 주홍색을 두껍게 칠하고 양쪽 뺨도 그러하며, 양쪽 뺨에는 은화 동전 하나 정도의 크기로 연지를 찍는다. 양손은 보기 좋지 않은 방식으로, 신부를 정면으로 보면 양손을 꽉 움켜쥐고 그 양손 위로는 느슨하게 걸친 하얀 비단 조각이 손을 가린 채 덮혀 있다.

　결혼식 당일이나 하루 전에는 하인들이 대개 그녀의 혼숫감을 가지고 신부가 살 신혼집으로 간다. 예식이 다가오면 그런 경우에 입는 대례복과 모자(왕실의 일원들 앞에서 고위급 관료만이 착용)를 쓴 신랑은 정복 차림으로 두 남자가 수행하는 가운데 어떤 기묘하게 생긴 높은 구식 안장을 얹은 말에 올라타고 서서히 가기 시작했다. 한쪽에서는 신랑의 불안정한 좌석을 붙들어 준다. 신랑은 조랑말을 이끌고 앞서 가고 또 다른 수행원은 신랑을 태양의 강렬한 축하에서 가리기 위해 긴 막대기를 단 큰 우산을 들고 따라갔다. 다른 사람들은 여전히 뒤에서 달려갔고, 계속해서 "길을 트시오"를 반복해 외치면서 행렬을 이끄는데 이것은 아주 위대한 신랑을 상징하며 모두가 존경하며 길에서 비켜서야 한다. 그렇게 그는 신부의 집으로 갔다.

신랑이 도착하면 신부는 조선식 가마에 들어가 앉는다. 신부의 가마는 사거나 빌려온 것 중에 가장 멋지고 최상이며, 표범 가죽으로 만든 것이다. 이 가마는 물론 신혼집으로 신부를 데려가기 위한 것으로 그녀는 보이지 않게 안에 들어가 있다. 행렬은 그런 다음 그녀의 새집으로 행진한다. 무엇보다 먼저 장수와 결혼의 축복을 염원하기 위해 대판에 묶어 올려놓은 거위 한 마리를 한 남자가 가지고 가며 그런 다음 하인들은 옷가지와 음식이 든 상자를 운반한다. 아주 가끔 엄청난 가체머리를 하고 행렬에 여자 하인들이 따라간다. 그리고 때로는 집에서 만든 종이꽃으로 만든 자기보다 더 큰 부케를 들고 꼬마 소년 소녀들이 따른다. 그러나 나는 이 결혼식에 꼬마들이 있었는지는 확언할 수 없다. 신부와 짐을 실은 가마가 마지막까지 지나간 다음에 신랑은 신부 뒤를 따라갔다.

결혼식 의례

혼례 행렬이 신랑 집에 도착했을 때 신부는 도움을 받아야 했다. 그녀는 가마에서부터 사람들이 들어 올렸다. 전적으로 그녀는 마치 무생물이나 죽은 사람처럼 조용히 해야 하는 것이 좋은 예법이기 때문이다. 신부를 보면 마치 거의 죽은 여자 같았으며 한편으로는 치마가 너무 길어서 사방에 끌리고, 양손은 움직일 수 없으며 눈은 너무도 꽉 감고 있어서 전적으로 무기력해 보였다. 가까운 친척인 두 여자가 신부의 두 팔을 꽉 움켜잡고 한 걸음 한 걸음씩 예식이 열리는 방의 중앙으로 신부를 데려갔다. 반대편에는 신랑이 친구 한 명과 함께 서 있었다. 무기력한 소녀 신부의 작은 모습은 여러 번 낮은 땅을 향해 절을 하면서 거드는 사람들의 도움으로 자그마하게 앞으로 굽혀졌다. 그러고 나서 신랑은 사람들의 경탄과 축하를 받으며 들어와 포도주 한 잔을 두 사람의 입술에 대고 신랑이 먼저, 그다음에 신부가 입술에 대었다. 그러나 그녀는 공포와 어리둥절함 외에는 아무것도 맛볼 수 없었는데, 여러 해 동안 단단히 감추어진 채 고립되고 은둔했던 어린 신부에게는 지독한 경험이었기 때문이다. 부부는 그런 다음 신랑의 부모 앞에 이마가 땅에 닿도록 고개 숙여 인사를 하고 마찬가지로 신부의 부모에게도 인사를 했다. 그러나 신부의 부모는 안 계신 경우도 많고 특히 신부 어머니가 없는 경우가 많다.

새롭게 결혼한 한 쌍을 위해 조선의 산해진미가 높이 쌓인 작고 낮은 조선식 밥상 두 개가 들어왔다. 이 예식이 이뤄진 다음에 신랑은 잠깐 동안 물러서 있었고, 나머지 사람들은 자연이 허락한 모든 음식을 먹었다. 이는 때때로 중요한 상황에서 자연은 사람에게 무엇을 해줄 수 있는지

기적적인 상황이었다.

우리처럼 조선인도 이날을 한 남자와 한 여자의 생애에서 더없는 행복한 최고의 경축일로 생각하는 것이 틀림없다. 신랑은 머리를 올린 날부터 그의 생애는 많은 남성 가운데 한 가장으로 살게 된다. 이제 과거는 지나가고 모든 것이 새롭게 된다. 그의 이름도 바뀌었고 가장의 위엄과 책임을 갖게 되는 것으로 생각된다.

신부의 운명

소녀 신부는 결혼 전 예비 시댁에 가서 모든 일을 하는 하녀처럼 된 후에 시댁 외부로 다시는 모습을 보이거나 무엇을 들어서도 안 되는 것으로 여겨지며, 그래서 이 결혼 예식은 확실히 그녀가 중요한 사람이 되어 외부에 공표되고 시댁으로 데려오는 중대한 행사이다. 밤이 되면 선인장이 꽃을 피우듯이, 신부는 오직 그날 하루 동안만 영광 속에서 활짝 꽃핀다. 이날을 위해 그녀의 과거의 삶은 관리를 받아왔으며, 그녀의 앞날은 여기로 다시 돌아와 과거의 기억은 현재와 미래에 반복될 것이다. 그래서 한 번만 어린 신랑이 궁중 대례복을 입는 일이 허용되고 신부를 위해 왕자처럼 행렬을 지어 다니는 것이 허용되는 것은 놀랄 일이 아니며, 신부는 가질 수 있는 것, 할 수 있는 모든 것을 동원해 치장을 하는 것도 놀랄 일이 아니다.

그 어린 아내는 말을 전혀 하지 않는 것으로 보인다. 이는 이상한 조선 사람들의 기묘하고 괴상한 관념인데, 이렇게 하는 것이 얌전하고, 여성스러우며, 여성은 조용히 해야 한다는 모두의 바람이다. 이 관념은 너무도 광범위하게 퍼져 있어서 낯선 사람이나 윗사람이 있을 때 한 마디라도 대답을 하도록 어린 신부를 설득하는 것은 매우 불가능하다.

어린 신부들은 때때로 결혼 이후, 여러 달 동안 한 마디 단어라도 절대로 입술 밖으로 내지 않는다. 과연 조선의 어린 소녀들을 이해시킬 수 있을지 의심스럽지만, 조선에서 어린 유부남의 아내가 어떻게 여겨지는가를 객관적으로 그녀가 이해되도록 할 수 있다면! 또 신여성은 무엇인가 라든가 만약 그녀가 미국에 가서 여성의 권리에 관한 회의에 참석할 수 있거나 서구 세상에서 어린 여성들이 공적으로 어떻게 처신하는가에 대한 정보를 받을 수 있다면야 나는 이들에 대해 지레짐작하는 체하지 않겠지만 그런 일은 일어나지 않는다.

그녀 입장에서는 일찍이 시어머니에게 익숙해지는 법을 배우고 있었으며, 어린 나이에 시댁 일을 시작하기 때문에 더 잘 배우게 된다. 신부는 금방 시어머니를 사랑하게 될 것이고 그 집안에서 이방인 같은 사람이 아니라 진짜 딸처럼 되는 것이다. 그러나 이 모든 것이 그녀에게 어떤 조그만 유리한 점이나 이득도 없다. 생각해보라, 젊은 미국인 부인을. 조선인 남편은 후회와 책망을 은연중에 함축하거나 암시하지, 아무개의 부인이 되면 남편뿐 아니라 아무도 그녀에게 직접 얘기를 할 수가 없다. 그러나 색시는 남편의 어머니가 이런저런 것을 어떻게 요리하곤 했는지 전부 알았기 때문에, 시어머니의 살아온 길이 그대로 색시의 앞길이 될 것이다. 그래서 신랑 생애의 말년은 우리로 보자면 그 똑같은 축축한 빵들, 딱딱한 비스킷이나 여러 소화 되지 않는 음식을 소년이었을 때 먹었던 것과 정확히 똑같게 먹게 될 것이다.

꼬마 아내들은 아무런 권리도 주장하지 않는다. 그녀는 자기 손을 부지런히 굴려 분주한 작은 도우미가 되고 바느질을 하고, 많은 해가 지나면 이런 이유로 어느 날 여주인이 되는 축복을 받을 것이며 낳은 아이로 하여금 더없는 영광을 누릴지 모른다. 그녀는 자기의 작은 세계에서 한 단계 올라갈 것이며 중요한 사람이 되기 시작할 것이다. 물론 조선에서는 여성의 생애가 너무 많은 부분 남용되기는 하지만 전부 나쁜 것은 아니다. 그러나 작은 소녀가 친정어머니 곁을 완전히 떠나 시어머니의 통제 아래 돌이킬 수 없도록 떠나기는 힘겨운 일이다. 반면에 많은 서구 소녀들은 어린 시절에 기숙학교를 다니고 있다. 그 시어머니는 때때로 심하고 잔인하지만 대부분 그런 것은 아니다. 소녀는 끔찍하게 이 집에 매이는데, 나는 조선 소녀들의 이런 삶의 모습이 우리의 많은 서구 소녀들이 공적인 보호와 인도를 받지 못하는 것보다도 더 나쁜 게 아닌가 여겨진다.

그 무지, 편협함, 미신들, 아아, 조금도 나아지지 않고 끔찍하다. '꿈이 없는 곳은 그 사람의 무덤이다.' 그리고 이 세계에서 조선의 어린 소녀 색시에게는 꿈도, 미래도, 동물보다 더 나은 삶이나 아무런 희망도 없다. 동물들도 수컷, 따뜻함, 음식, 새끼, 보호받는 처소는 공통적으로 가지고 있는데 이것보다 더 나은 것이 없다. 이들의 세계에는 욕설이 심하고 짐과 부담도 엄청나게 크다. 아무런 고무적인 것, 어떤 꿈과 비전, 그들을 사랑하시고 긍휼히 여기시며 짐을 나눠 가지기 위해 아래를 향해 살피시는, 평화와 안식과 영광을 주시는 하나님도 전혀 없다. 이 매끄럽고 부드러운 어린 얼굴은 일찍부터 깊은 주름이 생기고 거칠어져 굳어지고 깊은 고랑이 패이게 된다.

그러나 꼬마 신랑의 아내는 그녀 앞에 여전히 놓인 지치고 피곤한 길에 대한 아무런 생각이 없다. 그녀는 모든 동양인의 특징으로 아주 예쁘다고 불리는 부드럽고 달콤한 계란형 얼굴, 빨간 입술, 부드러운 검은색 눈, 매끄럽고 깨끗하고 촉촉한 피부를 가진 사랑스럽고 예쁜 아이였다. 그녀는 친정에서 딸이자 자매로 지내다가 시집와서 금세 혼자라고 느끼게 된다. 때로는 아마도 두세 달 안에 한 번쯤 그녀는 해가 지고 나서, 앞치마를 얼굴 전체에 두르고 나이 든 여자 몸종이나 시어머니와 같이 친정어머니를 보러 집으로 간다. 해리 엄마는 그들을 전부 보러 갔다가 두 명의 예쁘고 조그만 소녀들을 보고 찬사를 보내면서 집에 왔다.

가엾은 해리는 그 이야기를 슬프게 경청했다. 그에게 이런 것은 낯설었으며, 하나님 섭리의 슬픈 특별 시혜였다. 해리는 다른 조선 남자아이들에게 그렇게도 많은 혈육인 형제나 자매, 아내나 아무것도 없었다. 얼마 뒤에, 매우 아팠을 때 해리는 열이 나서 헛소리를 했는데 그의 작은 머릿속에 걱정되는 문제들이었다. 엄마는 애처롭고 한심한 억양으로 말하는 것을 들었다.

"마이 브랏쩌(브라더)는 와잇쯔(와이프)가 있고 쉬스터(시스터)도 있는데, 아이 햇쯔(해브) 노 원 벗 마이셀쯔(마이셀프)(내 친구는 아내도 있고 여동생도 있는데 나는 나 밖에 아무도 없잖아)."

좋지 않은 소식

어느 겨울, 해리가 아직 일곱 살이 채 되지 않았을 때 미국에서 끔찍한 편지가 왔다. 동양 사람들은 그런 편지가 무엇인지 안다. 극심한 고통과 상실이 여러 통신수단을 통해 내려와 우리를 바라보고 있었다. 사랑하는 것들이 엄습을 당하거나 죽었으며 지금까지 모든 것이, 끔찍하게 계속되는 수천 마일을 넘어 저편 아득한 너머에서 오직 나쁜 소식만 빠르게 전해지고 있다.

해리 엄마에게 어느 신성한 이야기를 하는 자들이 몹시 필요했고 그녀의 심장은 그들에게 가고 싶은 간절한 바람의 고통으로 방망이질 치고 있었다. 조금 조금씩, 그들이 생각하고 기도하며 기독교인 친구들과 함께 상의를 하고 있을 때 불가능한 일들은 사라지기 시작했다. 그녀는 가야 하는데 혼자서 가야만 했다. 가끔 사람들의 삶에서는 의무와 바람이 상충하는 방향에서 명백하게 똑같은 무게감으로 둘 모두를 끌어당기고 있는 일들이 일어난다. 이런 일과 같이 생사의 기로에 선 문제들이 서로 상충하고 있는 경험을 해본 사람들만이 원 목사 부인의 심장이 얼마나 찢어지는지 짐작할 수 있다.

분명히 가야 하기 때문에 그녀는 지체 없이 지금 빨리 떠나야만 한다. 그러나 당장 그녀는 가족을 떠나 있어야 하는 마음의 준비를 할 수가 없었으며 맹목적으로 '내가 가야만 할 경우를 대비해서' 준비하는 가운데 그녀는 갔다. '가야 할 경우를 대비해서' 트렁크에 짐을 넣어 두고 제물포행 탑승권을 샀고 가정 내부의 일은 몇 개월의 부재를 대비해 만족할 만큼 해놓았다.

그러나 해리 엄마는 아직도 가야 할지 결정을 내리지 못하고 있었다. 정말이지 오, 안 된다. 그녀의 심장은 추스르기 힘들만큼 훨씬 더 무거웠고, 너무도 무거워서 마음을 정하기가 쉽지 않았다. 그 편지의 중압감과 함께 오는 것, 그리고 캡틴과 해리를 떠나 있어야 하는 부담감, 나는 그녀가 얼마나 도무지 마음을 정할 수가 없었는지 짐작할 수도 없다. 마음은 더 무거워지고 계속 무거워져, 매 순간 그 중압감은 커졌고, 시간은 얼마나 빠르게 날아가던지! 가마꾼과 짐꾼들은 그녀가 '가야 할 경우를 대비해' 대문에 대기해 서 있었고, 결국 그녀는 한참 걸려서 가기로 하고 모두가 제물포로 내려갔다.

그녀는 제물포에 있는 중국 호텔로 걸어가며 고뇌로 이글거리는 눈빛을 한 초췌한 여자였다. "원 목사 부인, 당신은 매우 나이가 많고 아파 보이는데!" 잘 아는 남자 승무원이 말했다. 그러나 그녀는 아직도 가야 할지 결단을 하지 못했다. 오, 안 된다. 한참이 걸려 그들은 그녀에게 증기선이 해안에 도착해 있으며 아침에 출발할 것이라고 말해 주었다.

오, 얼마나 마음이 무겁고 지독하고 두렵도록 소름 끼치는 중압감으로 점점 더 커졌는지. 그녀는 의무를 인지하려고 노력하면서, 정말로 많은 위험이 위협하고 있는 나라에서 몇 달 동안 지내면서 남편과 어린 아들을 떠나 있어야 하는 의무가 잘못된 소망이 아니었는지 의문스러워하면서 앞뒤로 왔다 갔다 하였다.

떠남

\

원 목사는 부산의 선교 사업 때문에 해리와 함께 그곳에 가고 있었으며, 어쨌든 그들은 모두 제물포에서부터 함께 항해를 했다. '가야 할 경우를 대비해' 원 목사 부인은 부산에서 미국으로 가는 것을 결단해야 했다.

아아, 부산에 도착하기까지 짧은 30시간이 걸렸다. 그리고 줄곧 계속해서 알고 있듯이 그녀는 어리고 연약한 아들과 남편을 남겨 두고 떠나 태평양과 북미 대륙을 횡단하러 가고 있었다. 그녀는 그 두 사람이 있던 해안에 그녀의 영혼이 머물도록 두 사람을 태운 작은 보트를 보면서 서 있었다. 영혼과 몸이 산산조각이 나도록 찢어지는 것만 같았다. 절대로 떨어져 본 적 없던 그녀와 두 사람 사이에서, 검은 물결이 차 있는 점점 더 넓어지는 만을 떠나면서, 그녀는 더 멀리 이 배와 함께 빙글빙글 돌면서 혼란스러운 지금이 도저히 말도 안 되는 것 같았다. 즐거운 여행을 위해 유럽에 가 있는 동안 아이들과 헤어져 아무렇지도 않게 생각하는 많은 자유분방한 엄마들은 내가 몇 달 동안 남편과 아이에게서 떨어져 있어야 할 때, 과도하게 신경을 쓰고 지나친 감정을 보이는 이 이야기에 웃을 것이다.

그러나 해리 엄마에게는 오직 양 한 마리(아들)밖에 없었고 멀리 떨어진 야만의 땅에 살면서 한 가지 이유가 더 있었다. 작은 가족은 지금까지 한 마음, 한 영혼을 갖고 있었고 그들 특유의 방식으로 서로 연합해 있었기 때문이다. 끔찍한 질병에서 오는 위험도 아주 많았으며 주된 이유는 원 목사 부인이 아주 어리석은 여자라는 점을 부인해 본 적 없다. 그녀는 눈물을 흘리며 마음이 힘든 가운데 두 사람을 보면서 작은아들이 아빠의 어깨에 머리를 기대고 흐느껴 우는 것을 보았다. 그녀는 남편이 해리에게 몸을 굽히고 무언가를 속삭이는 것을 보았고, 그 용감한 작은 머리가 보이는 동안 웃음 한 줄기가 눈물을 멈춰버렸고, 떨려야 할 텐데 즐겁고 화사하게 안녕을 외치는 소리가 울려 퍼졌다. 해리가 눈물을 흘리며 작은 손수건을 힘겹게 맹렬히 흔들고 있는 동안 그녀는 충분히 괜찮다고 생각했다. 엄마는 아들이 우는 것을 보면 안 된다. 그것은 그녀를 더 힘들게 할 것이고, 그래서 엄마가 지켜보고 있는 동안에 웃고 있는 캡틴과 해리의 얼굴이 뒤에 있었으며 손수건은 계속 흔들었다. 마침내 두 사람, 그리고 그들을 태운 배는 더 이상 그녀와 분리된 것이 될 수 없었고 이곳 항구는 단지 음울하고 지루하고 차갑고, 어둡고, 흐느껴 우는 많은 물들, 그리고 어느 따분하고 음울한 곳일 뿐이었다. 저 멀리 휘날리고 있는 손수건은 무엇이었는가? 한 마리의 바닷새였는가? 그리고서 이곳은 역시 엷은 안개와 밤, 아주 어두운 밤 속으로 사라져 갔고, 잔인한 증기선은 그녀의 마음이 머물러 있는 해안가로부터 멀리 떨어지게 그녀의 몸을 재촉했다.

가엾은 해리는 작별 인사와 손수건이 더 이상 엄마를 격려하는 데 필요 없게 되었을 때 갑자기 격렬하게 울음을 터뜨렸다. 친한 친구들이 아주 친절했고, 그들과 수많은 행복한 시간 동안 놀았지만 그는 무척이나 고생을 했다. 때때로 친구들은 문 뒤에 숨어 있는 작은 해리를 찾아낼 것이며, 아니면 그 놀이에서 꼬마를 찾아내는 장소가 엄마를 향한 외로움으로 조용히 울고 있는 어느 테이블 아래일 것이다.

보상 한 조각

\

우편은 믿음직하게도 편지를 성공적으로 빠르게 전해주었고, 작은 선물들, 배에서의 사진들, 두꺼운 종이 병사들, 밸런타인과 부활절 카드들, 그리고 찍어 누른 꽃들을 보내 주었다. 모든 것이 충분했지만, 해리에게 어머니를 대신하지는 못했다.

어느 해 4월 첫째 날, 친구들이 엄마가 보낸 편지가 그에게 도착했다고 말했다. 그의 작은 가슴이 얼마나 뛰었던지! 그러나 이것은 잔인한 만우절의 농담일 뿐이었다. 농담은 아주 쓰라렸고 설교를 하러 시골 마을로 아버지가 멀리 가 있어 힘든 것 말고도 아주 가슴 쓰린 것이었다. 해리는 홍역을 앓았는데, 물론 이것은 부모와 그 어린애의 경험으로는 길고, 암울하고, 답답한 시간이었다.

그러나 얼마 후에 엄마가 돌아와서 그들은 이 세상에서 두 번 다시 이런 식으로 헤어지지 않게 해달라고 기도했다. 이는 선교사들에게는 예외적인 경험이 아니었다. 선교사 가족들은 자주 떨어져 있어야만 하고, 부드럽고 여린 작은 아이들은 그들 가족이 고생하는 대가의 단지 한 조각 보상일 뿐인 엄마의 두 팔, 그 품에서 찢겨 나가야만 한다.

해리 어머니가 함께 가지고 돌아온 미국 초대자의 선물이 무엇인가! 엄청난 짐 상자, 해리를 위로하기 위해 보낸 할아버지 할머니, 친절한 아줌마, 사촌, 친구들이 트렁크 한가득 채워 준 것 이외에도 여러 가지의 옷, 책, 여러 장난감, 그들이 생각할 수 있는 모든 것이었다. 그러나 '인간의 삶은 그가 소유한 것의 풍부함에 있지 않았다.' 다만 해리의 기쁨은 가족이 집에서 다시 한 번 함께 존재했던 그것이었다.

11

일본과 중국으로

어느 해에 많은 사람이 병들었다. 도시 안에 새 도로가 건설되고 있었으며 옛길들은 넓혀졌고 개화정신을 받아들인 조선은 수백 개의 주민 가옥들을 허물어 버렸다. 몇 세기 동안 누적된 질병과 오물은 여기저기 돌아 넘쳤고 공기는 독성 있는 먼지로 가득 차 있었다. 열병을 앓지 않는 사람들이 없을 지경이었다.

캡틴과 어린 아들은 둘 다 아주 심하게 이 병에 걸려 아팠다. 이 일이 일어난 이유는 선교회는 원 목사 가족이 일본이나 중국으로 선교 여행을 해야 한다고 결정을 했고 박차를 가하고 밀어붙여야 할 일들을 위한 힘을 빨리 얻을 수 있는 선교지(해외 지부)를 찾아야 했다.

그들은 서울에서 열린 연례 회의를 마치고 북쪽행 증기선을 타기 위해 조선 남쪽선교사의 집과 인천으로 돌아와 선교사들과 함께 출발했다. 그 행로에서 강을 따라 내려오는 길에 작은 배에는 사람들이 꽉 들어

차 있었다. 조선인들은 말하기를 사람이 많으면 많을수록 좋다고 하고, 눈에 잘 띄지 않는 많은 사람이 모여 즐거울 때보다 특히 여러 선교사 인원이 많을 때 더 좋다고 했다. 사람들은 선교사들을 알지 못하는 데도 말이다.

이 많은 구경꾼에 또 둘러싸인 그들은 우울했을까? 물론, 그렇다. 그러나 여러분이 알다시피 선교사들은 정말 상쾌한 천국의 색채다. 여러분은 웃고 있는 하늘을 본 적이 없는가? 그런 적이 없다면 나는 그 선교사들을 여러분이 제대로 알지 못하는 것이 두렵다.

관리가 부실한 호텔

\

선교 일행은 인천의 열악한 호텔에서 전부 옹기종기 붙어서 함께 모여 있었고, 그 호텔은 서구인들이 운영하는 곳이 아니어서 열악함은 계속되었다. 여기서 최선은 모두가 빽빽이 들어차 있는 것이었으며, 바랄 수 있는 모든 것들은 아무것도 존재하지 않았다. 호텔 관리인(아마도 호텔 경비라고 말하는 게 더 나을 텐데)은 명백하게 그렇게도 이례적인 엄청난 투숙객을 수용해 너무도 우리 선교사들을 의기소침하게 하였다. 그리고 난방, 목욕, 마실 물, 차, 수건, 비누 등 기본적인 물품을 모두 요청하기에는 너무 무리였다. 지배인은 당연히 해야 할 합리적인 행동을 완전히 상실했으며 절대로 두 번 다시 투숙객들을 위해 분주하게 움직이지 않았다. 몇 시간이 지나고 저녁 시간이 되었는데, 굶주린 사람들과 그들보다 더욱 배고프고 순식간에 잠이 오는 어린아이들을 위해 저녁

이 마련되었다는 아무런 언급도 없었다. 어느 누구에게도 무엇이든 좋은 것을 주지 않는 지배인의 마음 상태를 알고, 선교사 두 명이 비위생적인 주방으로 들어가 손수 저녁 식사를 준비했다. 저녁 식사는 그런 행동에서 나온 결과였다. 틀림없이 거기에는 나이프와 포크도 충분치 않았으며 테이블을 거드는 호텔 보이는 홀에서 진흙이 묻은 물걸레를 양동이에 가져와 무언가를 설거지하고 있었다. 그러나 이것들은 그저 아무렇지도 않은 일이었으며, 다음 날 아침 그 호텔에 기쁘게 작별을 고하면서 평양, 부산, 대구, 일본을 향해 다양한 행로를 출발하는 우리 친구들을 보았다. 나가사키에 도착해서, 그곳에 있는 친구들을 찾아보면서 그들은 그 만을 가로질러 비교적 짧은 거리에 오바마라고 불리는 해안 마을이 있으며, 그 위쪽 산에는 유명한 유황 온천이 즐비하게 있고 일본 주민과 중국에서 오는 많은 외국인이 아주 좋아하는 리조트가 있다는 것을 알아냈다.

일본의 어느 도로

\

일행은 이곳으로 가기로 했으며 상쾌하고 차가운 산 공기를 마시고 그 유명한 온천물을 맛보기로 했다. 여정의 첫 번째 무대로 인력거를 타고서 언덕을 넘어 나가사키에서부터, 모키(mokee)라 불리는 작은 어촌의 산을 통과해 지나갔다. 거기에는 만을 가로질러 그들을 데려다 줄 증기선이 준비되어 있었다. 나는 여러분이 증기선을 함께 타고 우리가 보았던 것을 보고 즐거워하기를 얼마나 바라는지. 이 모든 것을 상세히 묘사하려는 시도는 어리석은 일일 테지만 아직도 그 소원이란!

우선, 암석이 가득한 도시의 주요 도로 위에서 아주 좋은 경험을 하면서 가장 유혹적인 것이 가득 차 있는 재미있는 여러 작은 가게를 지나갔다. 그 안에는 조각된 상아, 거북 딱지(오렌지색과 갈색으로 된 빗이나 장식품의 재료들), 비단 자수를 놓은 것, 도자기, 크레이프(주름진 비단), 작은 양탄자들이 있었다. 누군가는 기록자를 고용하거나 밖으로 뛰어 나가 걸었다. 한편 그 도로가 오르막길로 시작될 때까지, 최고로 매력적인 분위기를 지닌 명랑한 작은 아이들, 꽃과 채소와 그 밖에 다른 상품을 운반하는 인상적인 노동자 무리가 계속 있었다. 길은 구불구불 이어지며 오르막길을 올라가니 언덕에서 꼭대기까지 곳곳에 작물이 경작되고 있었고, 산들은 마음을 녹여 주는 엷은 색조의 푸른색으로 미소 짓고 있었다. 바로 그곳에서 내리막길이 시작되고, 다른 한편으로는 분주한 도시의 모습이 내려다보였다. 시미니사키 해협을 통과하여 아름다운 내해(內海), 그리고 위에서 다른 방향으로 눈을 돌려 내려다보니 사랑스러운 한 골짜기에 이르렀으며 지나다니는 세계의 선박으로 가득 차 있는 항구도 보였다.

그 도로는 대나무 숲을 통과해 아름다운 언덕의 심장부로 내려왔다. 내리막길은 구불구불했다. 부드러운 엷은 안개가 서린 공기와 찬란하게 빛나는 10월의 햇살 안에서 눈부시게 빛나며 서 있는 더 아름다운 산들도 높이 솟아 있었다. 매력적인 개울이 길을 끊임없이 가로지르고, 식물 애호가에게는 넋을 빼놓을 정도로 황홀하고 풍성한 양치식물들이 테두리를 두르고 있었다. 아주 발 빠른 일본인이 끄는 인력거를 두 시간 넘게 타고 가다 보니 그들은 한 원주민 여인숙에서 밤을 보내야 하는 모키라는 다소 누추한 작은 마을로 와 있었다. 그곳에는 여러 숙소가 있었으나 선택할 수 있는 곳은 많지 않았다.

숙소는 전부 똑같이 매력이 없었지만, 가정에서 사용하는 두꺼운 요들은 침대로 삼기에는 아주 훌륭한 역할을 할 것 같았고 침구가 들어왔다. 그럼에도 호텔에서는, 특히 어느 동양 호텔에서는 깔끔한 체하는 까다로운 눈빛은 자신들을 고통스러운 불신으로 몰아넣는다. 하지만 피곤하고 지친 우리 여행자들은 손수 가지고 간 깔개와 베개를 펴놓고, 호텔 사람이 가져온 겹겹이 두꺼운 이불을 멀리하는 것 말고는 어찌할 수 없이 이내 누웠다.

원 목사 부인은 잠을 잘 수 있든 없든 의복을 벗는다는 것이 말도 안 되는 일이었다. 등이 아플 때 휴식을 취할 수 있는 접이식 의자는 제공되지 않았으며 너무나도 무거운 머리를 기대고 쉴 수 있는 그 어떤 장소도 없었다. 한마디로 원 목사 부인의 불안과 초조감이 너무도 컸으나 행복했으며 또다시 마룻바닥을 찾았다. 그녀가 눕기 전에 육체적이고 심적인 적들이 그녀를 공격했다. 그러나 그것들이 그녀에게 많은 고통을 주기에는 너무 늦었다. 연약한 대로 저항을 했고 고통스러운 것은 사실이었지만 그런 고통은 그리 길지 않았다. 의지가 강하고 긍정적인 천성은 여지없이 마음을 누그러뜨려 밤 1시 정각이 되기 전에, 그녀는 불안한 신경에도 불구하고 쌔근쌔근하면서 살포시 잠들었다.

다음 날 그들은 작은 오바마 항구에서 짧은 항해를 하고 나서 이곳이 주민들과 함께 해수욕을 하기에 상당히 좋은 장소임을 알았다. 그러나 해수욕을 즐기는 그들의 방식은 설명하지 않고 남겨 두려고 한다. 일본은 문명이 아주 발전해 있었다. 해변을 보러 가는 것은 말도 안 되는 일이었고 그들은 여기서 오래 머물지는 않고 즉석에서 유황 온천욕을 하기 위해 산으로 올라가기로 일정을 잡았다.

그림 같은 땅

\

　산에 올라가기 위해서는 몸집이 작고 가벼운 일본인이 타기에 알맞은 좁은 원주민식 가마를 타야만 했다. 이 가마들은 상자 하나보다 크지 않았으며 네 개의 막대 기둥으로 지탱되는 덮개가 있었고, 너무 낮아서 아주 작은 유럽 여성 한 명만 몸을 굽히지 않고 들어갈 수 있다. 원 목사가 그것을 타 보려고 왔을 때 여러 일행에게 모두 필요한 아주 넓은 접이식 좌석이 있음을 발견했다. 이른바 의자라고 불리는 이것은 두 남자의 어깨에 비스듬히 걸쳐서 아무렇게나 휙 던져져 있고, 가마꾼의 오른쪽 어깨에 걸친 받침 기둥은 뒤에서 걷는 남자의 왼쪽 어깨에 놓여 있었다. 이것은 탑승자에게 앞뒤와 양방향에서 풍경의 매력적인 경관을 보여준다. 이는 구경할 가치가 정말로 컸다.

　일본의 나무숲은 울창하고 무성하였다. 끝없이 다채로운 아름다운 나무, 수풀, 양치식물들이 시야가 닿는 언덕을 장식해 주고 있었다. 사랑스러운 계곡이 유혹적인 아름다움으로 아래에 펼쳐져 있고, 참으로 아름다운 산들은 위쪽으로 위풍당당하게 우뚝 솟아 있었다. 말로 설명할 수가 없으며 이를 표현할 어휘가 다 고갈되고 없을 지경이었다. 이 풍경은 묘사와 설명으로는 도저히 표현하기 어렵다.

　캡틴은 콩가(Konga)를 단번에 거부하였는데, 그는 건강이 허락하는 한 절대로 타려 하지 않았으며, 완전히 지쳐 반드시 휴식이 필요해서 그 작은 콩가에서 쉬어야 할 때까지 도보로 걸었다.

그들이 예닐곱 시간을 올라가니 한참 후에 운젠(Unzen, 나가사키 현에 위치)의 뜨거운 온천에 다다랐다. 600미터가 넘지 않는 그 산은 아름다운 숲으로 덮여 있었다. 고도가 그 정도였고, 넓이는 3~4만 제곱미터쯤 되어 보였다. 이곳에 서너 개의 호텔이 암석으로 둘러싸인 땅에 있었고, 녹음은 거의 보이지 않았다. 땅은 물결에 의해 쌓인 다양한 염류들로 하얗게 되어 있었고 공기는 유황 연기로 인해 숨쉬기가 어려웠다.

호텔의 온천

\

관광 계절이 지났기 때문에 일행은 텅 빈 호텔을 서너 개쯤 골랐다. 그리고 바로 편안한 방으로 들어갔다. 그러나 주변에서 첫 번째 둘러본 호텔은 절대로 머물 수 없다고 결정했다. 그 호텔은 뜨거운 물이 흐르는 여러 욕탕으로 둘러싸여 땅속에서 끊임없이 뜨거운 온천수가 부글부글 끓어 줄줄 흐르고 있었고, 어느 곳이나 안내원 없이는 함부로 모험을 하지 말라는 경고 표지가 여기저기 붙어 있었다. 방 벽은 어디든 수증기를 내뿜고 있었으며 그 부근은 전체적으로 땅이 뜨겁고 온천수가 내리칠 때 거센 소음을 발산하며 우산이나 막대기로 한 번 찔러보면 어디서나 즉시 유황 섞인 증기나 뜨거운 물줄기가 맹렬하게 갑자기 솟아올랐다. 무심코 누군가가 실수를 하면 끓는 물속으로 발목 깊이 빠지는 책임을 져야 했다. 어린아이들에게 그런 환경 속으로 들어가 모험을 하는 것을 어떻게 허용할 수 있을까? 이는 마치 길 잃은 영혼이나 사악한 영들이 있는 곳으로 바로 빠지는 것처럼 악하고 삭막해 보였다.

조금 정찰 탐험을 한 뒤에 일행은 이런 상태가 상당히 광범위한 지층 전반에 걸쳐 있음을 발견했다. 그들은 이 인근에 사는 마을 주민들이 문 가까이에 큰 항아리들을 가라앉혀서 뜨거운 땅덩어리를 활용하는 것을 발견하고는 흥미롭고 즐거웠다. 그들은 항아리에 맑은 물을 가득 채워 밤낮으로 물이 끓고 있는 지점에서 필요한 식수를 계속 공급받고 있었다. 또 일행은 한 노동자의 점심 식사를 요리하는 과정으로 음식이 담긴 작은 통들을 잘 포장해 뜨거운 땅에 가라앉히는 광경을 보았다. 이는 놀랍고 호기심이 일었지만 소름 끼치고 섬뜩했다. 그날 밤 짧은 몇 시간 동안 그들은 점점 더 커져가는 끔찍한 천둥 같은 소리와 나지막하지만 위협적인 우르르 쾅쾅하는 소리 때문에 잠이 깼다. 그 땅, 호텔, 침대에서 일행은 흔들리면서, 일반적인 지진에 의한 흔들림이 아니라 그 진동의 근원지가 바로 밑에 있는 것과 같이 성질 급한 사람처럼 위아래로 흔들렸다.

원 목사 부인은 만약 그녀가 아침까지 살아 있다면 이 위험한 호텔에서 도망칠 거라고 엄숙하게 맹세했다. 그리고 다음 날 다른 곳을 둘러보기 위해 관광을 하는 동안 그들은 주요 온천에서 3킬로미터 가량 떨어진 곳에 아주 쾌적한 호텔을 발견했는데 수풀, 산들과 바다의 사랑스러운 경관이 펼쳐져 있어서 아이들이 놀기에 적당한 장소였다.

확실히 근처에는 뜨거운 온천이 있었으나 좀 더 작았으며 시야에는 보이지 않고 아이들의 안전에 위협적이지 않았다. 그들은 여기로 당장 가방과 짐을 옮겨왔다. 아주 훌륭하고 커다란 정원뿐만 아니라 일본인과 어린이들이 좋아할 만한 아름다운 인공 연못도 있었고, 연못의 중심부에는 섬이 하나 있었으며, 분재와 작은 다리, 금붕어가 가득 차 있었다. 이 금붕어 중에는 길이가 90센티미터나 되는 것도 있었으며 깜짝 놀랄 만큼 최고로 아름다운 지느러미와 꼬리를 달고 있었다. 그리 멀지 않은 곳에 비바람에 씻겨 반들반들한 바위들 위로 산허리를 따라 개울 하나가 졸졸 흐르는 나무가 우거진 작은 골짜기가 있었다.

그들은 참으로 아름다운 나무 그늘이 드리운 사랑스럽고 수정같이 맑은 물에서 쉬면서 원기를 회복했다. 작은 골짜기는 계곡과 바다로 내려가는 코스로 이어져 반짝거리며 아래로 흘러내렸다. 이 웅덩이 수영장은 엄청나게 재미가 있었다. 여기에는 장난감 해군이 선박의 닻을 올릴 수 있으며 댐들이 건설되어 있고, 어린이들은 가슴 높이까지 가득 차는 물 안에서 맨발로 찰박거릴 수 있으며 우리에 갇혀 있는 원숭이를 밖으로 꺼내 자유를 줄 수 있다. 애들 옷은 말할 나위도 없고 목이 다칠 위험이 있는 바위들 위로 기어오를 수도 있다. 그 밖에도 암석의 구석진 곳이나 틈 사이에 사랑스럽게 둥지를 틀고 있는 양치식물들이 있었고, 우아한 포도 덩굴과 함께 경치는 변화무쌍하게 아름다웠다.

그러나 그 모든 아름다움에도 아무도 강인한 힘을 얻은 것 같지는 않았다. 해리 엄마의 류머티즘은 나날이 더 악화되어 그들은 상하이와 엔타이를 경유해서 조선으로 돌아오는 행로 중에서 바다 여행의 장점에 도전해 보기로 했다. 가장 긴 행로가 집으로 오는 가장 짧은 길이라는 법칙 때문이 아니라 가장 긴 행로는 일을 하기에 가장 적합한 상태로 집으로 데려다 줄 것이라고 믿기 때문이었다. 그래서 돌아오는 길에는 산을 타고 내려왔다. 해리는 강한 냄새가 나는 유황 물이나, 몇 가지 광물 표본과 사진, 즐거웠던 기억만 가지고 가면서 수영장 물을 통에 가득 채워 가져가는 것을 허락받지 못해 많이도 투덜거렸다.

어느 험난한 여행

＼

　나가사키에서 그들은 상하이행 일본 증기선을 탔고, 36시간의 비참함을 겪기 위한 준비가 되었다. 서해는 끔찍한 공포에 익숙해지는 것을 강요하는 매우 불쾌한 파도 때문에 동양의 여행자들에게 불쾌하기로 악명이 높다. 여기의 태풍은 너무도 끔찍하게 예측할 수 없는 이상야릇함으로 포효하고 바다는 가장 야생적인 잔인한 역할을 한다. 이곳을 통과하자면 짙은 안개, 암석, 표류하는 급류, 드높은 조류, 파도의 일렁거림이 사납게 포효하는 가운데 우리는 이 모든 것이 퍼붓는 바닷길을 거쳐야 하게끔 되어 있었다. 이 바다는 이상하고 기묘하며 사악한 재주로 승객들과 증기선을 던졌다가 내려놓고 언제나 예외 없이 폭력적인 뱃멀미, 아주 끔찍한 고통 가운데 모두를 침대로 보내준다. 꺼림칙함 없이 태평양이나 대서양을 건넌 것을 자랑하는 자신감은 나가사키에서 부산이나 제물포로 가는 여로에서 항복하고 만다. 상하이에서 이 두 항구로 횡단하는 여정은 더욱 원치 않는 명예다. 바다의 황색 조류가 이런 험난한 것과 어떤 관련이 있는지 확실하지 않지만, 황색 조류 현상이 아마도 관련이 있을 것으로 생각한다.

　우리 일행은 큰 사람이든 작은 사람이든, 비참한 상태에 빠지는 것을 스스로 거부하기로 마음을 굳게 먹었다. 내가 말했듯이 세상이 주는 대부분의 시련처럼 이런 것은 영원히 지속하지는 않았다. 그들은 상하이에 도착해 더 이상 열악한 환경이 아니라는 것을 곧 알았다. 원 목사 부인이 항상 고수해 왔던 것처럼 희망하고 믿으면서, 그들은 영적으로나 물리적으로나 아마도 둘 다 그런 시련이 상당히 적은 행로로 가고 있었다. 모든 어려움은 인내심을 가지고 온유하게 견뎌 내고, 마치 겨울의 야만적인 폭풍이 키가 큰 나무들의 섬유를 강인하게 해주듯 그 특성에 대해 견디고 버티고 강해져야만 했다. 서쪽 대륙에서 동쪽 대륙으로 왕이신 주님의 동역자들을 데려다 주는 것에 봉사하는 일이기 때문이다.

상하이에서 쇼핑하기

＼

상하이! 대도시, 허영의 시장, 물질적으로 바라는 모든 것이 있는 집합체! 그 흥겨움과 유쾌함, 깊은 조선의 분위기에서 빠져나왔을 때 모습을 드러낸 유럽의 숨결! 그러나 샌프란시스코나 런던이나 뉴욕에서 나오는 상쾌함이 이 도시에 도착해서는, 가여운 모조와 모방으로 변해 있었다. 그리고 지구상의 모든 종족이 엉켜 뗄 수 없는 혼합체라니! 제대로 된 상점이 갖춘 좋은 물건은 볼 수 없고 만족하기 어려운 모조품들과 형편없는 거리. 상하이는 얼마나 세계 속에 치이고 끼이고 있었던지, 또 얼마나 쓸쓸하고 황량한 중국, 동방, 야만의 이교도 불신자로 가득했던지. 낯선 외국의 매력이 스며들어 왔음에도 완전히 없애버리는 유럽적인 것의 저질화를 볼 수 있었다.

그러나 상하이는 어느 면에서는 항상 괄목할 만하고 독특하며 훌륭한 점이 있다. 그녀는 지금 아마도 전 세계에서 가장 큰 대도시에 있다고 느꼈다. 이곳은 중국이 지닌 모든 오물 쓰레기, 비참함, 어두움과 쇠락 안에 처한 엄청난 인구, 그리고 도시들, 순수한 중국의 것이 공존하고 있었으며 외국의 양해와 인정을 받고 있다. 상하이는 고유한 법률과 관료가 있는 작은 공화국이었고 훌륭한 질서와 깨끗함을 지향하면서 서구 도시의 영향을 받아 잘 모방한 것 같았다.

키가 크고 참으로 아름답고 감명 깊은 시크교도 경찰에 대해 말하자면, 해리와 원 목사 부인은 이들에게 단순하게 매료되었다. 경찰들은 모두 상하이 주요 간선도로 한 복판에서 몹시 지독하게도 소란스럽고 혼란스러우며 이곳저곳 장애물이 넘쳐나는 가운데서 매력적으로 인상적인 터번(turban, 이슬람교도나 시크교도 남자들이 머리에 둘러 감는 수건)과 멋진 동양 색채의 어깨 장식 띠를 두르고 석상처럼 움직이지 않고 서 있다. 조선의 산간벽지와 오지에서 온 우리의 무지몽매한 여행자에게 놀랍고 매력적인 도시였고, 정말 기분 좋게 누릴 수 있는 것들이 가득했다. 무엇보다 상하이는 많은 유럽인과 미국인을 볼 수 있어서 사막에서 목마르고 굶주린 여행자에게는 오아시스와도 같았다.

다음으로 여러 상점! 동양에 사는 가정주부가 예기치 않게 물품이 동나고 현지에서는 얻을 수 없는 작은 물건과 수많은 것을 다시 수급할 수 있는 기회였다. 여러 종류의 신발, 스타킹, 모자와 장갑을 단번에 골라 살 수 있는 엄청난 편안함과 위로였다. 그러나 그들은 금방 그들에게 적합한 외국 상점이 없음을 알게 되었고, 평범한 상점의 직원들은 간담이 서늘하게도 운송료, 세금, 어마어마한 상점 임대료, 무엇보다 은화 달러나 일본 엔화로 구매할 수 있는 아주 평범한 물건의 가격을 조작하고 있었다.

원 목사 부인에게는 한 번의 경험으로 충분했다. 그녀는 자그마하고 납작한 유리로 된 얼음 통의 가격을 물어봤는데, 이것은 주방의 산뜻한 분위기를 망칠 것 같았으며 테이블에 놓고 보기에는 거의 고통스러울 것 같다고 느꼈다. 그녀는 가격이 25센트를 넘지 않을 거라고 예상했는데, 직원이 9달러라고 조용히 말해주는 순간 놀랐다. 그녀는 자신을 데리고 다니는 일행처럼 빠르게 상점을 도망쳐 나와 중국인 상점을 찾아 다녔다. 여기는 정말 가격이 쌌고 여기서 그녀는 몇 시간이나 기쁘게 계산대에 매달려 있었다(그녀는 몇 년 동안 쇼핑을 하지 않았다).

원 목사는 상하이에 도착했을 때, 제일 먼저 은행으로 가서 돈을 인출했다. 거기서 당장 돈이 모두 필요할 것을 확실하게 실감하면서 계좌에 예금된 돈과 여기서 쓸 비용이 알맞은 것을 알았다. 기쁘고 놀랍게도 그는 예금이 예상했던 것보다 수백 엔이 더 있는 것을 알았고, 실례를 무릅쓰고 온유하게 어떤 실수가 있는 게 아닌지 걱정스럽다고 말을 꺼냈다. 거만한 직원은 뻔뻔스럽게도 놀라면서 간단하고 차갑고 과장된 어조로 캡틴에게 은행은 아무 실수가 없다고 했다. 원 목사는 굴욕감을 느끼고 창피를 당하면서 그럼에도 법과 도덕을 지키면서, 오랫동안 자금 관리에 실수가 있었다는 것을 깨닫고 오히려 기뻐했다. 자금 관리 문제는 몇 년 동안 계속되어 온 것이었다.

지금 은행에서는 잘못된 것이 없다고 단호하게 밝혔기 때문에 그는 상하이에서 거래를 편히 하기 위해 복잡한 마음을 가라앉혔다. 어떤 관리상의 실수가 있었겠지만, 그들은 안심하고 이 마을에서 움직이려 하였다. 그러나 그들은 랜도 마차와 빅토리아 마차(말 한두 마리가 끄는 2인승 4륜 마차, 몇 년 동안 그들의 눈을 기쁘게 하지 않았던 광경)를 보았을 때 선교사는 판단력이 부족하거나 이해할 수 없게 어느 정도 사치를 하자고 말했다. 잔고를 인출해 두 마리의 말을 놔두고 마차를 타자는 것이었다. 어쨌든 임대한 마차는 타기에 상태가 좋지 않았으며, 뼈가 다 드러나는 앙상하고 약해 보이는 말을 아주 흉악해 보이는 중국인이 끌고 있었으며, 곧장 마차 문으로 빠르게 안내되었다.

느리게 운전하기

\

 마부들이 지닌 단 하나의 생각은 손님을 태워서 한 장소에서 다른 도착지로, 가능한 한 엄청나게 빨리 모는 것이다. 그들은 거의 틀림없이 어느 곳에서 시간 계산을 하고 있었고, 도박을 하듯 결과에 맡기는 것 같았다. 원 목사 가족은 이를 알아차렸고, 어느 재중 미국인은 그들에게 "천천히 운전하라"는 중국어를 가르쳐주었다. 그들은 이 말을 엄청나게 많이 반복했는데 온몸이 거꾸로 곤두박질치는 위험한 과속을 단속하기 위해서였다.

 그들이 출발하고 얼마 지나지 않아 비좁은 주요 도로로 접어들었다. 이 도로에는 대부분 보도가 없었는데도 노인과 어린 보행자들이 지나가고 인력거, 손수레, 자전거, 말 탄 사람, 마차, 그들이 탄 것처럼 광폭하게 모는 마차들이 한데 엉켜 인산인해를 이루고 있었다. 마부는 한순간에 앞으로 기대어, 엄청난 인파 속으로 미친 듯이 거꾸러지는 불행한 말을 채찍질했다. 원 목사 부인의 눈은 공포와 경악으로 휘둥그레졌다. 그녀는 양손으로 시트를 꽉 움켜잡고 희생자든 살인자든 둘 중 하나가 되어 자신을 부여잡고 버텼다. 캡틴은 우렁찬 어조로 '천천히 가라'는 뜻으로 여겨지는 말을 거듭해서 소리쳤으나 아무것도 실현되지 않았다. 아마도 적절하게 발음을 하지 못했거나, 철저히 무시된 것이었다. 그들은 마치 휴일에 술 취한 뱃사람의 무리처럼, 미치광이 속도로 흔들거리며 모퉁이를 돌아 마을을 통과해 멀리 갔다.

이것은 원 목사 부인이 내내 실제로 이 일이 일어날까 봐 두려워하던 것인데, 무모하고 난폭한 운전자에게 어떤 노력도 할 수 있는 것이 없었다. 그들은 인력거 하나에 몹시 신경이 곤두섰고, 놀라운 기적으로 오직 바퀴 아래 있는 땅을 지나가는 매우 존경스러운 늙은 중국인과 싸웠다. 이 해프닝으로 행로가 지연되는 가운데, 캡틴은 나서서 마부의 채찍을 스스로 잡았고, 그때부터 그들은 공동묘지로 가는 장례 행렬의 속도로 조절해 나아갔다. 속도는 매우 안정되었고, 원 목사 부인은 이제야 편안히 쉴 수 있는 안도감으로 뒤로 기대어 달리는 것을 즐겼다. 상하이 도시에서 벗어날 수 있는 교외는 단 한 곳이었고, 그것은 버블링 웰스(Bubbling wells, 캘리포니아에 위치한 휴양 도시)의 행로, 즉 이와 유사한 상쾌한 휴식처였다.

그러나 그들은 이곳에 관해 너무 많은 이야기를 들어왔으며, 또 줄곧 지내던 서울 근방 교외에만 해도 아주 많은 아름다운 곳에서 지냈기 때문에 원 목사 가족은 이 드라이브에 많이 실망했다. 여기서 가장 재미있는 것은 많은 교통수단과 매일 숨 쉬며 만나는 우아하게 옷을 차려입은 숙녀들이었다. 확실히 상하이의 세계는 원주민들과 외국인들이 함께 공존하면서 그 시절 해외로 널리 알려져 가고 있었다.

이 드라이브는 상하이의 정규적인 마차가 지나가는 말 교통로에서 겪은 단 한 번의 실험이었다. 그러나 그들은 이 실험이 오랫동안 계속될 것이라고 느꼈다. 드라이브를 하면서 우리가 보았던 광경은 대단한 행복감을 주지 못했다. 그러나 상점을 즐겁게 오가는 상하이 사람보다 선교사들은 항구와 직면해 있는 예쁜 공원을 더욱 즐길 수 있었다.

특별히 6시 정각에 어느 외국인 밴드가 연주하는 가운데 음악이 분수처럼 계속 분출되는 동안 무엇보다 최고로 행복했던 것은 사랑스러운 외국인 아이들이 가득한 장소였다. 정말로 많은 어린아이들이 모여 있었고 즐거운 광경을 보고 싶었던 굶주린 듯한 눈과 마음이 얼마나 기쁨으로 가득했던지! 거기에는 독일인, 프랑스인, 포르투갈인, 이탈리아인, 그리고 내가 추정하기에 유럽의 거의 모든 국적을 대표하는 사람들이 한데 모여 있었다. 특히 코카시언 백인들은 대부분 역시 영국인과 미국인이었다. '이 도시의 거리에는 즐겁게 환호하는 아이들이 가득하게 될 것이다.' 이것이 나에게 가장 기쁜 광경이었다. 성경이 이 도시에 시사하는 것처럼, 설명을 하자면 넋을 빼놓을 황홀한 모습은 우연히 얻은 소식이었다.

해리는 기뻐서 정신이 쑥 빠져 있었다. 그는 이제까지 정말 그의 짧은 인생에서 그처럼 많은 아이를 본 적이 없었고 공원, 아이들, 음악, 분수, 꽃과 여러 놀이는 그에게 천국과 같았다. 상하이는 엄청나게 바쁘게 돌아가는 곳이라는 인상을 한 번쯤 준다. 이 도시는 서두르고 바쁘게 움직이는 분위기가 거의 미국적이었고 모두가 아등바등 서두르는 분위기가 즉시 전해 오는 것을 실감하였다.

인력거 타기

  갈 길은 매우 멀고, 그들은 엄청난 후회를 하면서 계속해서 인력거를 낮춰 보고 가르치려 해야만 했다. 인력거 노동자들은 마치 택시 운전사처럼 되어 난폭한 운전을 하려는 마음뿐이었고 끔찍하게 온몸이 곤두박질하는 속도를 단속하기가 아주 힘들었기 때문이다. 심각한 이 사건들은 그 교통수단의 대다수를 보면서 알아챌 수 있다. 모든 방향으로 미친 듯이 서두르는 것을 보면 현장에서 당장 알 수 있으며 이런 일은 매일매일 발생했다.

  해리 엄마는 항상 똑바로 앉아서 속도를 측정했고, 이를 악물고 속도 측정계의 모서리를 두 손으로 부들부들 떨면서 꽉 움켜쥐고, 즉사하거나 불구가 되지 않을까 걱정하면서 순식간에 130미터의 속도로 달리는 인력거에서 심장이 계속 두근두근했다. 감사하게도 그녀는 사고를 당하지는 않았지만, 어떤 친구는 윈 목사 부인처럼 운이 좋지는 않았다. 며칠 후에 자동차의 속도로 한 모퉁이를 돌면서 전후좌우로 흔들릴 때, 친구는 아기를 두 팔에 안고서 땅바닥으로 몸이 휙 고꾸라졌다. 밤은 춥고 그들은 서로 붙어 옷을 둘둘 감고 있었으며 하나님의 도움으로 뼈가 조금 삐끗하고 타박상을 입은 정도의 사고를 당하고 무사히 벗어났다. 인력거를 끌었던 남자는 법적 처벌을 받는다는 것을 알고 사라져 버렸다.

  모든 인력거 노동자는 면허를 받아야 할 의무가 있다. 모든 교통수단은 각각 번호가 붙어 있고 교통 요금은 법으로 규제되고 있으며, 한 시간의 요금은 명백하게 각 교통수단에 명시되어 있어서 다른 어느 곳에서보다 여기서 이 사람들과 거래하는 것은 실제로 어렵지 않다. 상하이에서는 또 하나의 운송 수단이 많이 사용되는데, 물건과 사람을 둘 다 운반하는 외바퀴 손수레였다. 내 입장에서 보면 이것은 이제까지 발명된 교통수단 중에서 가장 서툴고 취급이 힘들며, 통제하거나 다루기도 불편하고 모양도 좋지 않고 불편하며 대개는 불쾌하고 가치 없는 것이다. 다만 전동차나 자동차(이들의 속력은 오히려 느리다)만이 예외다.

외바퀴 손수레의 모양새로 도로를 가로막고 있는 그 불쾌한 방식은 여기서 나오는 지독한 소음, 즉 비유하자면 우리에 갇힌 돼지들이 어느 따분한 음악처럼 꽥꽥거리는 소리 외에는 아무것도 없다. 어떤 소음도 이렇게 심하지는 않다. 내가 한 번도 들어본 적 없는 그 신경질 나는 수레 전체에서 나오는 지독하게 고통스럽고, 귀에 거슬리고 신경을 자극해 초초하게 하는 만드는 소리였다. 즉시 생각나는 기억은 이것이 고문이었지만 중국인은 이것을 말없이 견뎌낼 수 있다는 사실이다. 이 손수레에 앉아 몇 킬로미터를 타고 가면서도, 그들은 백인보다 고통받는 감성이 덜 예민하다는 견해가 의심의 여지없이 드러났다.

교회 방문

원 목사 부인은 물려받은 기독교 정신의 유산과 강한 신념을 지닌 좋은 장로교도였지만, 가끔 영국 교회에서 특유한 기쁨을 발견했다. 다른 교파와 아침에 연합 예배에 참석하고 나서 캡틴과 그녀는 저녁에 영국 교회를 방문했다. 그녀는 아름다움과 질서, 예배의 절차가 잘 진행될 때 그 장엄한 오랜 전통의 예배를 좋아하게 되었다. 그녀는 경배와 헌신의 표면상의 증거로 무릎을 꿇거나 서 있는 것을 좋아했고, 자신은 장로교였지만 그 음악을 좋아했다. 여기에는 이례적으로 아주 좋은 파이프 오르간이 있었으며, 그것을 어떻게 다룰지 알고 있을 뿐만 아니라 마치 음악가가 주는 선물과도 같은 예배와 영성을 위해 준비된 영혼을 지닌 오르간 연주자가 있었다. 그리고 그곳에서 정말로 하나님의 돌보심으로 이제까지 알려지지 않은 곳을 돌고 돌아 먼 길을 갇혀서 온 여성에게는 영혼이 음악의 날개를 달고 올라가는 것 같았고, 그 도시의 어느 황홀함 가운데 둥둥 떠서 올라가는 것 같았으며 천국의 축복과 하모니 속에서 목욕을 한 것 같았다.

그러나 이것은 단지 너무 짧은 설명일 뿐이다. 예배는 모두 금방 끝났지만 달콤한 기억과 여기서 받은 기쁨은 오래 남아 그녀는 자신이 깊이 감사하는 사람이었다고 스스로 깨달으며 아마도 어떤 방식으로 이것 때문에 더 나아질지도 모르고 더 고상한 여성이 될지도 모른다고 생각했다. 그리고 자신의 의자에 앉아 재능을 다해 하나님께 예배하는 오르간 연주자는 신실하게 넘치는 기쁨으로 늘 하는 의무를 다하며 어느 가련하고 목마른 영혼에 그가 주는 축복이 무엇인지 예배 시간이 끝날 때까지 절대로 알 수 없었을 것이다.

물론 상하이에 있는 동안 그들은 그곳의 선교사들을 방문했고 사역에 관해 대단히 흥미로운 이야기를 들었으며 상하이 선교사들이 섬기는 좋은 학교, 교회와 병원들을 둘러보았다. 그렇다, 그들은 순교자들이었으며 그 고귀한 군대에 넘치는 힘을 부여하기 위해 존재했던 어린이들과 남성, 여성들 몇몇과 담화하는 시간이 곧바로 시작되었다. 그러나 이와 같은 사역을 순방하는 사람들은 불가피하게도 갈 길을 서둘러야 하는 가운데, 상하이에서의 선교 사역에 관한 적절한 보고서가 두꺼운 책 한 권 분량이라는 사실과는 별도로, 내가 정확하고 공정하게 자세한 사항을 이야기할 수는 없다. 그래서 나는 충성스럽게 섬기는 일꾼들이 훈련을 잘 받고 있으며 기쁨이 넘치는 가운데 유용한 수업을 배우고 있다고 이야기해 주었고 나는 부족함이 없이 만족했다. 그리고 새로운 영성과 용기를 가지고 떠났다.

그들은 상하이로 다시 오지는 않았으나 옌타이와 조선으로 가는 증기선을 기다리는 데 필요했던 기간보다 더 오래 머물고자 했다. 원 목사 부인과 해리 모두가 똑같이 생각했다. 거의 동이 난 자금과 꽉 채워져 있는 회계장부를 지닌 남자도 늦겠다고 서둘렀다. 그래서 그들은 상쾌한 공기와 아름다운 해변을 마음에 간직하고 옌타이로 가는 배에 올라 출발했다.

꼬마 정치인들

\

옌타이에 있는 호텔에서 우리의 어린 미국 아이들은 정치와 세계적으로 흥미로운 문제를 식탁에서 논하면서 상당한 재밋거리를 만들어 주었다. 아침 식사를 하는 방으로 오는 길에 해리는 상하이 신문을 읽고 있는 아버지에게 공사관의 담당자 같은 분위기로 물었다. "그 권력자들은 지금 무엇을 하고 있는 거죠, 아빠?"

어느 날 아침에 그와 또 다른 꼬마 소년은 그리스와 터키 전쟁에 관련된 독일의 행동을 아주 신랄하게 토론했다. 해리는 다음과 같이 언급하며 끝을 맺었다.

"우리가 이 문제를 검토하고 조사하기로 했다면 우리는 무언가를 그들에게 보여줄 수 있어, 그렇지 않니 윌리?"

우리가 뜻하는 것은 물론 영국과 미국이다. 논의 테이블에 앉은 독일 영사는 물론 어린 아메리칸 이글처럼 점잖음과 거드름을 피우면서 대단히 즐거워했다.

일행은 조선으로 가는 증기선을 타기 위해 최소한 여기서 일주일을 기다려야만 했기에 유명한 미션 스쿨을 보기 위해 정저우로 짧은 내륙 여행을 하기로 했다. 옌타이 선교사들은 일정을 잡는 데 흔쾌히 도움을 주었다. 옌타이에 있는 선교사로서는 그 일이 더욱 현실감이 있었다. 미국에서 그들에게 정해 준 장소에서 젊은 부부가 수행하고 있는 목적이 선교이기 때문이었다. 보통 정저우에 도착하기 위해서는 두 가지 행로가 있었는데, 하나는 물길(지금은 보트가 운행하지 않는다)이었고 하나는 스켄자(schenza, 노새가 끄는 사인교나 팔인교로 의자나 침대같이 생긴 가마 옮긴이)였다.

스켄자는 쉽게 이용할 수 있도록 정교하게 잘 꾸민 침대가 아니었다. 이것은 두 마리 노새가 끌고 있으며, 한 마리는 앞에서 한 마리는 뒤에서 그 몸통에서 편하게 풀린 멍에를 메고 있어서 타는 사람이 기술적으로 균형을 잡고 무게 중심을 잡는 솜씨에 의해 책임이 좌우된다. 움푹 들어간 낮은 좌석은 서로 잘 짜인 밧줄로 만들었으며, 이것은 노새 몸에 묶여 있고, 좌석에는 탑승자의 짐부터 얹어 놓는다. 이 위에 무릎 덮개, 담요, 베개, 그리고 이불, 그 위에 탑승자가 앉으며, 천으로 된 덮개가 뒤덮여 있으며 이 덮개는 고리로 된 걸쇠에까지 닿아 있다. 이것은 대초원의 개척자 화물 기차처럼 보였다.

　여행자들은 자신이 어떻게 앉아 있는가를 주의해야 하고, 중력의 중심 위로 너무 많은 무게를 가하거나 양쪽 옆으로 무게가 쏠리지 않도록 해야 한다. 그렇지 않으면 갑자기 예상하지 못한 재앙이 있을 것이다. 이런 사인교는 보통 한 사람만 타게끔 되어 있다. 때때로 체구가 작은 미국 여성이 아기를 안고 타기도 하고 심지어 중국인 보모와도 함께 타지만, 이들은 경험이 많고 잘 적응된 자들이기에 서로 함께 성공적으로 애쓰며 타고 갈 수 있다.

　선교사들은 아주 뚱뚱한 부부의 슬픈 이야기를 들려주었는데, 최근에 결혼한 이들은 이런 경험이 많아 노련하다고 주장했지만, 이들 교통수단 중 하나를 함께 탔다. 그리고 그들이 탄 인력거가 출발도 하기 전에 중력에 법칙에 의해 피할 수 없이 노새들이 굴러 떨어지고 뚱뚱한 부부도 땅바닥으로 뒹굴고 말았다.

스켄자 타기

＼

　스켄자의 움직임은 실제 경험한 바에 따르면 세 가지로 말할 수 있다. 첫째는 사람이 앉는 요람이 좌우로 흔들리고, 둘째는 몸체가 선풍기처럼 앞으로 뒤로 흔들리며, 셋째는 성질 급한 탑승자들이 위아래로 흔들린다. 옌타이 친구들은 원 목사 부인이 이 스켄자를 탔다는 사실을 믿지 않았다.

　여러분은 지금부터 그녀가 건강하지 못한데다 다리를 절뚝거렸지만 거칠게 흔들리는 스켄자를 24시간 여행을 하며 견딜 수 있었다는 것을 알게 될 것이다. 그녀는 가야만 한다고 굉장히 초조해했고 캡틴은 늘 그렇듯이 방법을 찾았다. 정저우에 지금까지 가마로 이동했던 누군가가 있는가? 이것이 그의 첫 번째 질문이었으며 대답은 '아니오'였다. 그들은 이동을 해 왔던 30년 경험을 통틀어 그런 일이 없었다고 했다. 여성에게는 민감한 문제인데 스켄자나 증기선으로 가는 것 말고는 다른 수단으로 간 적이 없었다. 그들은 멀리까지 갈 수 있는 인력을 고용할 수 있을지 의심스럽다고 말했다.

그러나 캡틴은 시도하면서 확신을 가졌고 아주 적당한 속도로 정저우까지 아내를 데려다 줄 네 명의 가마꾼과 성공적으로 계약을 했다. 반면에 해리와 원 목사와 다른 숙녀는 스켄자 두 대와 당나귀 한 마리를 탔다. 그래서 원 목사 부인은 옌타이에서 정저우로 가마를 타고 여행을 한 최초의 개척자가 되었다. 콜리로 불리는 젊은 색시는 스켄자가 몹시 지치고 피곤하다는 것을 알았으며, 해리 엄마와 몇 시간 동안 교대할 수 있도록 허용된 것이 기뻤다. 그래서 해리 엄마는 중국에서 많이 사용하는 교통수단인 스켄자를 그녀와 공평하게 시도해 보았다.

연약하고 부드러운 관절을 지닌 꼬마 해리, 고무공처럼 유연하고 탄력적인 해리는 스켄자에서 아무런 고통도 느끼지 않았고 거세게 흔들리는 것을 몹시 즐겼다. 나는 이것이 그의 아기 시절, 점프하고 빨리 걸으며 흔들리고 다양한 국적의 셀 수도 없는 보모 하녀들이 제각각 아기 훈련에 대한 자신만의 특별한 계획으로 아기를 편안하게 놔두지 않는데 그들에 의해 늘 흔들리며 다니던 그때를 생각나게 해줄 것이라고 본다. 어쨌든 해리는 스켄자를 즐긴다고 주장했으나 엄마와 함께라면 아주 다른 문제였다. 뻣뻣하게 결리는 관절 말고도 통증을 아무리 구실로 삼아도 별수 없이 앞뒤로 뛰노는 머리, 그녀는 이것에 당면해 있었고 전에 말했듯이 평상시와는 달리 이례적으로 분노하고 왈칵하는 신경 다발은 마치 언제나 예민한 귀를 지닌 겁 많고 잘 놀라는 말과 같았다. 끊임없이 놀라게 하는 원인을 예의주시해야 했고 그런 고통 중에서 어느 것이든 나타날 조짐이 보이면 의기소침하게 되어 있었다.

나는 해리 엄마가 다소 수치스러웠다. 그녀는 나의 이상에서 너무 멀리 떨어져 있었으나 이것은 말해야만 한다. 그녀의 정직한 자기방어가 이제까지 어느 타당한 이유로 인지하고 있거나 실재하는 위험으로부터 움츠러들었다고 생각하지 않는다. 그녀는 직면해야만 했다. 사실 나는 그녀가 한 차례 이상 신경의 떨림 없이 절실하게 피부에 와 닿는 위험 속으로 묵묵히 걸어 들어갔다는 것을 알고 있다.

여전히 그녀는 여름 곤충이나 벌레가 얼굴에 날아들 때 공포에 싸여 소리를 지르고 그런 모든 작은 것 때문에 매우 바보같이 굴었다. 그래서 스켄자가 덜컥거리며 몸이 부딪히는 것은 그녀에게 가장 심각한 문제는 아니었지만, 노새들이 각기 맡은 위치를 조금이라도 이탈해 튕겨 나가는 것이 가장 현실적인 우려였다. 한 마리는 앞으로 나가고 있는데 다른 한 마리는 멈춰 있곤 했으며, 이로 인해 그녀는 땅으로 굴러 떨어질 것이기 때문이다. 그녀는 노새들을 통제할 아무런 방법이 없다는 것을 알았는데, 채찍이나 고삐로도 할 수 없고 노새의 차가운 심장에 가장 엄격하고 단호한 명령이나 부드럽게 달래 주는 말도 무엇이든 전혀 효과가 없었다.

노새는 노새가 될 것이다

노새들이 멈춰 서서 다리를 접고 무릎을 꿇지 않는 한, 이 운송 수단에서 뛰쳐나가는 것이 불가능할 뿐만 아니라 위험을 무릅쓰고 덮개를 위로 젖히지 않고는 옆이나 뒤를 살펴볼 아무런 방법이 없었고 누가 듣도록 말을 할 수도 없었다. 바로 그때에 길이 높은 바위 절벽으로 이어지고 이 절벽들은 가장자리가 갈라져 커다란 땅덩어리와 암석이 떨어져 내리고 있었다.

완전히 계획적 범행을 하려는 이 노새들은 고의적으로 지독하게 느리게 가면서 의심의 여지없이 심각한 자살을 치밀하게 생각하면서 할 수 있는 한 가장자리 끄트머리에 최대한 가까이 붙어서 걷기 시작했다. 스켄자를 끄는 노새에게 생명과 삶은 소중한 것이 아니며, 이 노새들은 삼손처럼 죽는 것을 즐길 심산이었다. 물론 삼손이 당시에 블레셋 사람들을 죽일 수 있었다면 말이다. 항상 스켄자 운전자는 있었지만, 경직된 얼굴과 긴 채찍을 가진 무신경하고 둔감한 중국인은 노새를 맡아서 인도하고 지시하고 채근하고 꾸짖게 되어 있었으나, 자신의 체면과 쾌락, 편의와 부합해야만 그를 고용한 '외국인 악마'에게 자신이 유용하도록 할 것이다.

그러나 이런 경우에 그는 쾌락과 자기 편의에 따라 4분의 1마일을 뒤에 있는 다른 스켄자 운전자와 잡담하면서 꾸물거렸다. 그래서 해리 엄마가 목소리를 높여 누가 와서 생명을 구해 달라고 소리 지를 때도, 이 모든 소리의 진동은 스켄자에 뒤에 붙은 관으로 흘러가는 대신에 미리 앞서서 흘러갔을 뿐만 아니라, 그 남자는 너무 멀리 있어서 손님 말을 들을 수 없었다. 심지어 그가 듣고 싶어 했어도 마찬가지였으나, 물론 그는 듣고 싶어 하지 않았다. 해리와 원 목사와 함께 걸어가고 있던 다른 사람들은 너무 멀리 뒤처져서 선교 문제에 대한 논의에 빠져 아무런 도움을 줄 수 없었다. 원 목사 부인은 주님을 신뢰하는 것 말고는 아무런 방법이 없다는 것을 알았다.

어느 선량한 많은 사람처럼 할 수 있는 것이 아무것도 남아 있지 않을 때에만 주님의 팔 안에 들어가 안기는 것이 걱정스러웠다. 그러나 그녀는 이런 것들이 전부 나쁜 것은 아니라고 생각했다. 나는 하나님이 우리 대부분을 "스스로 돕는 자를 돕는다"는 것과 그분은 우리에게 최선을 다할 것을 기대하고 계심을 믿는다고 추정하기 때문이다. 또한, 언제나 그분께서는 우리와 함께, 우리를 위해, 우리가 실족하는 곳에서 도우실 준비를 하고 계신다는 그 앎에서 평안할 수 있음을 믿는다.

그러나 우리의 위험은 이것이다. 우리가 할 수 있는 모든 것을 반드시 전부 해야만 한다거나 때때로 하나님의 도움을 무시하는 데로 이끌리거나, 우리가 어디서 성공할 것 같은가를 잊어버리는 것이다. 위험한 것은 단지 그분의 전능하심이 우리의 약점에 대해 아무 일도 하지 않으시고 편안히 있기만 해서 우리가 실패할 때 절망하면서 그저 이렇게 생각하는 것이다. '주님을 신뢰하는 것 말고는 아무것도 없어.' 마치 그분 안에서 우리의 희망과 안전이 제일 먼저 시작되지 않는다는 것처럼 말이다. 물론 원 목사 부인이 그 장소와 환경에 진입했을 때 갑작스러운 죽음을 막기 위해 성급히 대비하고 불굴의 용기를 가지고 시련이 끝나기를 참고 기다리려고 했던 것 말고는 별다른 일이 생긴 것은 아무것도 없다. 선교사들이 한 가지 논의를 끝냈을 때 그들은 당나귀에 올라타 스켄자를 따라 잡았으며, 시련은 끝이 났다.

캡틴이 스켄자로 가까이 왔을 때 해리 엄마에게 견디기 힘들고 이제까지 계속해서 길게 이어져 온 시련은 모두 사라졌다. 운전자는 곧바로 불려 왔으며 솜씨 좋게 뒤에 있는 당나귀 꼬리를 꼬아서 스켄자는 멈춰섰다. 그 앞에 있던 당나귀가 앞으로 나가지 않는 일이 어찌 발생했는지는 알려지지 않았지만 그는 두 마리를 늦게 하였고 피곤한 부인은 도움을 받게 되었다. 그날 이후로부터 그녀는 절대로 스켄자를 타지 않았으며 중국 내륙을 순방하는 여성 선교사들은 어리둥절한 채 원 목사 부인에게 존경을 받았다. 그녀를 높이 존경해서가 아니라 말하지 못한 위로의 표현인 셈이다. 여행을 하면서 그들이 불평하지 않고 시련들을 견뎌낸 단 하나의 이유도 바로 이 때문이었다.

황량한 중국 북부

＼

최소한 중국 북부를 포함해 먼 곳까지 나가 일하는 곳에는 아무런 자연적인 아름다운 풍경이 없다. 단지 거대하고 음울하고 따분하며 나무도 없는 평야에, 몹시 지독한 독성 있는 먼지 구름이 휩쓸고 간 곳에서, 꽃과 채소는 연약한 존재를 달래기에는 아주 엄청난 어려움으로 생존을 위한 전투를 한다. 또 여기는 많은 사람이 외국인을 증오하며, 언제 어느 때나 그들에게 폭동을 일으킬 준비가 되어 있었다. 영혼에 하나님의 평안을 채우고 사역에 대한 열정만을 지키기에는 중심을 잃고 쓰러질 수 있는 하나의 시험 거리임이 틀림없다.

내륙 도시에 있는 수많은 작은 현지 본부에서 외로움은 사람을 제압하며, 어느 여성들의 불안함에 의해 일들은 망쳐졌다. 그들 중 한 사람으로 흥분하거나 과민하기 쉽고 질서가 잘 잡혀 있으며 민감하고 예민한 미국 여성이 있었다. 그녀는 남편과 함께 중국에 복음을 전하기 위해 사치스러운 집을 떠나온 부유층이었다. 그녀는 원 목사 부인에게 그런 생활을 5년 동안 하게 되자, 자신이 왜 여기 있는지 그 이유들이 만신창이가 되었다고 말했다. 거대한 중국에서, 이곳 맞은편으로 5킬로미터 떨어진 본부에 교제할 수 있는 다른 여성이라고는 한 명만 있을 뿐이었다. 정원도 없고 침실에서 나와서 거실을 통과해 부엌으로 가서 다시 돌아오는 것 말고는 걸을 수 있는 장소도 없었다. 이곳은 그녀가 다니기에 안전하지 않았을뿐더러 심지어 이 도시 너머 동포나 중국 방문객을 보려고 의자에 혼자 앉아 있기도 했었다. 사역은 단지 최근에 시작되었을 뿐이며 그녀는 증오와 의심, 불신을 당하는 마을 주민에게 완전히 이방인이 될 뿐이었다.

그녀의 남편은 그때 이 나라를 순방하러 몇 주일 동안 외부에 있었다. 하나님께서는 그녀에게 자녀를 주시는 축복을 주지 않으셨고, 그래서 빠르게 성큼 거리며 우리에 갇힌 동물처럼 자신의 집에서 걸어 다녔다. 그녀는 선교사로서 여기에 온 이유가 얼마나 오래 견딜 수 있을지 의문이었다. 이것은 전부 혼자 갇혀 있어야 하는 극도의 고통이었으며 한참 걸려서야 그녀는 이제 어느 정도는 사회적 교류와 야외 활동이 가능한 항구로 데려가 구출을 받았다.

여기서는 하루에 여러 시간 중국 여성들과 함께 흥미로운 일을 하면서 보내거나 한 명을 맡아 즐거운 시간을 보낼 수도 있는 어느 어린 자녀가 있었다. 그러나 심지어 이곳에서도 그녀는 신선한 공기와 활동의 결핍(왜냐하면, 내륙의 도시에서 외국인 여성이 거리에 있는 것은 안전하지 않기 때문이다)과 전적으로 암울하고 미래가 보이지 않는 가운데, 동등하게 사회적 교류를 하고 싶은 바람, 하는 일과 생각이 때로는 변해 주기를 바라는 간절함은 두려움에 휩싸인 채로 미국인의 불안이라는 옷을 입고 있었다. 원 목사 부인은 산과 강과 사랑하는 정원, 그리고 무엇보다도 그녀의 사랑스럽고 친근한 민족이 있는 아름다운 조선으로 인해 지금보다 더욱 하나님께 감사드렸다.

최선을 이끌어 내기

\

　선교 여정 가운데 첫날에는 일부 일정을 마무리하였고 밤이 되자 그들은 어느 마을 여인숙에 머물렀다. 여인숙은 오물과 쓰레기가 넘쳐 나고 그들이 조선에서 봤던 다른 숙소보다 불편했다.

　그런 장소에서는 식사를 할 생각조차 거의 불가능한 것 같았으나, 문을 열고 밖에 나가기에는 너무도 매섭도록 고통스럽게 추웠으며 배고픔은 깔끔한 체하는 꺼림칙함을 넘어섰다. 저녁 식사를 하고 나서 원 목사 가족은 각자 접시를 설거지하고 음식을 조심스럽게 버렸으나, 다른 일행은 달빛을 즐기며 산책을 하였다. 음식 도구 세트, 접시를 비롯한 용기 등은 미지근한 물이 채워진 기름 범벅이 된 냄비에 송두리째 집어넣고서 꼼꼼하게도 자기 옷자락으로 쓱쓱 닦아버리는 중국 하인이 나중에 발견하도록 놔두었다. 일행은 유감스럽게도 더러운 악취가 나는 벽에 붙은 선반처럼 누추한 곳에 깔개를 펼쳐 놓고서 살짝 잠이 들었다.

사람은 늘 그렇듯 꽤 품위 있는 미국인이라도 어울리지 않게 볼썽사납고 혐오스러운 장소에서 11월의 바람을 쐬며 온종일 긴 여행을 한 뒤에는 어쩔 수 없이 항복이었다. 다음 날 아침, 가이드 역할을 하는 젊은 선교사는 그들을 위해 마련한 아침 환영회에서 정저우의 모든 선교사가 함께 갈 길을 서둘러야 하며, 밤이 캄캄해지기 전에 목적지에 도착하려면 아침 식사를 서둘러야 한다고 말했다.

진정으로 굶주림

\

원 목사와 부인은 그들의 권고를 몹시도 불길하게 경청했다. 그들은 가지각색의 다양한 능력이 있는 사람들이 아니었다. 우리는 텅 빈 위장을 움켜쥐고서 뭐든지 하고, 걷고, 일하는 것을 기뻐하는 운동선수가 아니었다. 다만 몹시 좋고 규칙적인 음식물에 의존하고 있는 사람들이었으며, 특히 그날 하루 금식을 시작하는 것을 견뎌낼 수도, 그것을 강요할 어떤 필요성도 없었다. 변함없이 언제나 사람은 굶고서는 두통과 불안, 초조, 일하기에 부적절한 결과를 초래한다.

그러나 여관 사람들에게 명령을 할 가능성은 물 건너갔으며, 캡틴 가족은 몰래 차 한 잔과 크래커 두세 개를 허둥지둥 짐에서 꺼내 출발할 때 먹었다. 그들은 정오에 전보다 더 누추한 여인숙에 들어섰다. 조그맣고 어두컴컴한 완벽한 지하 묘지같은 통풍되지 않는 방을 하나씩 하나씩 열어보았지만 조금 신선한 공기를 느낄 수 있는 외부 숙소 말고는 아무

방도 없었다. 여기는 이제까지 한 번도 청소하지 않은 곳을 제외하고, 가장 가난한 계층의 천한 마을 주민이 잠을 자고, 음식을 먹고, 아마도 죽었을 것이다. 보는 그 자체로 불행스럽고 악취는 미국인의 몸이 견디기에는 너무도 역겨웠다. 할 수 없이 문밖 야외에서 햇살이 드는 화창한 장소를 찾아 그들은 짐 바구니에서 통조림 캔을 꺼내 서둘러 점심을 먹고 길을 서둘렀다. 오후 6시 정각에 그들은 정저우의 회색빛 도시에 도착했다. 이곳은 더욱 음울하고 따분해보였으며 원 목사 부인은 한 번도 이런 곳은 본 적이 없다고 생각했다.

도시의 담벼락은 회색이었으며, 3미터 높이의 담벼락 사이로 협소한 거리를 지나갔다. 추운 회색빛 벽돌, 집들은 전부 한 가지 형태로 회색 벽돌이며, 나무 한 그루, 언덕에는 풀 한 포기조차 없었고, 눈을 안심시키는 밝은 색채는 조금도 없었다. 원 목사 부인은 일몰도 벽돌처럼 회색이 아닌가 하는 의문이 들 지경이었다. 하늘에서 내려오는 빛을 높은 담벼락과 흉물스러운 경관이 숨기고 있었으며 이 도시의 시민들이 슬픈 걱정을 버리지 못하는 한, 계속해서 회색빛이었을지도 모른다.

그들은 방문을 환대하는 선한 의사와 그 가족에게서 아주 친절하게, 몹시 다정한 환영을 받았다. 그리고 바로 소녀들의 학교에서 열리는 환영식을 위해 준비한 방으로 안내되었다. 그런데 원 목사 가족은 배고프고 굶주려 아사하기 직전이었고 몹시 음식을 먹고 싶었다. 아침도 못 먹고, 아무거나 허겁지겁 주워 먹은 점심, 차가운 11월의 바람 속에서 보낸 긴 하루는 사람의 최고 목적인 근사한 저녁 식사가 어디에 있는가 하는 관심으로 그들을 이끌었다. 음식이 없는 것은 사람의 궁극적 목적과 존재를 위협하는 것이지만 저녁 식사에 대한 말은 아무도 하지 않았다.

그들이 음식을 먹고 기운을 차리는 것은 헛된 노력에 불과할 것 같다고 예상하는데 이 환영식을 치르는 것이 가능할까? 굶주림에 과민해진 그들의 뇌에서 울부짖는 빵 조각과 차에 대한 암울한 희망. 예상해보면 그 전망은 불투명했다.

아아, 지금은 6시를 훨씬 넘었다. 그들은 한참 후에 소녀 학교의 즐거운 응접실에서 따뜻한 환영을 받았지만 저녁 식사는 아직 없었다. 작은 꼬마들과 다른 사람들이 도착하자 그 방은 빠르게 채워졌고 원 목사 부인의 정신력은 바닥이 났다. 이렇게 많은 이들을 위한 저녁 식사는 불가능했다. 그러나 저녁 식사는 순전히 방문객의 재충전을 위해 신경을 썼어야 한다. 그런데 몇 분 내로 냅킨과 접시가 넉넉하게 놓여 불안은 금방 떨쳐졌다. 즉, 그들은 굶주리지 않게 됐다. 정말로 맛있는 둥근 빵과 샌드위치, 차가운 고기, 샐러드, 차, 초콜릿, 그리고 케이크가 다행스럽게도 풍부한 분량으로 그들에게 제공되었고, 음식으로 허기진 배를 달래어 줄 때 드디어 극심한 배고픔의 고통도 사라졌다.

여기서는 2~3일이 그들이 함께할 수 있었던 전부였다. 그들은 이곳 일꾼들의 경험을 들으면서 많이 배우며 즐거웠고, 그들의 방법론을 연구하면서, 특히 마티어 박사와 헤이즈 박사가 주도적으로 임무를 수행하고 있는 놀라운 학교들을 꼼꼼히 조사했다. 그들은 충분히 회복되고 더 이해가 깊어져 그 해의 사역 준비에 도움이 될 만한 것을 배우고 얻어서 옌타이에서 서울로 돌아왔다. 그러나 원 목사 부인은 아둔함과 침울함, 계속되는 딱딱한 도로들, 암울하고 멍청하며 바보 같은 회색 벽돌집과 담벼락에서 아무런 앞날의 희망을 찾을 수 없었다. 일몰과 햇살도 없는 이 도시에서 한가닥의 꿈이 없이는 정저우를 절대로 떠올릴 수 없었고, 중국에 있는 선교사들에게 은혜가 충만하기를 기도했으며 기쁨을 배로 부어 주시기를 축복했다.

또 한 명의 언더우드
\

그들이 옌타이를 떠나기 전에 캡틴은 상하이에 있는 은행에서 편지 한 통을 받았다. 그 소식은 다음과 같았다. 상하이 은행은 원 목사의 계좌와 중국 북부에 거주하는 상인인 미스터 원 사이에서 계좌 확인 실수를 했고, 은행의 허가로 원 목사가 신이 나서 사용한 돈은 동명의 중국 상인 남자의 돈이었다.

이러한 상황에 처한 다른 사람들은 이 같은 소식에 머리카락과 빌린 옷들을 쥐어뜯을 테지만 캡틴은 그러지 않았다. 캡틴의 마음의 평화를 흔들고 엄청나게 혼란스럽게 하고 미쳐버릴 것 같게 했지만, 가장 작은 일도 돌보시는 아버지의 돌아보심에 그는 전적으로 의지했으며, 이번 사건은 언제나 그가 옳았다는 것을 입증했다. 이처럼 대개는 그들이 필요로 하는 전체 자금을 채우고 완전히 예상치 못한 자금에서 나오는 돈이 있었으며, 모든 필요한 자금은 대체로 원 목사 가족 내부에서 잘 해결되었다.

12

살림하기

옌타이에서 돌아오고 나서 얼마 지나지 않아 해리와 친구들은 조선의 내륙지방으로 또 다른 긴 여행을 출발했다. 많은 마을 기독교인의 작은 모임, 돌봄이 필요한 양들, 그리고 이 무리에 아직 속해 있지 않은 다른 양들을 방문하기 위해서였다. 이번에는 결혼한 젊은 부부, 새로운 선교사들이 사역 방법과 조선인과 지방을 연구하기 위해 그들과 함께 갔다. 젊은 부부는 이 나라에서 지낸 지 아주 조금밖에 되지 않았고, 겨우 스무 살인 어린 신부는 동양 생활과 살림의 어려움을 아주 일찍 배우기 시작했다.

무엇보다 원 목사 가족처럼 그들도 먹을 음식은 오직 쌀, 즉 브라운 부인이 아주 싫어하는 쌀뿐일 것이라고 확신하면서 미국을 떠나왔다. 물론 다른 방법을 찾을 것이지만 그들이 보지 못하고 잘 알지 못하는 쌀을 어떻게 계속 먹을 수 있을까. 그래서 그들은 일본에 도착했을 때 건포도를 발견하고 그녀는 당장 엄청난 양을 사들인 건포도와 혼합해서 먹을 수 있다면 이 탄수화물 덩어리를 먹을 수 있을지도 모른다고 생각했다. 그런데 문제는 여름에 밀봉된 통 속에 보관하지 않았다. 그들은 대양을 가로질러 회귀선을 통과해 조선에 도착하는 열매나 과일은 반드시 여름에는 밀봉해서 통에 보관해야 한다는 것을 알지 못했기 때문이다. 하지만 원 목사 부인은 언제나 음식물이 도착하는 즉시, 심지어 겨울에도 메이슨 상표의 통에 보관했다.

건포도와 크래커

\

그녀는 적은 월급을 받자마자 월급이 바닥이 나도록 많은 건포도를 사들이는 끔찍한 방법을 썼다. 가엾은 작은 숙녀는 전부 질이 나쁜 건포도를 골라 어마어마하게 많이 사는 방안을 신중하게 고려하며 요정 이야기에 나오는 가엾은 공주처럼 인내심을 가지고 씻고 분류하는 일을 했다. 그 지루하고 싫증나는 일을 말이다.

그녀는 누군가에게 무엇을 해야 하는지 물어볼 생각을 하지 않고 그때까지도 건포도를 밀봉하지 않았다. 그리고 몇 주가 지나자 건포도들은 그때보다도 상태가 더 상해 눈물을 머금고 내다 버려야 했다.

건포도 말고도 그들은 일본에서 엄청나게 큰 보관 상자를 두 개 구입했는데, 최소한 가로 세로가 3미터 가량 되었다. 어느 악당 같은 외국 상인이 그들에게 속여 팔았는데, 조선에서 그 상자를 열었을 때 온통 녹색 곰팡이가 가득 뒤덮여 완전히 못쓰게 되었으며 심지어 불에 태워 버리기에도 부적합했다. 그리고 그 물건은 일본에서 서울로 운송하는 비용이 엄청나게 산 크래커 가격만큼 지불해야 했다.

그들은 일본에서 요리 버너를 샀고, 약간 예쁘게 생긴 중국 물건, 차 도구 세트, 접시와 그릇, 부엌 가재도구를 샀다. 또 가능한 단순하고 작게 그것들을 포장하고 꾸리기 위해 어느 숙련된 영국 해상 운송 회사에 전부 맡겼으나, 그들은 그런 것에 경험이 없어서 생소했다. 직원은 물건을 조심스럽고 신중하게 포장했다고 말했으나 조선에 도착했을 때 보니 전체 물건을 담은 깨진 도자기 안에 접시는 제대로 들어 있지 않았고, 심지어 버너도 부품의 일부만 발견되었다.

버너는 언제나 그런 식이다. 나는 조선에 있는 선교사 집안 전체를 통틀어 깨지지 않은 버너가 단 하나라도 있는지 의심스럽다. 미국이나 다른 어느 곳에서 짐을 포장하는 사람들은 화물이 화물칸에서 동양으로 손쉽게 운송된다고 생각하는 것 같다. 그러나 배송 물품이 목적지로 도착했을 때 물건의 외관은 최종의 운송 장소에서 실제 상태를 보는 것이 더 나을 것이라는 결론을 확증해 줄 것이다. 그들은 이른바 성공적인 운송을 위해 고군분투했으며 가장 험한 바다를 건너 항해해 왔다.

화물을 포장하는 사람들은 버너에 덮개를 씌우고, 받침다리와 기타 몇 가지 부품을 부주의하게 기구 속에 넣어서 덜커덕덜커덕하는 소리가 최대한 생생하게 들리도록 하는 것이 잘하는 일로 확신하는 것 같다. 그들은 할 일을 다 했고 그 기구를 파손하는 데에는 지구에서 가장 성공적이었다. 만약 이 물건을 수리할 수 있는 환경이라면 그 주인은 행운이라고 생각한다. 오, 만약 그가 기구를 태평양을 건너 화물 포장하는 자에게 되돌려 보내며 던져 버릴 수만 있다면 말이다! 글쎄, 그렇게 되지는 않을 것이고, 선교사들은 그렇게 하지도 않을 것이지만, 할 수 있다면 그러고 싶을 때 그런 경우가 과연 있어 줄지. 화물을 포장하는 사람들은 풍금과 피아노 역시 보내주는 일을 즐거워한다. 그것들은 이따금씩 불에 탄 나무 상자에 포장되어 도착하는데 브라운 부인에게로 갔다.

가정의 문제

\

　브라운 부부가 집안 살림을 겪어야 할 가능성은 컸으며, 그들은 깨진 버너를 대충 수리했다. 그들의 요리사는 아주 서투른 조선인 젊은 남자라서 시련이 아주 많았다. 요리사는 부엌에서 머리를 빗질하고 담배를 피우는 일은 많지 않았으나 자기가 먹을 음식 재료를 불쾌한 냄새를 피우며 요리를 했다. 또 요리사는 자기 옷을 세탁하기 위해 모든 비누를 사용하겠다고 주장하였고, 부엌의 가재도구를 기름투성이 속으로 집어넣었다. 감자, 달걀, 달콤한 우유는 기가 막히게 재빨리 사라졌다. 브라운 가족은 하인들을 포함한 식솔이 소비하는 양에 놀라 겁에 질렸다.

　어느 날 작은 숙녀는 먼지를 막는다며 자기 머리에 키친타월을 둘러 묶고 있는 그를 발견했으며 한 번은(이때는 그녀가 발작적으로 부들부들 떨 시간이었다) 행주를 주머니에 손수건처럼 사용하고 있는 것을 보았다. 그녀는 또 요리사가 재료를 몰래 요리할 가능성이 있는 장소로 갔더니 주전자에 뭉클하게 끓인 음식을 먹고 있는 그를 곧바로 발견했다. 요리사는 뜨거운 고기와 감자로 가득 찬 입을 한 채, 그녀의 힐책에 대답도 할 수 없었고 그녀는 간단하게 혼을 내주었다.

그녀가 한 번도 만들어 본 적이 없는 젤리가 있었다. 그러나 어느 나이 든 주부가 그녀에게 어떻게 해야 하는지 말해 주었고, 맛있게 보이는 조선산 산딸기가 도착하여 그녀는 그것을 전부 샀다. 엄청나게 많은 양이었으며 과일을 준비하는 과정을 거치며 수없이 멈칫거리고 방해를 받으면서 설탕과 젤리 주머니는 부풀어 오른 주스로 부글부글 끓었고 설탕을 추가하기 위한 마지막 결정적인 순간까지 모든 것이 잘되었다. 그녀는 산딸기를 설탕과 함께 3~4분가량 끓인 뒤에 시럽을 사용해 보라는 이야기를 들었는데, 찬물 한 컵을 넣어야 했다. 그녀는 젤리가 만들어지는 동안에 차가운 물을 가져오라고 요리사를 보냈다. 열성적이고 새로운 것에 도전하기를 좋아하는 요리사는 커다란 통에 가득히 물을 채워와서 잠시도 지체하지 않고, 시험적으로 한 방울을 떨어뜨려 보지도 않은 채 젤리에 모두 부어 버렸다.

가엾은 어린 아내에게 모든 가정 살림이 무엇을 뜻하는지 나는 잘 알고 있다. 재앙, 실망, 실패, 손실, 그리고 온종일 힘들게 사역을 하고 나서 또 해야 하는 일이다. 그래서 원 목사 부인은 그녀를 위로하면서 자신의 초기 경험들 몇 가지를 말해 주었다. 원 목사 부인도 처음에는 저녁 만찬에 조선 고위 관료들을 어떻게 초대해야 하는지 난감했으며, 이런 일은 그녀가 이제까지 거대한 만찬을 열어본 적 없이 처음 해보았다. 음식 준비를 한창 하고 있는데 곧바로 요리사는 아내가 매우 아프다며 내게 집에 가라는 허락을 받고, 하인 소년은 아침을 먹으러 자리를 뜨겠다고 말했다.

무슨 일이 벌어졌든 간에, 만약 당신이 한창 그 식당을 청소하는 중이라면, 지진이나 불이 났거나 가족 중 누군가가 죽었거나 그래야만 하는 것이다. 그 소년은 아침 식사로 열시 반에서 열두 시 반까지, 한 시간에서 두 시간까지 자리를 뜰 것이 틀림없었다. 결국 그녀는 혼자 남아 익숙하지 않은 손으로 요리책의 도움으로 6~7개의 코스 요리를 만들기 위해 최선을 다하고 있었다. 그때 현관 벨이 울리고 그녀는 버너에 올려놓은 여러 음식이 잘못되게 비뚜름하게 놔둔 채로 주방을 나와서 문을 열어야 했다.

실수투성이 만찬 준비

초대 손님 한 분이 그 저녁에 거기 서 있었다. 그는 정중하게 원 목사를 보러 왔다고 물어보았고 원 목사가 외부에 있다는 말을 듣고 조용히 걸어 들어와 품위 있게 신중한 태도로 자리에 앉아서 원 목사 부인에게 존경을 표시했다. 그는 저녁 만찬에 선물을 가지고 올 수 없었음을 몹시 후회했고 대신 지금 그가 와 있었다. 원 목사 부인은 절망적으로 부엌에서 무슨 일이 일어나고 있는지 궁금했으나 정중하고 우아하게 존중하며 그를 대하고자 자신을 추스르려고 노력했다. 한 시간 가까이 머물러 있은 후에 그는 집을 둘러보고 싶다고 이야기했다. 그래서 그는 모든 방을 다니며 집을 둘러보았고, 그녀는 존경하는 조선인이 가고자 하는 대로 함께 다니며 최대한 친절히 설명했다.

이 일이 무사히 끝나기 전에 딴 짓을 하던 캡틴이 돌아와서 그를 데려갔다. 다행히 돌이킬 수 없는 엉망진창 된 요리는 전혀 없었으며 정성 들인 저녁 식사가 준비되었다. 그리고서 그녀는 옷을 갖춰 입고 한 번도 온

적 없는 사람 외에 초대에 응한 손님을 만날 준비를 하느라 상당히 애를 쓰며 지쳤다. 약속한 저녁 만찬이 한 시간 지나고, 그들은 여전히 도착하지 않은 사람들 때문에 또 한 시간을 기다렸다. 그러면서 그들은 원 목사와 부인의 결혼 이야기를 들었다. 그리고 지체 없이 기쁘게 학생 소년들을 보러 가기 위해 나섰고 식욕이 돋아 우리는 이 고위층 남자들에게 성공적인 만찬이 되도록 기뻐하며 애를 쓴 요리에 감사와 칭찬을 하며 먹었다.

다음날 그들은 여러 가지 변명을 했다. 원 목사 가족은 외국인의 에티켓 규칙을 아직 배운 적 없는 조선인 귀족들을 초대한 것임을 알았다. 외국인이 초대한 저녁 만찬은 이 조선인들에게는 의문투성이였으며 편리한 대로 행동할 수 있는 방식을 넘어서는 행위였다. 그들은 참을성 있게 기다리고 함께 있던 신뢰할 만한 외국인들과 같이 행동하면서, 절대로 한 번에 한두 가지 이상을 되묻지 않았다.

그리고 빵을 만들어보는 시간이 있었다. 그것을 전부 배웠을 때 효모가 동났다. 요리책은 효모를 넣는 것부터 시작하라고 적혀 있었는데, 그 빵이 만들어져 7시에 식탁에 차려졌다. 그날 아침 6시에 일하러 오기 전부터 시큰둥한 요리사가 자기 집으로 가기 전이었다. 그리고서 그들은 세탁을 배우는 시간이 되었다. 세탁은 그녀가 절대로 혼자서는 배우지 못했던 것이다. 그들은 온종일 애쓰면서 책에 쓰인 지침을 따르는 한편 옷에 먹일 풀을 만드는 비결과 시름하고 풀을 먹이고 행주를 표백하는 심각한 문제에 끔찍해하고 있었다. 여기에는 여러 쪽빛 얼룩이 여러 군데 묻어 다시 씻어야 했으며, 외국인 숙녀들이 불려 오고, 행주에는 검은 얼룩이 번지기 시작했는데 아마도 곰팡이였던 것 같다. 오, 이것은 지금 코미디였지만 그다음 순서 역시 또 다른 비극이었다.

그리고서 젤리 만들기와 음식물 보관법에 관한 다른 시범이 있었다. 한창 애를 쓰고 있는 와중에 조선 여성들이 무리를 지어 들어와 소화불량 처방을 들어야 했기 때문에 우리는 여기서 손을 떼야 했다. "소화불량이 되면 음식이 아래로 내려가지도 위로 올라오지도 않습니다"라거나 "위가 꼬이게 되면 눈의 통증을 유발합니다"라고 말하면서.

그렇다, 브라운 부인과 많은 초보자에게 공통적이지만 많은 부분에서 내가 그녀를 확신시키기 위한 이런 추억거리가 아주 많았다. 모두 원 목사 부인에게 공감을 했으며, 가정 살림은 모래처럼 셀 수 없는 많은 경험의 나이 든 자매들의 발자취를 보면서 그녀는 마음을 다시 먹을 것이다.

기쁜 안도감

＼

지금 그들은 함께 길고 긴 조선 여행을 하고 있다. 원 목사 가족의 작지만 훌륭한 요리사는 모든 음식을 준비할 것이고 그들은 여러 주 동안 오직 하나님의 보호하심과 정직하고 강하고 든든한 조선 백성과 함께 있을 예정이었다.

그들은 도시나 큰 마을을 방문은 제외하고 기쁨과 즐거움을 주는 상쾌한 공기 속에서 온종일 걸으며 갔다. 도착한 마을에서 그들은 조선 여성들이 작고 컴컴한 방에 갇혀 있는 것을 보았다. 또 많은 호기심을 지닌 조선 여성들의 방문을 받았는데 그들 대부분은 우리 옷차림을 열광적으로 살펴보며 엄청난 관심을 기울였으며, 우리 외모를 궁금해 했고 외국 종교에 대해 듣는 것보다는 아주 무례한 온갖 종류의 질문을 했다. 그들 중 일부는 기독교의 이상한 점들에 대해 이웃의 말을 들었다.

"조심해야 해. 이 안에는 마술이 들어 있어. 너희가 반드시 믿고 나서 그들의 책을 읽어보면, 너희가 어떤 상태이든 치료 약이 하나 있었어. 한 번쯤 병에 걸려 봤다면 말이야."

"그래서 신중해야 해. 이건 정말인데, 분을 바르지 않았는데도 하얀 얼굴과 신기한 코와 눈을 가진 사람들을 보는 것은 아주 놀라운 구경이었지."

"위험할 만큼 매력적인 것이었어. 우리에게는 정말로 이상한 것과 재미있는 것들, 그리고 그 여자들의 부드러운 손!"

"그 여자들의 손은 어쩌면 하나같이 모두 그렇게 부드럽고 윤기가 흐르는지, 마치 아기 손처럼 말이야."

"외국인 여자들은 아주 존경스러워, 조용하고 겸손하단다, 물론 그렇게 하기란 매우 힘든 것일 텐데, 그 외국인들은 설교를 하면서 온갖 곳을 돌아다니고 있어."

그들이 서로 간에 이야기한 것을 약간 깨달았을 때 너무도 낯설고 아름답고 매력적이어서 그들은 겁에 질렸다. '오세요, 가 봅시다.' 그리고 겁에 질린 비둘기 떼처럼 그들은 매력적인 일들이 시작되기 전에 모두 서둘러 뛰어 나갈 참이었다. 그러나 여기저기서 복음의 씨앗은 뿌리를 내리고 공감하는 미소와 수동 인쇄기, 책 한 권, 소책자 하나, 한 어린이의 치유와 치료, 노래 한 곡, 그저 작은 씨앗이 여기저기에 뿌리내려 때가 되면 싹이 움텄다.

미국 선교사의 마음은 불쌍한 여성들이 정말로 우리에게 가까이 참여하길 바랐고, 빛과 희망과 영광으로 오기를 얼마나 갈망했는지 모른다. 그들은 낡고 죽은 신념에서 비롯한 더럽게 누더기가 된 찌꺼기에 매달려서, 그들을 묶는 족쇄에 매달려서, 정말로 긴 시간 가운데 반쯤 죽은 채 살아가던 그 어둠을 사랑했지만, 행복한 생명으로 그들이 거듭나기를 얼마나 갈망했던가.

"너희들이 생명을 소유했을지도 모른다면 내게로 오지 않을 것이다."

진정한 환대

\

그 작은 기독교인 모임이 있는 곳에는 언제나 동일하게 넘치는 기쁨이 있었고, 선교사들을 거의 숭배할 정도로 환영해 주었다. 이들로 인해, 선교사들은 거의 인간 이상으로 여겨짐을 받는 것 같았다. 영생과 천국 영광의 비전을 활짝 열었던 놀라운 희망의 소식을 가지고 그들에게로 갔던 선교사들은 천사와 같았다.

원 목사 부인은 언제나 매우 낮고 겸손한 마음 상태로 서울에 돌아왔다. 이 마을에서 저 마을로, 이 여성들과 저 여성들을 만나 바이스(작업대에 설치해 물체를 고정시키는 공구)처럼 뼈가 앙상한 그들의 손을 움켜쥐고서 슬프게 응시하며 바라보다 말하기를, "아아, 우리가 당신을 마지막으로 만난 그때로부터 당신은 얼마나 늙어 버렸는지!" 아니면 "당신이 얼마나 아프고 연약해 보이는지!" "점점 더 아프고 나이가 들어가는 당신을 보는 것이 얼마나 슬프고 마음 아픈지 모릅니다." "우리를 위해 당신이 얼마나 시련을 견뎠는지요. 당신이 얼마나 바싹 말랐는지!" 이것은 모두 우리의 애정과 염려를 보여주기 위한 것이었다. 또 우리의 노력이 그들을 복음으로 데려오기 위해 어려움을 겪으며 뚫고 온 것을 그들이 믿을 때 우리가 그들에게 다가갈 힘이 있었다는 측면에서 가장 높은 영예이고 찬송할 일이었다.

원 목사 부인은 이 여행을 같이 할 때 스무 살의 나이로 몸이 한 곳도 아픈 적이 없으며 데이지 꽃처럼 활기찼던 브라운 부인에게 조선 여성을 격려했던 것과 같은 방식으로 이야기를 했다. 그래도 그녀는 이를 마음에 받아들이지 않았다. 해리에 대해 말하자면 그는 12살이었고 그들은 그가 결혼을 했는지 묻기 시작했다. 왜 안 그렇겠는가, 단지 최근에 우스꽝스럽게도 엄마와 결혼한다는 생각을 가졌던 3살 때부터 엄마만이 자기 아내라고 주장했던 어린 남자가 극도로 쑥스럽고 당황스러운 방식으로 결혼에 대한 이상한 의미들을 쏟아냈었다.

해리는 최소한 25명에서 50명의 소년이 따라오는 가운데 거리를 걸어 다녔고 모두 열광적으로 그와 놀고 싶어 했으며 그들은 어느 정도 그의 심복이 되었다. 기독교인은 물론 그가 가장 좋아했던 친구들이었으며 다른 모든 소년의 부러움이었다. 해리는 그들과 함께 죄수의 지하실, 개구리 뛰기, 숨바꼭질, 그리고 다른 소년이 좋아하는 놀이를 했다.

어느 날 일행이 나뉘었다. 원 목사는 멀리 산골짜기 작은 마을로 향하는 산길을 올라갔으며 그곳에는 아주 적은 양들이 있었다. 많은 사람이 먹고 잘 수 있는 방이 전혀 없었으며, 단지 세 개의 작은 오두막이 한데 모여 있었다. 그래서 원 목사는 한 길로 쭉 갔으며 나머지 일행은 브라운 선교사 가족, 원 목사 부인, 해리는 가마꾼, 짐을 실은 조랑말의 마부와 함께 다른 쪽으로 갔다. 해리는 작은 다리로는 속보할 수가 없어서 말에 타고 있었다. 브라운 씨는 걸었으며 두 여성은 가마에 탔고, 길은 험하고 멀었지만 밤이 되기 전에 아주 심하게 흔들리면서 울퉁불퉁한 길을 따라 갔다. 안내를 담당한 두 명의 기독교인 조수는 곧바로 원 목사 부인에게 와서 따뜻한 밥과 환영할 준비를 마친 방을 보러 서둘러야 한다고 말했다. 그러자 그녀가 동의하여 그들은 서둘러 급히 떠났고 느릿느릿 가고 있는 복잡한 행렬을 정리해버린 것이 오히려 기뻤다.

음울한 경관

남자들은 진흙과 진창을 통과해, 언덕과 계곡을 넘어 미끄러운 논을 가로질러 숲과 나뭇가지에 얽히면서 느릿느릿 갔다. 이제는 자주 쉬면서 불편한 움직임과 배고프고 지쳤음을 보여주는 불만에 찬 불평이 나왔다.

마침내 황혼이 드리웠을 때, 제일 나중에 오고 있는 여행자가 물어본 바로는 목적지가 10리 밖에 있었다. 비난하고 되받아치며 가마꾼 사이에서 논란이 일었다. 그들은 작은 오솔길이 서로 이어지는 구불구불한 곳에서 길을 잃게 되었고, 먼 길을 잘못 왔고 어떻게 가야 올바른지 전혀 확신할 수가 없었다. 마을도 보이지 않고, 어두컴컴하기만 한 황량한 평야에서 길을 잃었다. 늦은 11월의 매서운 바람으로 쓰라리고 고통스러운 추위와 함께 갈 길을 접은 채 모닥불과 휴식, 따뜻한 음식도 없이 서로 동의할 수 있는 아무런 희망이 보이지 않았다. 가마꾼들은 거칠게 불평을 했다. 그러나 모두가 힘을 내서 출발해 따뜻한 방과 밤에 먹을 수 있는 따뜻한 쌀밥이 있는 곳에 도착하기로 의지를 모았다. 그러나 얼마나 많은 사람에게 묻고 또 물은 여부와 상관없이 길은 언제나 마을까지 '십 리'였다. 목표였던 방향으로 길이 확실했던 상황에서 여러 번 '십 리'를 갔음에도 불구하고.

한참 후에 그들은 두 갈래 길이 나뉘는 지점에 도착했으며 여기서 가마꾼들은 서로 의논하며 속삭였는데 원 목사 부인이 들어봐야 한다고 주장했던 아주 중요한 사안이었다. 안간힘을 다해 가까스로 버티고 있는 가마꾼과 짐꾼 중에서 오직 하나뿐인 그녀의 믿을 만하고 나이 든 하인 김 씨는 그녀에게 잠시 다가와 이제 가로질러 가야 할 강이 나왔다고 하며 그들이 가까이에 있는 다리와 멀리 있는 여울 중에 어디로 건널 것인가를 의논했던 것이라고 말했다. 지친 가마꾼들은 여울을 택하는 것을 거절했다. 그들은 그렇게 하면 9시나 10시 전에는 마을에 도착할 수 없다고 주장했다.

"하지만 우리가 다리를 건넌다면 조랑말을 탄 작은아들이 일행에서 떨어질 뿐 아니라 여울을 지나가지 않을 것 아닙니까?"

"네, 그렇습니다."

"그리고 다리는 높고, 길고, 부서져 있는 아주 좁은 다리로 내가 언젠가 한 번 해가 지기 전에 건너는 데 아주 힘든 곤란을 겪었던 그런 다리가 아닌가요?"

"네, 맞습니다."

"그러면 이제 우리는 형편없는 등불 하나밖에 없는데 밤은 아주 어둡고, 남편은 멀리 떨어져 있고, 우리와 함께할 어린 톰킨스가 여기로 합류하러 오는 중인데 여러분은 내가 그 다리를 믿을 수 있다고 생각하는

가요? 아니면 내 어린 아들에게 하나뿐인 위험한 길을 선택하도록 내가 내버려 둘 것 같은가요? 그리고 또 하나, 이 밤중에 내가 알고 있는 원주민 한가운데 꼼짝없이 둘러싸인 채로 무슨 못돼 먹은 소란입니까? 무슨 일을 이렇게 하고 이 무슨 못된 짓거리인가요? 나는 다리를 건너지 않겠다고 말하세요."

화가 난 가마꾼들

여기서부터는 가마꾼들의 성난 불평과 거친 고함이 일어났다. 일부는 땅에 주저앉았으며 죽을 것 같다고 선언을 했고 일부는 더 나아가 침통하고 근엄하게 몇 시간 전부터 그들은 힘이 다해 이미 죽을 지경이라고 주장했다. "좋습니다" 원 목사 부인이 말을 이었다. "이제 세상이 더 평화롭고 축복을 받을 것이니, 우리는 여러분을 먹여 살리지 말아야겠군요"라고 말하자, 그 죽어가거나 죽은 자 같던 가마꾼들은 펄펄 살아 있는 사람처럼 그렇게도 아주 완강하고 고집이 세었지만 아주 효과 있는 비유적인 말로 몇 번 신나게 말해주자 그들은 살아 있는 사람이 맞는 것으로 확인되었다.

그들은 여행을 하기에는 너무 배가 고파서 완강하게 만약 다리를 건너는 것을 허락하지 않는다면 꼼짝도 하지 않겠다고 선언했다. 이제야 원 목사 부인은 그 다리가 아주 위험하다는 것을 알았다. 발 한 폭 정도의 너비로 조랑말이 건너기에는 너무 좁고 중간에 끊어져 있을 가능성이 컸으며, 심지어 그녀가 무사히 건넌다 해도 많은 위험과 공포가 다분

했다. 그녀의 작은 아들은 헤맬 것이고, 낯선 고용인 남자들과 함께 얼마나 많은 시간을 그곳에 묶여 있어야 하는지 알 수 없는 노릇이었다. 그리고 침구와 음식은 한밤 내내 도착하지 않을 것이다. 그래서 그녀 역시 발을 꽉 딛고 서서 그곳에서 행렬을 막아 지켰으며, 데리고 있는 조선인은 많지 않았지만 단호함과 지혜가 풍부한 브라운 씨와 함께, 그들은 초점을 성난 가마꾼들과 대항하는 데로 옮겼다. 가마꾼들은 여기서 아무런 도움을 얻을 수 없는 상태였다. 결국, 가마꾼들은 항복하고 큰 소리로 수없이 불평하면서 여울로 어둠을 뚫고 속보로 걸었다. '십 리'는 계속해서 갈 때마다 언제나 십 리였다. 그들은 모두 굶주렸지만 어쨌든 여울을 건너고, 시시각각으로 계속해서 더욱 지쳐갔다.

해리는 오래전에 항복해서 말에 앉아 쌔근쌔근 자는 소리가 들렸고, 어쩔 수 없이 양옆에서 아이를 붙들어야 했으며 그의 가여운 머리는 불쌍한 모양새로 흔들거렸다. 두 가마에는 모두 아이를 데려올 공간이 없었으며, 지쳐서 여울을 건너는 가마꾼들은 엄마에게 아이를 데려오라는 요청에 귀를 기울이지도 않았다. 원 목사 부인은 가마 대신에 조랑말로 아이를 데려오기로 하고 이 일을 전적으로 책임졌다. 가마로 데려오는 일은 거의 두 배나 일과 비용이 들어갔으며, 그 밤에는 어려운 일이었다. 마침내 10시경에 대둔산의 반가운 불빛이 보였다. 목적한 집에 도착하니 모두가 그들을 편안하게 만드는 데 최선을 다했다. 기쁜 기독교인의 빛나는 얼굴들, 따뜻한 방과 음식이 있었으며 얼마 지나지 않아 바로 아기 침대와 무릎 담요에서 평화로운 휴식을 취했다.

가마꾼의 습성

﹨

조선인 가마꾼은 품삯 비용을 매시간 당 얼마가 아니라 얼마나 같이 있었는가 하는 것으로 계산했다. 그들은 세상에 존재하는 가장 독립적인 피조물이었으며 최고로 탐욕스럽고 게걸스러웠다. 그들은 절대로 만족한 적이 없었으며 흥정을 고집할 가마꾼을 데리고 그를 겪어볼 때까지는 절대로 안심하면 안 된다. 가마꾼은 아침 식사와 저녁 식사도 할 수 없을 만큼 가난할지 모르고 가족은 굶주려 있을 것이다. 그런데도 만약 여러분이 가마꾼이 받기로 작정한 것보다 1센트의 5분의 1이라도 덜 준다면 가마꾼은 전체 비용을 다시 되돌려 줄 것이며, 그들 사이에 떠도는 사기꾼 명단에 오르고 돈도 받지 않고 가버릴 것이다. 가마꾼은 여러 시간 동안 흥정을 할 것이며, 곤경에 빠진 당신을 저버리고 마지막 순간에 떠나버릴 것이다.

조선인 가마꾼은 동양의 아일랜드인과 유사한 좋은 점도 많다. 쉽고 편하게 살며 좋은 천성을 갖고 있지만 싸울 태세를 늘 갖추고 싸움을 즐긴다. 그 싸움은 그가 받는 적절한 보수에 대해 큰소리로 거칠게 말하는 것이며 서울 안에서 그 모든 상점이 보이면 가다가도 멈추기 쉬우며 갖고 있는 현금이 허락되는 한 최대한 술을 마신다. 가마꾼들에 대한 편견에는 거짓말을 할 가능성이 있다. 나는 이것을 넘어 진실을 보여주고 싶다. 우리는 친절과 공감으로 재빨리 그의 마음을 어루만졌다. 여러분이 그의 곤란에 관심을 보여준다면 상당히 압도를 당한다. 그의 아내와 어린아이를 다정하게 사랑하면서, 농담이나 어느 좋은 이야기로 보통 다정하게 대하고 가마꾼에게 오늘 하루 먹고 마실 것을 넘어서는 무심하고 경솔한 행동을 하지 않으면 그는 아아, 나무에 달린 나뭇잎처럼 미래에 대한 꿈도 생각도 없이 이 순간에 행복하고 행운을 추구하는 부류에 속한다.

그들은 모두 원 목사를 좋아했는데 원 목사는 그들과 함께 잡담이나 농담을 했고 거세게 그런 이야기를 남용하는 그들의 이야기에 웃어 주며 형제처럼 대했기 때문이다. 언젠가 머물렀던 곳에서 기독교인들이 말해 주는 경험 중에는 개종한 어느 술고래와 친분이 있는 가마꾼 한 명이 있었다. 그는 친구의 이야기를 했다. 술고래 친구는 여러 해 동안 인생을 도박으로 살았고, 자타가 공인하는 술고래가 되어, 모든 종류의 악한 습관에 빠져 있었다. 어느 날 그는 송도의 거리를 걷고 있었을 때, 거리의 군중 가운데 어느 맹인 설교자를 보았다. 그는 무서운 언어로 죄인들에 대적하시는 하나님의 분노와 뉘우치지 않는 자들에게 기다리고 있는 운명을 설명했다.

"그분의 긴 팔은 널리 뻗어 있으며, 손가락을 구부려 나를 지목하셨고 그분의 맹목적인 사랑의 눈은 내 얼굴에 고정되어 박혀 있습니다"라고 설교자가 말했다. 이 말이 그의 가슴에 엄습하여 홀딱 반하게 했고 그는 설교자에게 다가가 그의 언어와 몸짓으로 왜 그분이 모든 군중 가운데서 자신을 지목했느냐고 물었다. "그것은 당신이 바로 그 사람이기 때문입니다"라고 현명한 설교자는 말했다. '이제는' 그는 말을 이으며, "유일하게 당신이 할 일은 지금 당장 가서 회개하고 예수님을 당신의 구세주로 영접하고 한 사람의 기독교인으로 시작하는 것입니다" "그러나 나는 여러 기독교 책을 확인해 봐야만 하며, 우선 오랜 시간을 뉘우치고 회개해야 합니다"라고 죄인이 말했다. "아니요"라고 나이 든 설교자는 말

살림하기 337

하며 "그런 것은 아무것도 없습니다. 만약 당신이 구원을 받고 이제 기독교인이 되었다면 지금 당장 회개를 해야 합니다."

그 사람은 순종했으며 설교에 내포된 믿음 안에서 두려움과 죄의 짐이 사라짐을 느꼈고 그날부터 변화된 사람이 되었다. 그는 이제 아는 모든 사람에게 복음을 전하기 시작했고 가장 먼저 강하게 꾸짖는 노모에게로 갔다.

"뭐라고?" 어머니는 말했다.

"내가 그동안 모든 네 못된 짓들을 얼마나 오래 견뎌 왔느냐. 네가 가슴을 계속해서 찢어 놓을 때마다 말이다. 그런데 이제 와서는 나에게 용서해 달라고, 그리고 심지어 우리 조상을 모시지 않고 오랜 전통 종교를 버리는 이런 범죄에 너와 함께 하자는 말이냐. 나는 절대로 외국 종교에는 아무것도 관여하지 않을 것이다."

그럼에도 불구하고 노모는 아들이 변화된 새사람이 된 것을 보고 이 기적을 일으킨 힘이 무엇인가 궁금했다. 노모는 그 열매인 선함 외에는 아무것도 보지 못했다. 마침내 놀라운 사건은 노모를 완벽하게 이겼다.

떨어져 내린 오두막 지붕

\

우기가 시작되면서 길고 끔찍한 비가 퍼붓고 난 뒤에 그들의 가난한 오두막 벽의 일부가 떨어져 내렸다. 어느 주일이었다. 노모는 임시방편으로 집의 손상된 벽을 수리하려고 했는데 아들은 어머니의 팔을 붙잡으며 말했다. "안 됩니다. 어머니, 주일에는 안 됩니다." 어머니는 그냥 놔두라고 애를 썼지만 아들은 전력을 기울여 일손을 놓게 했다. 그때 지붕이 떨어져 내린 순간에 어머니의 생명은 간신히 구했다.

'그것이' 어머니가 말을 이으며 "내 의지와는 반대로 나를 구한 너의 하나님이냐? 이제 나는 오직 그분께만 예배할 것이며 언제나 그분 안에서 믿음을 가질 것이다." 그래서 이제 어머니와 아들은 둘 다 감리교 교회의 행복한 일원이 되었다.

기독교인 마을 중에 한 곳에서 원 목사는 어느 결혼식 주례를 부탁받았다. 그들은 가난하여 모든 좋은 옷과 산해진미 잔치 음식을 준비할 여유가 없었고 결혼식을 급하게 서두르기를 강요받기까지 했다. 원 목사는 긴 준비 과정을 기다릴 수 없었다. 그래서 모든 것이 서둘러 재촉되었다. 여러 이웃이 도와주었고, 이 결혼식은 그 집에 살고 있던 어느 친척 고아와 집안 맏아들 간에 이뤄져 소년 소녀의 예복이 즉석에서 만들어졌다. 정이 깊은 이웃과 친척들이 모여서 도와주었다. 원 목사 부인은 골무를 갖고 나가서 도와주었다. 이것은 그들에게 그녀가 그들 중 한 사람임을 보여주기 위해서였고, 그녀의 아픈 손가락은 뜨개질이나 손재주로 하는 일을 많이 하지 않았음에도 불구하고 옷감들을 한데 묶어서 꿰매기 위해 실을 뜨며 바느질을 조금 했다. 신부는 키가 크고, 발그레하게 혈색이 좋고, 건강해 보였으며 대다수 어리고 젊은 소작농 여성들처럼 단순하고, 정직하고, 얌전한 외모를 지닌 시골 소녀였다. 신랑은 스무 살을 넘긴 나이에 비해서 키가 작았다.

선교사들은 18세 이하 기독교인 소년을 결혼시키지 않을 계획이었고 기독교인 소녀는 최소한 16세가 되어야 허락하기로 했다. 그런데 이제 조선인들은 기독교식 결혼 예식을 좋아했다. 전통 방식의 결혼식보다 서로에게 헌신을 뜻하는 정중한 인사와 결혼반지를 훨씬 좋아하면서 얼굴을 망치는 하얀 밀가루 반죽과 흉측하고 섬뜩한, 어린 얼굴 양쪽 뺨에다 하는 빨간 색칠을 하지 않기 시작했다.

가엾은 어린 신부는 아무런 장신구도 없고 그녀의 신부복은 비교적 평범했지만 매일 입는 복장보다는 훨씬 더 좋은 것이었다. 그녀는 만족 그 이상으로 느끼는 것 같았으며, 이 결혼식 이후에 목사의 주례로 결혼하는 횟수는 상당히 많아졌다.

친절히 그러나 박력 있게

\

여행이 절반쯤 끝나기 전에 고용할 수 있는 가마꾼이 아무도 없는 내륙 어떤 곳에 도착했다. 그러나 이곳 기독교인들이 가마와 짐을 운반하도록 도와주었고, 그런 일에 익숙하지 않았음에도 세상에서 보기 힘든 최선의 노력을 다 해 분주하게 움직였다. 원 목사 부인의 마음은 그녀에게는 훈련받지 않고 너무도 혹독한 일을 맡아 하는 친절한 사람들을 생각하며 감사와 애정으로 흘러넘쳤다. 그녀가 절뚝거리고 연약하지 않았다면 멀리까지 걸었을 텐데, 그때 사정으로는 가마를 타는 것도 쉬운 일이 아니었다. 그 가마는 이제 앞뒤로 몸이 쏠려 가마꾼들의 걸음을 통제하는 방법을 몰랐던 스켄자보다 더 심하게 흔들렸다. 지친 가마꾼들은 더 이상 견디지 못할 때 몇 분 단위로 매번 땅으로 곤두박질쳤다. 그러나 그들에게 이 일은 너무 험하고 힘든 것을 알고 우리들의 사랑 안에서 이루어진 일임을 생각할 때 그녀는 이 모든 노고에 대가를 지급하고도 훨씬 더 지급할 가치가 있다고 느꼈다.

그들이 방문했던 작은 마을 중 한 곳은 오직 두 명의 기독교인, 어느 남자와 그의 부인만 있었다. 그들이 이곳에 가까이 왔을 때 이 구역 안에 있는 기독교인을 모두 잘 알던 현지 지도자는 선교사들에게 이들 부부가 주일마다 16킬로미터를 걸어 교회에 오는 아주 헌신된 사람들이라고 말했다. 그들은 아버지의 집과 모든 친구에게 버림을 받았으며, 남편은 격분한 이웃 때문에 상투를 잡혀서 질질 끌려가서 온 마을에 그렇게 끌려 다녔고, 잔인하게 두들겨 맞았던 것이 드러났다. 그들이 도착했을 때 이 젊은 시골 소작농 부부를 발견했다. 두 사람 모두 건강하고 정직하고 지성적으로 보였다. 남편은 특별히 좋아 보이는 젊은 친구였다.

우리가 보통 하는 몇 가지 질문에 눈에 띄게 간결하고 만족스러운 방식으로 대답을 들었으며, 두 사람 모두 깊은 영적 경험의 증거를 알려주었다. 한참 지나서 그 남자는 그리스도 때문에 힘듦과 어려움을 어떻게 견뎌 왔는지 질문을 받았다. "아니요"라는 대답이었다. "뭐라고요?" 깜짝 놀란 질문자가 말했다.

"그리스도 때문에 당신이 고생을 겪어 온 것이 아닌가요?"

"아니요." 여전히 같은 대답이었다.

"그러나 우리는 당신이 버림을 받고 두들겨 맞고 욕을 먹고 매도당했다고 들어왔습니다." "내 주님께서 나를 위해 얼마나 고통을 견디셨는데 내가 어떻게 그것을 힘들다거나 시련이라고 부를 수 있겠습니까?"

그의 겸허한 대답이었다. 선교사들은 엄청난 존경심으로 그 낮은 소작농을 보았다. 그리고 그들의 신발을 벗어야 할 것처럼 느꼈다. 이는 그곳에 성령의 임재가 있었던 것 같았기 때문이다. 여기에는 그 얼굴이 내면의 평화로 빛나는 한 남자가 있었으며 그의 모든 작은 세상이 그를 버렸지만 예수님의 임재는 계속되었으며, 가장 높은 주님의 비밀스러운 장소에서 전능하신 주님이 그늘을 펼치시며 그분은 그 사람 안에 내주하고 계셨다. 건강하고 평범한 시골 차림의 아내는 부모가 그들과 절연하지 않는다면 나머지 것은 마음 쓰지 않겠다고 말했다. 부부 둘 다 어느 모로 보나 자신들이 특출하다는 생각은 조금도 없었다. 부부가 황금 천국에 들어갔을 때 자신들에게 가장 높은 자리 가운데 하나가 주어지고 그 순교자의 면류관을 쓰고 있는 모습을 보았을 때 그들은 얼마나 기쁨으로 깜짝 놀라게 될 것인가!

박해의 한 가운데서도 천국은 그들에게 곧바로 이미 시작되었고, 예수께서 천국에 계시기 때문에, 예수님의 현존과 임재가 그들과 함께 있었다. 그분은 오셔서 그들과 함께 가장 높임을 받으셨고 그들은 그분과 함께 있었다.

11월의 얼어붙는 차가운 날씨 속에 돌아오며 원 목사 가족은 한 농부 부부의 자극과 열정을 통하여 지방 여행의 흥미로움을 느끼며 모범적인 진실한 믿음 하나를 지니게 되었다.

구덩이에서 탈출

여행을 모두 마친 다음 날 아침, 그들은 미끄럽고 진흙탕으로 된 구덩이에 빠질 위험을 감지할 수 있는 한 마을을 발견했다. 이 구덩이는 최소한 4~5미터 깊이였으며, 너비는 9미터 가량 되었다. 아주 높은 조류가 내륙으로 아주 멀리까지 밀려와 이틀 동안 이 구덩이는 물로 가득 차 있었다. 연락선은 다닐 수 있었지만 지금은 살을 에는 듯한 바람 속에서 몇 시간을 기다리지 않으면 안 되었다. 아무런 휴식처도 없고 저녁 식사도 할 수 없었으며 이 구덩이를 건너기 위해 다른 방법을 가까스로 찾아야만 했다.

맨발과 맨다리를 하지 않으면 누구도 건널 생각을 할 수 없었다. 마침내 남편의 도움으로 계획을 세우고 그녀는 가마에 앉은 채로 그 둑 아랫길을 올라가야만 했다. 가마꾼들은 가마 속까지 흘러들어오는 진흙탕 물 위로 가마를 높이 붙잡고 들어 올렸다. 걸음마다 끈적한 진창에 미끄러지면서, 가장 가파른 길에서는 남편의 도움을 받아 건너편으로 기어 올라갔다. 이 계획은 지금 갈 길의 일부만 성공한 것이었으며, 갑자기 솟아오르는 진흙탕을 견뎌 내는 가마꾼들은 놀라운 방식으로 뒤에서 여러 남자가 지탱하면서 앞으로 나아갔다. 어깨에 가마를 메고 가파르고 끈적끈적한 진창을 기어 올라가며, 원 목사 부인은 질퍽한 진흙탕을 뒤돌아보면서 금방이라도 이 진창에서 뒹굴고 거꾸러질 위험이 있는 가운데 별로 소용도 없는 저항을 했다.

마침내 그녀는 뒤돌아서 방금 탈출한 구덩이를 보고 성경의 다윗을 기억하며 충성스러운 감사를 표현한 그의 말의 위력을 실감할 수 있었다. 그녀 역시 끔찍한 구덩이와 진흙탕을 빠져나와 지금 그녀의 발은 반석 위에 서 있으며 행로는 다시 입에서 흘러나오는 새 노래로 굳건해졌다. 간혹 귀찮고 짜증스럽게 하는 캡틴은 가볍게 웃어넘기자고 말했지만, 그녀에게는 가슴으로 느낄 수 있는 기쁨이었으며 아주 숙연한 문제였다.

조선의 명문가들

\

　송도에서 원 목사 가족은 신분 높은 조선인 양반 친구 집에서 즐거운 시간을 보냈다. 그들은 어느 방으로 들어가 방 내부를 보았는데 마치 광택이 나는 대리석처럼 번쩍번쩍 빛나는 최고로 훌륭하고 두꺼운 기름 먹인 종이 장판으로 뒤덮여 있었다. 바닥에는 앉거나 누울 수 있게 만든 자수로 가득한 요 두 개가 깔려 있었고, 환하게 빛나는 놋쇠로 만든 촛대와 다른 놋쇠 물건이 25센티미터쯤 되는 작은 탁자 위에 있었다. 또, 다른 공간으로 이어지는 작은 복도를 향해 열린, 밀고 당기고 여닫을 수 있는 종이를 바른 창문들이 있었다. 벽에는 시계가 있었고 아주 무거운 중국식 의자 한 쌍이 이 방의 가구를 완성해 주었다.

　원 목사 부인은 여성이 거주하는 공간으로 갈 수 있도록 초대받았다. 그 집 여성들을 보기 위해서였는데 그 여성들이 이 방을 떠나는 것은 그들의 관습에 어긋나는 것이었다. 어느 커다란 방안에—그 방은 주인이 몸소 원 목사 부인을 안내해 준 것인데—키 크고 맵시 있는 우아한 조선 여성이 그녀를 기다리고 있는 것을 보았다. 그녀는 아무런 장신구도 하지 않은 채 흰색 중국 비단으로 차려입고 있었다. 매우 냉정하며 침착했고, 다정하면서도 수다스러운 이야기하기를 좋아했는데, 금방 그녀의 예쁜 아이들이 소개되었다. 어느 해에 결혼한 19세 가량의 소녀 한 명, 12세와 8세인 소년 두 명, 그리고 조그마한 14세쯤 되는 고아가 된 남편의 조카딸이 있었다. 흰 옷을 입은 고아를 빼고는 아이들은 전부 화려한 색깔의 비단옷을 입고 있었다. 여러 가지의 깔개, 등잔, 손 씻는 대야와 화로가 있었는데 모두 광택이 나는 놋쇠로 눈에 번쩍 띌 정도로 화려하게 빛나고 있었다.

　서로 간에 환영 인사가 끝난 뒤에 평범하고, 온순하고, 슬퍼 보이는 60세쯤 되어 보이는 나이 든 여성이 들어왔는데, 시간이 조금 지난 뒤 원 목사 부인은 그녀가 아무개 씨의 정실부인이라는 것을 알고서 깜짝 놀랐다. 아이가 없어서 그 집안의 실제적인 여왕인 남편의 첩에게 관대하고 너그럽게 필요한 모든 것을 제공해 주는 여자였다. 첩실은 질서를 잡고 손님들을 골고루 환대하며 이 가정의 모든 것을 지배하고 있는 여자였다.

　정실부인은 이를 자연스럽고 적절한 상황처럼 인식하고 있는 듯했다. 전혀 불만이 없는 것처럼 보였으며 분명히 거기에는 두 여성 사이에 완벽한 우애가 존재하고 있는 듯했다. 첩실은 상대방의 정실부인에게 경멸하고 업신여기는 모습의 행동을 하지 않고 행복한 승리를 나타내는 뛰어난 유머 감각으로 대했다.

　그러나 나는 첩실이 그런 실세임에도 불구하고 낯선 사람인 원 목사 부인과 이야기하는 것에 주저함이 없었다는 것을 볼 때, 그녀가 행복했다고 할 수는 없다. 조선 관습에 좋지 않은 것이 있는데 여성들은 오직 남편이 허락하는 대로만 행동할 수 있고 절대로 마음대로 행동하거나 자신이 원하는 대로 오고 가는 것을 스스로 결정할 수 없다.

　원 목사 부인은 첩실이 동등한 입장으로 신분이 높은 남성들의 정실부인을 만날 수 없다는 것도 알았다. 그녀가 낳은 아이들은 제대로 된 정통성이나 정당성을 완전히 가질 수 없었으며 아버지의 재산을 유산으로 물려받느냐 하는 것도 의심스러운 것 아닌가? 원 목사 부인은 첩실이 진정한 조선의 귀부인들이 언제나 보여주는 위풍당당하게 삼가는 행동과 조용한 품위가 우선 결여되어 있음을 알아챘고, 그 계층에게 맞는 분위기나 소양, 교양, 세련됨이 없음을 알았다. 그녀의 분위기는 아마도 시골에 사는 여성과 도시 여성 사이의 차이였을 것이다.

첩실에게 밀려난 나이 든 슬픈 정실부인이 소개되었을 때 원 목사 부인은 즉시 그 원인을 이해했다. 첩은 정실부인과 같은 계층에서 나오지 않는다는 것과 조선 명가의 부인들이 거의 항상 지니고 있는, 형언할 수 없고 이루 다 말하기 어려운 기품과 정부인의 격식이 없는 점을 변함없이 느낄 수 있었다.

아무개 씨라는 사람은 일가를 이루고 아주 큰 집을 갖고 있었고 유명한 권력자인 그 사람 주위에는 이득을 노리고 따르는 사람들이 많았으며 심복들과 하인들을 거느리고 있었다. 그는 수입이 많고 대단히 자격 있는 책임자의 위치를 차지했는데 조선 정부가 유일하게 소유한 인삼 공장의 관리 감독관이었다.

인삼 재배

\

인삼 뿌리는 일본인과 조선인이 거의 숭배할 만큼 경외심으로 대했으며 모든 사람의 건강에 최고로 좋다는 특별한 미신으로까지 여겼다. 인삼은 1파운드에 8달러 정도로 거래되고 가공하지 않은 수삼이 농부에게 팔린다. 이 나라에서 인삼은 송도 부근의 농장에서 집중적으로 재배된다. 인삼은 모두 정부에 신고해야 한다. 유명한 식용 식물들도 마찬가지며 모든 것을 정부가 사들이고 있다. 그러나 어린 삼은 가치가 그리 높지 않고 5~6년산의 삼들이 정부 관료에 의해 매입된다.

　인삼은 받는 즉시 무게를 달아야 하고 농부들은 정당한 가격을 받는다. 그리고 인삼을 취급하는 모든 농부는 각각 일정 분량 이상을 책임진다. 사실 인삼 관리 과정 전체가 그렇지만, 인삼 뿌리는 야외에서 즉시 씻어 각각 30파운드씩을 채워 납작한 버들가지 바구니에 빽빽하게 포장된다. 인삼을 채운 버들가지 바구니는 팔팔 끓는 뜨거운 물이 가득한 가마솥에 담가 가공된다. 그리고 일꾼들은 계속 지켜보며 최고로 뜨거운 열기 속에 이 가공품은 보관된다.

　일꾼들은 끓는 12개의 가마솥을 계속해서 밤낮으로 돌아가며 지킨다. 인삼은 2시간 동안 끓게 되며, 한 바구니를 끝내면 바구니에 가득 채운 다음 인삼을 넣는다. 펄펄 끓인 후에 약 10파운드씩 각각의 인삼 바구니를 데운 후에 마친다. 그다음 평평하고 납작한 바구니나 평상 위에 놓고 햇볕을 쬐며 잘 마르도록 모두 널어놓는다. 그리고 밤에는 안전한 방에 넣고 잠근다.

　이렇게 매년 3만 파운드가 준비된다. 홍삼이라고 하는 두 종류를 가장 높게 값을 쳐준다. 조선산 인삼은 중국과 일본이 아주 높은 가격으로 수입하고 있다. 최상급 인삼의 파운드당 가격은 미화로 40달러로 매겨지는 것이 보통이다. 그리고 절도를 방지하기 위해 엄청나게 관리를 한다. 인삼 농장 중 어느 곳에서 밀수를 시도했던 어느 일본인은 조선 관료들에게 잡혔으며, 분쟁 속에서 일본인 한 사람이 이어서 죽임을 당했다. 조선 정부는 배상을 요구하며 관련된 조선인들을 처벌했다.

　인삼은 외관상으로 아주 부드럽지만 많은 관리를 필요로 한다. 인삼을 놓는 판자들은 고리버들로 덮개를 싸서 보호하는데, 고리버들은 햇

살림하기　347

볕을 충분히 쐴 수 있는 적절한 시기에 자라난다. 그다음 너무 많은 열기가 스며드는 것을 방지하기 위해 내려 거둔다. 인삼 재배는 아주 수익성이 좋으며 송도 사람들은 이 나라에서 최고로 부유한 사람들 가운데 속해 있다. 송도 여성들은 심지어 중간 계층의 여성도 비단과 모피를 입으며 다른 도시나 마을에 사는 사람보다 부유함을 뜻하는 온갖 물품 외에도 다른 것을 보여준다. 미국 남부 감리회 선교팀은 이곳에 본부가 있으며 이 청교도들은 작은 교회를 한두 개 갖고 있는데 송도의 모든 지역구와 마을에서 일하고 있다.

우리의 집, 서울로

\

원 목사는 하루에 5시간씩 가르쳤던 마을 중 한 곳에서 강좌를 하나 열었으며, 최소한 1시간 정도 거리 예배를 열었고, 매일 밤 1시간씩 성경 공부와 기도회를 위해 남성과 여성 모든 기독교인이 모였다. 해리는 그를 잘 따르는 마을 남성과 열정 가득한 소년들에게 소책자를 가져가 나눠주었다. 그들은 모두 찬양 하는 거라 예배에 도움을 주었고, 한편으로 선교사 숙녀들은 일종의 값싼 구경거리를 보려는 관람객에게 매일같이 집요한 구경거리가 되는데 두 손 들고 그러도록 두었다. 이 일은 복음의 씨앗이 뿌리를 내린다는 희망으로 가치가 있었으며, 그 외에도 기독교인 여성들에 대한 교육이 있었다.

마침내 그들은 집으로 출발했으며, 서울에 입성하기 전 이틀 밤을 남편과 함께 도보로 걸어 다녔던 원 목사 부인은 거의 그녀의 발길마다, 길가를 따라서 마치 애원하듯 잔디밭 아래에서 뻗어 나온 죽은 손들을 바라보았다. 그 가련한 몸들은 일부만 흙으로 덮이고 일부는 빠져나와 도움을 달라는 듯 급하게 아우성을 치는 듯 했다. 그녀는 생각하는 것 말고는 도울 수 없었지만 그 손들은 애처로운 모습으로 행복, 교육과 계몽, 빛, 자유를 애원하고 있는 것 같았다. 어느 쓸쓸한 모습의 형제는 이 무력하고 불행하고 어둡고 희망 없는 나라를 아무도 돕지 않을 누군가에게 묵묵히 호소하면서 여리고 도상에서 실의에 빠져 있었다.

13

소년들의 기독교 공려회

집을 팔다

＼

이제 원 목사 가족이 사랑하는 옛집을 팔아야만 하는 때가 다가왔다. 그리고 다른 집을 찾아야만 했다. 모두가 이런 일은 건물이나 집을 짓기 위한 나무나 돌덩이가 아니라 다른 요소가 필요하다는 것을 안다. 물론 '해야만 하고', '강요되었다' 그렇지만 높은 가격으로 이 집을 팔도록 제시되었고, 여러 이유로 집을 파는 것이 선교 일을 위해 더 나은 것을 약속하는 것 같아 원 목사 가족은 만족했으며 그들의 자발적 의지로 결정되었다. 조선 관료들은 미국인의 자산을 매매한다는 사안을 전혀 이해하지 못했다. 몇 년 전에 우리가 얼마 되지도 않는 땅을 사고자 했을 때 미국 공사관에 그 이야기가 전해졌다. 조선 관료가 주민 아무개 씨에게 그 땅을 미국인에게 팔라는 명령을 했다는 것이었다. 그러나 그 주민은 조선의 힘 있는 관료들이 그런 명령을 할 권한이 없다는 대답을 듣고서 놀랐다. 그런데 그 일은 원 목사 가족이 경험한 충격에 비하면 아무것도 아니었다. 언더우드 씨가 조선인 관료에게 개인 자산을 강압적으로 매매하라는 통보를 받고서 담당 최고 책임자를 연결해달라고 문의를 하자 심지어 해당 담당자도 개인 재산은 파는 것을 국가가 강제로 할 수 없다는 대답을 들었다. 하지만 어느 각료나 황제, 매매를 관장하는 담당자나 그 땅의 소유주인 선교회도 원 목사에게 매매를 강요할 수 없다고 했지만 '왕의 사업'은 행해졌으며 그들은 이사를 위해 돌아다녀 봐야만 했다.

사랑스러운 옛 집터는 그들과 함께 지내온 곳이었다. 어떤 점에서는 이해하기 힘들고 설명하기도 힘든 추억이 서려 있다. 그러나 확실히 그 담벼락, 서까래, 마루 등의 집의 외관은 손가락이나 발가락처럼 많은 부분이 몸의 일부와도 같았다. 하나씩 심어 왔던 여러 나무와 꽃과 포도나무 넝쿨은 몇몇 사랑스러운 옛 동료들에게 있어 제각각 역사를 지니고 있으며, 모두가 기념품이고 선물이었다. 누군가는 이 경관을 아주 사랑했고 누군가는 행복한 시간을 보냈으며 모두가 아이처럼 사랑했는데, 전부 뿌리가 뽑혀서 다른 땅에서 생명을 지키기 위해 악전고투하게 되었다.

원 목사 가족이 떠나기도 전에 새 주인은 매력적이고 오래된 담쟁이덩굴이 뒤덮인 문과 벽을 뒤에서부터 허물어 버렸으며, 등나무가 타고 올라갔던 원 목사의 구부정한 오래된 소나무를 가차 없이 잘라냈다. 원 목사 부인이 창문을 지나가던 그 순간에 꽃이 피는 소리를 듣고 보았으며, 그녀의 가슴은 갈기갈기 찢긴 것 같았다. 나무를 자르는 모습은 그녀에게 폭력적인 기물 파손 행위로 보였다. 그러나 어쩌면 그녀는 무의식적으로 우상숭배에 빠져들기 시작해 왔고, 이런 것들 중 몇 가지는 인간적인 관심을 불러일으켜 우상과 물신을 만들어 왔는지도 모른다.

그 집에 대해 말하자면 존재 자체로 가족에게 사랑받은 많은 것이 들어차 있었다. 저쪽에는 결혼한 뒤 원 목사가 아내를 데려가 함께 문지방을 넘었던 곳이며, 하나님께서 그들을 한 가족으로 만들어 주시고 집 하나를 그들에게 주셨기에 이 집은 성스러운 곳이 되기 시작했음을 실감했었다. 저 곳에서 해리는 태어났고, 오랜 기간 병고를 겪었던 그곳은 누군가의 사랑으로 간호와 돌봄을 받고, 서로 주의 깊게 살펴보며 기도를 했던 곳이다. 응접실 안의 벽난로 주변에서 그들은 앉아서 독서를 하고 예배가 끝난 주일 오후에 함께 이야기를 나누었다. 식당에서는 많은 마을 주민, 외국인 친구들이 그들의 자리에 앉아 있었으며 거실에는 마을 여성들의 성경 학습반이 해마다 만났다. 그리고 가정생활의 사소한 일상이 차곡차곡 쌓여 지나왔다. 여기 서재에서 명랑한 아이들이 기대에 찬 눈을 하고 둥글게 모여 있는 가운데 크리스마스트리가 항상 서 있었고, 널찍한 굴뚝 가까이에는 크리스마스 양말 주머니가 걸려 있었다. 여기서 K의 결혼식을 했고, 여기서부터는 사랑했던 남편이 그녀의 휴식을 위해 데리고 나갔던 곳이었다. 많은 아이들이 서까래에 매달린 종을 울렸으며, 아이들은 19년 동안 2년마다 한 번씩 제야의 예배에서 시편 말씀을 들었다.

지난날 손꼽아 볼 수 있는 얼마나 축복된 기도회가 이곳에서 열렸던가. 악의 근원과 싸우기 위해 새로운 형태의 사역을 위한 새 지부가 하나, 또 하나 세워질 때 사역의 진행과 성장을 위한 선교 회의는 이 집에서 얼마나 긴 시간 열렸던가. 성서 위원회(The Bible Committee), 트랙트 협회(교회 소책자, 팸플릿 출판 단체), 기독교 공려회(The Christian Endeavour), YMCA, 극빈층 어린이를 위한 집(the Home for Destitute Children), 젊은이 선교회(the Young Mens Missionary Association) 등이 모였던 곳이다. 신약을 연구하며 번역을 했고, 찬송가, 소책자들, 종교적인 원조, 무엇이든 하지 않은 것이 없다. 또 다른 방은 조선인 피난민이 쉼터로 찾았던 곳이다. 우리와 함께하며 이 세상에 보여주기 위한 많은 사랑스러운 사람들이 이제 더는 없다.

사랑, 기쁨, 아픔과 슬픔이 성령의 임재와 함께 그곳을 신성하고 깨끗하게 했으며, 심지어 가장 만연했던 보편적이고 부도덕하고 부정직한 것들도 원 목사 가족의 의견 안에서 금보다 더 귀한 것으로 변화시켰다. 해리는 집을 떠나는 불행한 날에 아쉬운 눈물을 쏟았으며 이 옛집에서 사는 동안 또 다른 집이나 다른 소년을 알지 못했다. 엄마는 어두운 슬픈 표정으로 격렬하게 흐느껴 울면서 숨어 버린 해리를 찾아냈다.

새로운 집

\

어느 훌륭하고 새로우며 건강에 좋고, 경쾌한 산들바람이 부는 부지를 찾았다. 이곳에 '훨씬 더 좋은 집'이 지어지면서 원 목사 가족은 그 집을 알아가기 시작했다. 그리고 각진 모서리에 물건들을 놓기 위해 각도를 맞추려고 시도하여 그 오목한 위치에 물건을 들여놓았다. 이 일은 역시 많은 수고를 들여야 했다. 그러나 나는 테이블, 의자, 그림들을 말하는 게 아니다. 이런 것들은 비교적 쉬운 문제였다(옛날 물건은 새집에는 보기에 좋지 않아 식구들이 좋아했던 물건을 버렸다). 새 물건들도 평범한 가격에 살 수 있었으나 영혼이 깃든 가족의 사용 습관에 맡거나 호화로운 가구로 꾸며진 집을 만들어 줄 실제 가구를 얻는 일이 쉽지 않았다. 우리는 이런 것들을 사기 위해 수백만 달러를 쓰지 않을 작정이었다. 대신 부드러운 기억, 소중한 모임, 사랑, 희망, 축복받은 슬픔, 희생, 헌신, 예배, 자아를 이긴 승리, 죄의 용서, 이 모든 것이 집을 아름답고 편안하고 생기 넘치도록 만들어 주는 가운데 공간을 채워주었다. 물건들은 몇 년에 걸쳐 마음이 아픈 대로, 아주 느리게 들여놓았고 최소한의 현금만 들여서 샀다. 가구를 구입한다 해도 옛집처럼 가구가 잘 비치되기 전까지는 오랜 시간이 걸렸다.

새집은 아직 완공되지 않은 가운데 시끄럽고 더러운 수염의 파란 상의를 입은 돼지 꼬리 머리를 한 중국인과 흰 웃옷을 입고 상투를 튼 조선인, 작은 체구의 날쌘 일본인들로 가득 찼다. 찬바람이 완성되지 않은 창문과 문을 통해 들어왔고, 톱질, 쿵쿵 두드리기, 자르기, 삐걱대는 소리, 일꾼들이 힘들어하는 신음 소리가 한데 엉켜 큰소리로 불평을 하는 가운데 집은 출산의 고통을 겪었다.

해리는 아무리 생각해봐도 이제까지 어떻게 조용하고, 평화로운 집이 될 수 있었는지 알 수가 없었다. 집짓는 일은 아주 느리게 진행되었고 일꾼들은 쇠시리(벽이나 문 윗부분에 돌과 목재 등을 띠처럼 두른 장식 옮긴이)의 모든 조각, 모든 판자는 통나무를 자른 게 아니라 고통스럽게도 톱으로 켰으며 어설픈 마을 조선 도구를 가지고 직접 손으로 자르고 홈을 냈다. 중국인들은 2시간마다 전부 일손을 멈추고 20분 동안 담배를 피웠다.

캡틴은 계속해서 일을 서두르기 위해 최선을 다하면서 동양인을 재촉하는 동안에 사건이 벌어졌다. 나의 다이어리를 살짝 엿보면 이해가 될 것이다.

19××년 4월 15일. 경비 한 사람이 우리 문 앞으로 걸어왔다. 그는 사랑채에 붙은 오두막에 있는 경비원인데, 왕자인지 죄수인지—아마도 죄수라고 하는 것이 더 맞을 텐데—우리는 조금도 부럽지 않은 왕실가족이 아주 가까이에서 침수(寢睡)를 들고 있기 때문에 무장한 군대가 우리 집을 지키고 있다는 말을 전했다.

지난밤 궁궐이 불에 타 소실되어 황제 폐하는 슬픔에 잠겨 끔찍해 하는 사람들이 가득한 다른 궁궐로 가기를 원치 않고 대신 가족과 함께 피난처를 물색해, 우리 옆집 앞에 몇 해 전에 세운 황제의 건물 특별실에 와 있었다.

호위병들은 우리를 전부 둘러싸고 이 소식을 알렸으며, 가마를 탄 고위관료들이 얼마나 물밀 듯 밀려들어 왔는지! 또 충복들이 얼마나 모여들었는지! 여러 부류의 하인, 군인, 경찰, 그 밖에도 모든 사람이 한바탕 소동을 벌이며 얼마나 성급했는지! 우리의 조용한 이웃에 이 무슨 날벼락이던가.

궁궐을 태운 불길은 여러 시간 놀라운 광경을 연출하고 파괴적인 놀이를 하며 높이 일렁일렁했다. 그러나 모든 것이 고요했으며 질서가 잡혀 있었다. 군중은 전혀 모이지 않고, 황제는 수많은 일본 병력을 어쨌거나 원하는 만큼 자신을 보조하도록 수중에 얻을 수 있었으나 부릴 수 있는 병력의 전진속도는 거의 아무것도 할 수 없을 정도로 대단히 게을렀다.

새벽 2시경에 H 씨는 화재가 더 크게 번지는 상황에서 조금이라도 위험이 없는지 확인하기 위해 마지막 점검 시간에 밖으로 나갔다가 이 건물에 있는 우리와 모든 선교사는 오늘부터 다른 곳으로 옮겨야만 한다는 깜짝 놀랄 문서를 지니고 있는 한 관료를 만났다. 황제의 건물은 만기가 되어 넘겨줘야 하는 날이었으며, 황제와 신하들은 우리가 거주하는 모든 거처뿐 아니라 더 많은 건물이 엄청나게 필요한 상태였다. 캡틴은 즉시 미국 공사관으로 달려가 정중하고 단호하게 그렇게 짧은 명령만으로는 여기서 나가는 것이 불가능하다는 것을 진술했으나, 최대한 빠른 시일 내에 일찍 그 집을 포기하라는 약속을 받아야 했다. 20년 동안 차곡차곡 쌓인 집 재산을 그렇게 쉽게 처리할 수는 없었으며, 나는 우리가 이 좋은 건물보다 다른 무엇을 갖고 있는 것인지 두려웠다.

그러나 우리가 이동하기 시작할 때 이는 뻔한 일이었다. 제발, 우리는 어디로 가야 하나? 가구를 보관할 수 있는 어떤 건물도 빌릴 수 없었고 우리 스스로는 아무런 집도 빌릴 수 없었다. 관료들은 이른 새벽에 우리와 마찬가지로 여러 가지 물건들을 포장하기 시작했다. 우리는 얼마 동안 한 조선인 집에서 캠프 생활 형태로 살 예정이었고 소유물을 포장한 짐들은 어떻게 해서든 그 새집에 놔두었다. 놀라울 정도로 짧은 시간에 커튼과 그림들을 떼어내고, 카펫은 둘둘 말리고 엄청나게 큰 포장 상자는 방을 장식하는 장식품이 되었고, 줄줄이 쌓인 물건들은 의자와 테이블 위에 놓아둔 채 멀리 치워 보관했으며, 바삐 서두르라는 것이 그날의 명령이었다. 우리는 아침 식사와 기도 시간을 위해 잠시 멈추었으며, 기도는 어쩌면 평상시보다 더욱 강렬했고, 아침 식사는 훨씬 더 간소했다. 그렇게 분주하게 서두르는 와중에서 길게 지체하는 것처럼 보였으나 아침 9시에 황제의 긴급한 요청으로 높은 관료가 와서 집을 비워 달라고 애걸을 할 때 우리는 금방 실수를 깨닫고, 거주지가 준비될 때까지 움직이지 않기로 작정했다. 곧이어 우리는 미국인이 있는 것이 황제의 보호에 도움이 될 것이라며 함께 있어 달라는 당부를 받았으며, 조선의 통치자는 미국 국기(그녀에 대한 하나님의 축복으로)와 미국인들이 문에 서 있는 것을 보고 기뻐했다. 그래서 우리가 원하는 만큼 오래 머물렀다. 그러나 그 엉망진창이라니!

정말로 감사하게도 우리는 새집이 준비될 때까지 거리로 내몰리지 않았다. 따라서 미소를 지으며 평안한 마음으로 가엾은 우리의 소란스런 거주지가 제대로 질서가 잡히도록 돌보았다.

왕자 전하의 방문

훨씬 오래전에 원 목사 가족은 상자와 짐, 커튼을 보이지 않게 치웠으며 이웃의 방문을 받아야 했다. 작은 왕자 전하, 황제 폐하의 막내라서 엄청나게 귀여움을 받고 있는 어린 전하였다. 그는 일곱 살밖에 되지 않았지만 더 어려 보였다. 그러나 그는 엄청난 품위를 가지고 성큼성큼 걸었으며—비록 한 남자의 등에 업혀 들어왔지만—사방팔방에 있는 사람에게 악수를 청했고 그가 알고 있는 한 최대한 예의 바르게 외국인의 관습을 존중했다. 물론 그는 황도를 따라오면서 그가 명령을 하곤 했던 궁궐 여성, 관료, 내시의 무리에 둘러싸여 있었다. 그들 중 일부는 구경을 하기 위해 침실, 부엌 등에 함부로 들어오려는 의도로 자신들이 모시는 왕자 전하가 여기 있는 것을 당연하게 여겼다. 그러나 그들은 황제의 친구인 우리 집에서 그런 볼썽사나운 행동을 하는 동안, 작은 왕자에게 엄격한 질책을 받고 예리하고 날카롭게 되불려 왔다.

그는 사랑스러운 얼굴을 한 작은 친구였으며, 아버지인 황제 폐하와 아주 많이 닮아 보였으며, 신사적이고 공감할 줄 알며 관대한 성품을 지닌 정말로 굉장히 명석한 소년이었다. 그는 행상인에게 케이크나 맛있는 것을 사기를 즐겼고, 산 것을 모든 일꾼과 시종들에게 나눠주었다. 이제 황제께서 여기서 일을 하기 위해 대기해 있는 많은 이들이 와 있었다. 문지기의 작은 아이가 놀다가 넘어졌을 때 왕자 전하는 그 소녀가 다치지 않았는지 물어보려고 신하를 급하게 재촉해 달려가 보도록 했다. 원 목사 부인은 어느 날 발목이 삐어 고생하고 있었는데 왕자의 시종이 옆에 있으면 안정을 방해할까 우려하여 그는 아무도 출입하지 못하도록 했다. 그러나 매일 무엇인가를 물어보려고 여러 번 나에게 찾아왔으며 꼬마 왕자의 친절하고 작은 마음은 우리에게 감사하고 있었으며 과일과 아주 맛있는 산해진미를 권하며 보내왔다.

첫째 날에 왕자의 방문은 짧았지만 왕자의 시종들은 모두 다시 돌아와 불과 15분 만에 저녁 식사는 무섭게도 다 없어졌다. 이 왕족은 역시 짧고 간단하게 시종을 부르곤 했다. 이는 전혀 한가하지 않게 그의 수행원이 임무를 다 하고 있다는 증거였다. 왕자는 정말로 아주 활발하고 생기발랄한 어린이였으며, 매번 30분마다 수하들이 집을 들락거리며 수발을 드는 절차와 형식은 언제나 똑같았고, 언제나 먼젓번과 똑같은 시종의 무리가 있었다.

그 첫날에 해리는 외출하고 없었다. 물론 해리는 왕자 전하가 대면하여 이야기하는 것을 가장 소원으로 여겼는데—왕자에게는 외국인 놀이 친구가 아무도 없었다—는 해리의 예절, 관습, 의복, 외관 등에 대해 호기심이 많았으며 해리와 잘 놀았다. 그리하여 다음 날 아침 일찍 어린 해리가 잠에서 깨기도 전에, 꼬마 왕자가 문 앞에 기다리고 있다는 전갈이 왔다. 그리고 밤에는 마지막으로 해리에게 잘 자라는 전갈이 도착했다.

해리의 놀이 친구

\

　이것은 모두 친절한 접근 방법으로 며칠이 지나자 주인인 해리에게도 같은 일이 반복되기 시작했다. 몇 분 단위로 매번 작은 왕자가 손짓이나 고갯짓을 한번 끄떡하면 함께하는 일이 별로 없던 해리는 작업을 하거나 놀다가 불려 왔다. 하지만 해리는 질리고 물리기 시작했다. 한마디로 해리는 이 짓이 약간 지루하고 싫증이 난다는 것을 알기 시작했으나 천성이 착하고 상냥해서, 가능한 한 왕자를 존경해주며 존대했다.
　그러나 해리가 정말로 기계로 움직이는 장난감 태엽을 감고, 어떻게 작동하는지 보려고 이것을 바닥에 놓아두었을 때 이 작은 왕족이 해리에게 단순히 자기를 재미있게 해주도록 아래위로 이리저리 뛰어 보라고 명령하자, 해리는 한계에 다다라 선을 긋고 단순하고 정중하게 거절을 했다. "뭐라고?" 처음에는 왕자가 귀를 의심하며 말했다. "뭐라고, 하지 않겠다고?" 그러자 갑자기 참기 힘든 즐거운 웃음소리가 터져 나왔다. 이 일은 왕자가 생각하기에 뭐라고 설명할 길이 없는 재미있는 일이었다. 그런 장난감이 정말로 존재하고 있었다는 것뿐 아니라 감히 조용하고 냉정하게 왕자의 명령을 거절할 수 있는 한 순진한 아이 때문이었다.
　왕자는 해리에게 상당히 매혹되었다. 그는 엄청나게 호기심을 가졌으며 더 헌신적으로 그를 사랑했다. 왕자는 어린 해리에게 더 이상 명령을 하지 않겠다고 소란을 떨고 해리는 더는 왕자의 명령을 받지 않게 되었지만 다른 모두는 왕자의 명령을 받고 있었다. 작은 전하 가까이에 있는 신하 중 한 사람은 왕자의 모든 수행원과 마찬가지로 삼사십 대쯤 된 남자였는데, 아주 섬세한 옷감으로 된 티끌 하나 없이 깔끔한 하얀 비단 의상을 예복으로 입고 있었는데 곧장 커다란 감나무에 기어 올라가라는 명령을 받았다. 그 나무에는 해리가 지금 혼자 힘으로 올라가 높은 가지에 자리를 잡고 앉아 있는 나무였다. 저기 있는 불쌍한 신하는 올라가야 하는 의무가 있었고, 이에 대해 나는 간신히 왕자에게 신하의 얇고 때 한 점 없는 예복을 완전히 버리게 된다고 설명했다. 그러자 또 다른 것을 명령하였는데, 어느 진흙 벽의 너비를 재어 보라는 것이었다. 그냥 보고 있기에는 안쓰러운 결과로 분명히 이것은 작은 폭군에게는 최소한의 배려도 없이 유발된 일이었다.

내가 말했듯이 왕자는 명민한 작은 친구였으며 이미 중국 학문 공부를 아주 잘 진행하고 있었는데, 게다가 모든 면에서 정말로 사랑스럽고 전도유망한 작은 소년 같았다. 그래서 원 목사 부인의 마음은 그를 동경했으며, 그녀는 계속해서 왕자를 꼬드기고 속여서 그의 남자다움, 에너지, 독립성을 숨 막히도록 질식시켜 왔던 이들과 금방 악덕으로 변할 나태함, 이기심, 불신과 수많은 잘못을 키워 주고, 아양을 떨며 봉사를 하고 있는 아첨꾼과 사대주의자들을 얼른 끌어내고 싶어 죽을 지경이었다. 그를 단호하게 그리고 사랑으로 훈련을 시키고 어느 평범한 미국인 소년이 잘 아는 것들을 보여주는 것, 원 목사 부인은 설명할 수 없을 만큼 갈망했지만, 오직 기도만 할 수 있을 뿐 이런 일이 일어날 가능성은 전혀 없었다.

전쟁의 나날들

＼

　전쟁의 먹구름이 오랫동안 덮쳐왔던 끔찍한 사건이 얼마 전에 이 헌신적인 작은 나라를 휩쓸었다. 그러나 수도에 미국인이 있는 한 참작이 되어 미국인에게는 아무런 곤란도 주지 않았다. 조선의 미래를 놓고 기도하며 미국인이 사랑했던 이 땅에 갑자기 불어 닥친 이 전쟁은 많은 격렬한 고통을 치르게 했음에도 불구하고 우리에게는 잔잔한 내적 불안의 파문도 일지 않았다. 물론 때때로 우리는 사역을 순조롭게 진행해 오고 있던 상황에서 이 사역들이 어떻게 끝을 맺을지 두려웠다.

　나는 이 전쟁이 소년들에게 환영을 받는 것이 두렵다. 러시아인, 일본인, 프랑스인, 이탈리아인, 독일인, 영국인과 미국인 공사관들에서 수많은 건장하고 잘생긴 군인들이 도착했다. 무장한 군인들은 어느 곳에서나 셀 수 없이 많이 몰려들었으며, 많은 국가들의 군복은 일반적인 조선의 흰옷과는 매우 다르며 각기 달랐다. 전진과 후퇴 행렬이 이어졌고, 파리 떼만큼 셀 수 없는 빽빽이 주둔한 군병들, 소집하는 나팔 소리는 사방팔방에 울렸다. 원 목사 가족에게는 위험할 때 피신할 수 있는 러시아 공사관이 있었으나, 미국인과 프랑스인들은 거리를 가로지르며 밖으로 나와 있었고 조선 황제가 정말로 가까운 곳에 왔을 때 조선 군사와 관료들은 왕실을 에워싼 벌떼처럼 많은 무리였다. 이 나라 전체에 많은 막사와 병영들이 긴 행렬을 짓고 있었으며, 건장하고 엄숙하며 결의에 찬 체구 작은 일본 군대가 서울에 쏟아져 들어왔을 때 황제에게는 만 명에 달하는 군인이 있었다. 여러분에게는 축복으로, 우리가 서로 서둘러 연대하지 않으면 이 상황은 호전될 수 없었다. 그럼에도 불구하고 많은 나라의 군대가 가득 찬 이 큰 도시에서 매우 조용하고 질서 있게 조직되었다. 일본 군대가 조직되는 것에 누구도 불평하는 사람들이 없었고 그들 중 술에 취한 군인은 거의 찾아볼 수 없었다. 마을 주민들이 끔찍한 보드카와 다른 유해한 술을 아주 많이 마시는 러시아 군인들에 대해 말조차 할 수 없는 상황은 가련하고 측은한 일이었다. 그리고 그런 충격적인 행태에도 마을 주민들은 화를 내지 못했으며 그처럼 학대를 당한 무기력함도 불쌍한 것이었다. 조선의 여성은 러시아인을 없앨 수 있다면 일본군이 승리하기를 소원했다.

"엄마" 해리 친구인 여섯 살배기 미국인 친구가 말했다. "엄마, 하나님께서는 러시아인을 왜 만드셨다고 생각해요?" 그리고 몇 분 뒤에 진지하게, "천국에 갔을 때 만약에라도 어느 러시아인 천사가 있다면 그 옆에 엄마는 앉고 싶을까?"

그러나 러시아인들은 지체 없이 금방 서울을 전부 떠났는데, 제물포에서 큰 전투가 벌어졌기 때문이며 모두가 이 전쟁이 어떻게 끝날지 알고 있었다. 러일전쟁은 해리와 다른 모두가 생각했던 것처럼 소름 끼치고 끔찍한 것이었다. 50킬로미터 밖에서 침통하고 무섭고 지독한, 마치 장례식의 종소리처럼 울리는 총기에서 뿜어져 나오는 우르르 쾅쾅 하는 소리를 들었다. 그들은 군인들이 고통스러워하며 죽어 나가고 있다는 이야기와 큰 전투함이 파괴되고 침몰했다는 소식, 그리고 국가가 부딪힌 운명에 관해서도 들어서 알고 있었다. 셀 수도 없는 많은 인구가 아마도 앞을 내다볼 수 없는 어둠에 대롱대롱 매달려 있었으며 하나님께서는 다가오는 그분의 왕국을 위해 위대한 계획을 역사하고 계셨다. 그들은 전쟁에 관한 송가의 고귀한 말의 메아리가 지독하고 무서운 우레 같은 전쟁 소음 안에서도 들리는 것 같았다.

"내 눈은 주님이 다가오시는 영광을 보았다. 그분은 당신의 진노가 머물고 쌓여 있는 곳, 그곳에서 진노의 열매들을 짓밟으시며, 그분은 그의 무서운 날쌘 검이라는 그 운명적인 빛을 널리 펴셨다. 그분의 진리는 계속 전진하고 있다."

전시 풍경을 바라보다

\

전투가 끝난 며칠 뒤 해리와 윌버는 항구로 내려가서 해상에서 폭격을 맞은 가엾은 난파선을 보았으며, 긴 어려움을 뚫고 직행해 왔던 수천 명의 일본군이 모두 열렬히 기뻐하고 자랑스러워하며 최대한 신속히 착륙해 그 선박으로부터 쏟아져 나와 상륙한 것을 보았다. 우리는 일본군이 그리운 모국 땅으로부터 와서 굶주림, 추위, 피곤함, 수고, 고생 등을 겪으며 모두 일본을 위해 불구가 되고 죽어 나가는 것을 보았다. 우리 선교사들이 파가 나뉘고 분열되는 시련을 겪을 때는 그 훌륭한 군인들이 승리의 기쁨을 인식하는 것만큼, 조선의 개선과 영광스러운 주님을 위해서는 그 군인들보다 더 기쁘게 견딜 수 있을 것이다.

그 소년들은 항구에 있는 미국 군함을 방문한 것을 이같이 위엄 있고 존경스럽다고 생각했으며, 어느 관료가 정중하게 이 아이들에게 보여준 그 모든 놀라움과 영광, 다른 광경을 현재 아이들이 목격하고 있었다. 군인들의 규모가 아주 크다는 사실도 아이들은 놀랍게 생각했다. 그 분주한 광경! 물론 군인들은 어디든지 있었고 특유의 군복을 입고 각기 국적을 지닌 사람들이 꽉 들어찬 길거리에서 서로 밀치고 혼잡스럽게 움직이고 있었다. 가마꾼, 짐꾼, 짐 실은 조랑말과 손수레가 여기저기서 급하게 서두르며 온갖 종류의 군사 물자를 넘치도록 싣고 있었다. 시끄러운 소음, 분주함과 혼란이 어디에나 존재했고 세계적으로 유명한 몇몇 저널들의 특파원과 리포터들이 이 풍경 가까이에서 상황을 기억해두거나 군대와 함께 행진하며 기사를 준비하려고 군대를 따라 서두르고 있었다. 소년들이 보기에 환상적인 군복에서 철커덩철커덩 소리 나는 러시아와 일본의 육·해군 장교들이 빽빽이 들어차 있었다. 아이들은 특히 그 항구에서 벌어진 전투를 담은 사진을 보았다. 온갖 종류의 물품을 파는 상인들은 대부분 건장하게 버티며 제품을 광고하고 있었다. 수많은 거지들은 애처롭게 '생명을 도와 달라'며 간청하고 있었는데 이것은 1센트도 되지 않는 돈을 애걸하는 것이었다.

아아, 사람의 생명에 대한 생각이 돈 한 푼에 가로막혀, 그 이상 어떤 의미도 찾아볼 수 없었다. 얼마나 많은 사람이 아직도 한 사람의 삶과 생명이 물질로 모두 해결되는 게 아님을 위대한 예수로부터 배우지 못했던가.

서울과 제물포 사이를 달리는 기차는 너무도 드물고 불편했다. 승객들의 도착 시각은 상당히 늦어졌다. 기차는 평상시 같으면, 지금처럼 40여 킬로미터를 초과 운행할 때는 2시간 이상이 걸린다. 아이들이 기차를 탈 수 있는 최상의 시간은 바로 지금이며, 1시간 45분이 걸리므로 소년들은 모두 출발해야 했다. 우리는 6시 반이나 아주 늦으면 8시까지 집으로 올 것을 예상했지만, 아이들이 본부로 돌아왔을 때에야 그 시간표는 서울로 서둘러 몰려오는 온갖 군대를 수용하느라 혼란을 빚었음을 알았다. 어쨌거나 아이들이 밤 11시를 넘을 때까지 집에 올 수 없었던 이유가 8시 반까지도 출발하는 기차는 한 대도 없었다는 것을 알았다. 해리는 예정된 시간에 집에 오지 않는 자신 때문에 엄마가 불안해 할 것을 알았다. 그래서 그들은 전보를 칠 수 있는 곳으로 가서 소식을 보냈다. 물론 소년들이 도착하기 전에 전보가 도착한다면 안심이 되겠지만, 전보 역시 군대 때문에 다른 모든 것과 마찬가지로 과부하가 걸려 있었다.

여러 시간 동안 메시지 하나 도착하지 않았다. 꼬마 소년 일행은 거기서 기차 시간 지연이 변함없이 계속된다는 것, 더구나 서울행 기차는 전부 일본군을 위해 예약이 끝나 오직 안전한 티켓은 육군 장교의 허락을 통해서만 가능하다는 것을 알았다. 그래서 그들은 이 일을 책임지고 있는 일본 신사에게 급히 갔으나 담당 장교가 목욕을 하고 있다면서 몇 분간 기다리라는 안내를 받았다. 믿을 수 없을 정도로 지체 없이 곧, 매우 친절하고 예의 있는 저명인사가 기모노를 걸치고 진땀을 흘리며 미소를 짓고 아이들 앞에 나타났다. 그는 미국인 아이들에게 일본식 옷차림을 갖추느라 기다리게 한 것을 사과하며 재빠른 민첩함과 착한 태도로 필요한 승차권을 주었다. 거대한 인파가 붐비는 기차는 아이들에게는 상당히 큰 객실이었다.

일본의 격식

\

일본 신사들의 정중함, 예의, 친절, 일본군의 질서, 착착 진행되던 군대 훈련에 찬사를 보내는 말은 많이 할 수 없다. 다른 한편, 무수한 방법으로 조선을 식민지로 만들며, 조선 수도의 거리에 넘쳐나는 일본인들의 위험한 캐릭터, 무례하고 오만함에 대한 반대 입장은 많이 이야기되고 있다.

그날 밤 군인들이 기차 안에 가득 차 2인 좌석에 건장한 몸집을 지닌 군인들이 네 명씩이나 뭉쳐서 탔다. 그러나 소년들은 그들에게 좌석을 준 친절한 관료를 통과한 것에 감사하면서 아주 편안하게 여행을 했다. 어쩌다 보니 불안한 의심을 일으키는 전보가 서울에서 제물포까지 도달하는 데 속도를 내고 있었으며, 여행하는 일반 승객들은 기차가 현재 매우 불편했다는 안심되는 정보를 가지고 정거장에 도착했다. 때로는 군대를 수송하는 기차가 철로로 수용되고 있어 한밤중 내내 일반 승객을 위한 기차는 측선에서 달렸으며, 우리는 그날 밤 소년들이 간신히 도착할 것을 예상할 수 있었다. 원 목사 부인은 철도 사고로 빚어질 가능성 때문에 근심했으며, 해상 여로에 있을 때 종종 작은 배들을 단숨에 삼켜왔던 불안한 항만에서 엄청난 파고를 예상했던 때처럼 아이가 집에 도착할 때까지 절대로 자지 않겠다고 맹세했다. 캡틴은 마음이 편하지 않아 많은 말을 하지 않았다. 다행히 11시가 되기 직전에 소년들은 모두 집으로 걸어 들어왔다.

하루 동안 호텔에는 신문 기자와 특파원이 운집했고, 모두가 프런트에서 체크아웃을 서두르면서, 옷가지와 통역자, 조랑말, 권총을 지닌 이 수행원들은 안전거리와 존중 거리를 두고 군대를 둘러싸고 있었다. 소년들은 모두 어리석은 작은 마음에, 소원을 하면서 경외심과 부러운 찬사를 보내며 그들을 둘러쌌다. 그들은 전쟁터로 갈 수 있으며 금방 발생하는 흥미로운 사건들을 전부 목격할 수 있기 때문이다. 원 목사 부인은 남자들이 총을 쏘고 상대방을 쓰러뜨릴 때 소년들이 왜 그 소동을 좋아하는지, 잔인하고 맹렬한 행위를 맛보려고 하는지 절대로 이해할 수 없었다. 그러나 산으로 올라가 행군하다가 다시 내려오는 프랑스 국왕처럼 또는 선생님이 학교에서 쫓아낸『메리의 어린양』처럼 특파원들이 몇 주 동안 슬픔에 차서 되돌아왔을 때, 소년들은 종군 기자의 길이 전부 환상적인 장밋빛이 아니라는 것을 깨달았다. 적어도 그들의 언어는 그들이 생각하는 것을 제대로 표현하지 못했다. 여기서 우리는 하나님께서 허락하신 이 사태, 그리고 여러분이 이 단락을 보기 전에 이미 모두 말한 전쟁 이야기를 떠나야만 한다. 이것은 끔찍하고 피가 난무하는 이야기이고, 단순히 친절하기만 한 조선 백성의 가엾은 작은 왕국에 대한 암울한 전망이며, 조선은 지금 정복자의 자비에 달려 있다. 그러나 우리는 그분의 방법과 때에 따라 약한 나라를 불쌍히 여겨 복수해 주실 분, 분명히 날다가 떨어지는 모든 참새도 다 헤아리며 잊지 않으신 하나님을 신뢰해야 할 것이다.

미군과의 만남

필리핀에서 복무했던 미군들이 전쟁이 종료되어 고국으로 돌아갔고 나는 해리와 다른 미국인 소년이 기쁘게 침대에 누웠을 것이라 믿고 아이들이 더는 집착하지 않고 군인들이 지나가도록 놔둘 것이라고 믿는다. 그러나 소년들은 병영과 막사 주변을 어슬렁거리며 배회를 했고, 통역자로 활동했으며, 그 영웅들의 심부름을 하기 위해 뛰어다녔다. 물론 즉시 아이들은 알고 있는 미군 모두를 교회로 초대해서 기도회를 했다. 이들은 초대를 공손하고 예의 바르고 정중하게 받아들였다. 혹시라도 그러지 않을까 봐 나는 염려했는데 대부분이 아주 열광적으로 이에 응했다.

군인은 전부 해리의 친구들이었고 해리는 모두를 사랑했다. 우리는 군인에게 차를 들라고 권유했다. 물론, 군인들이 필리핀 등지에서 벌인 전투 경험을 들려줄 동안, 거의 신처럼 여겨졌고 아이들은 뚫어지게 바라보며 경청을 했다. 군인 옆에 바싹 붙어 앉은 열렬한 꼬마 미국인에게 이것은 아직도 더없는 행복이었다. 그래서 군인들은 해리의 인생과 다른 소년들에게 커다란 보유 재산 목록이 되었다. 군인들이 꺼내기 시작한 속어나 은어, 노래, 이야기는 원 목사 부인의 귀에 다소 자주 들려왔으며, 그녀는 아이의 우상이 된 군인의 빛나는 영광에 의심이란 안개를 덮어씌우기가 싫었지만 한 마디 경고의 말을 하지 않을 수 없었다. "그들은 용감한 사람들이야, 아가야. 그러나 군인은 특수한 부류란다. 우리는 그들 중 누군가가 한 번 이상 몹시 술에 취해 있는 것을 봤단다. 그런 아주 퇴폐적인 살롱에서 머물기를 좋아하는 남자들은 선하고 좋은 말을 사용하지 않아. 그리고 어린이에게는 친한 벗으로 적당하지 않아. 너희는 반드시 기독교인 중에서 친구를 선택해야 한다."

군인과의 교제가 아이들에게 다소 제한되어 있었음에도, 아이들은 전부 군인이 보여주는 애정 어린 태도에 강력하게 붙들려 있었다. 아이들은 계속해서 군인들이 영적인 맹인이라는 최고의 결점에 이르기까지 그들의 잘못과 결점을 변명해 줄 준비가 되어 있었으며 군대의 모든 미덕에 열렬히 찬사를 보냈다.

세계적인 아이들

\

　서울에 있는 외국인 아이들에게 가장 큰 선물이 되는 기관은 '기독교 공려회(경제적으로 어려운 어린 학생을 도왔던 기관 옮긴이)'였다. 이곳은 대개 조선에서 태어난 대다수의 외국인 소년 소녀들로 구성되어 있었다. 내가 전에 암시했듯이 모국에서 직접 태어난 미국인, 캐나다인, 영국인 모두를 제외하면 말이다. 이 협회에 속한 아이들은 거의 모두 모국에서 살아왔으며, 일부는 전 세계 여러 곳을 돌아다녔다. 왜냐하면, 그들의 부모가 태평양과 북미를 횡단하거나 수에즈 운하를 통과해 대서양을 건너거나 휴가에 이와 같은 일이 대부분 발생하기 때문이다. 그래서 그들은 많은 땅의 다양한 인종과 관습을 보아 왔고 모든 환경의 특이한 장소에서 생활해 보았다.

　그들 대부분은 주민처럼 조선어를 말한다. 옌타이에 있는 해리 친구 중 한 아이는 5개 국어 중에서 3개 언어를 유창하게 말했다. 부모들은 독일인, 보모는 중국인, 놀이 친구는 영국인이었기 때문이며, 그는 모든 언어를 사용할 필요가 있었다. 해리로 말하자면, 그는 도쿄에서 아름다운 공원, 체리 꽃, 동물원, 그리고 놀라운 예술적 광경인 꽃 박람회를 보아 왔고, 홍콩에서 공원과 정원을, 싱가포르와 파리, 나폴리에서 아름다운 아쿠아리움, 로마에서는 사진 갤러리와 교회들을 보았다. 그뿐인가. 플로렌스(이탈리아 중부 도시)와 베네치아를 보았고, 폼페이의 유령 같은 거리를 지나 걸었으며, 런던 타워, 대영 박물관과 동물원, 마담 투소(런던의 인형 박물관)를 한가로이 거닐었다. 그래서 해리와 다른 아이들 역시 세계적인 광경을 스쳐 가며 보기를 한 번 이상은 경험했다. 그들은 벽지의 구석에서 살지 않았고 책을 통해 교육을 받았다. 미국에 살고 있던 친척 일가를 모두 뒤로한 것도 전혀 아니었다. 여전히 그 부모들은 커다란 미국인 공동체의 훌륭한 기독교적인 환경과 미국 교회 생활의 따뜻한 안식처라는 특권을 생각해볼 때 오지에서 결핍되고 고생을 겪는 선교사 자녀들의 성품 형성 과정을 두려워했다. 그래서 기독교 공려회는 그 아이들을 기독교 사역에 대해 훈련을 시키고, 바다 건너온 이 꿈나무들을 위해 냉기가 스미는 조선의 날씨를 이길 수 있도록 작고 따뜻한 침대도 지급했다. 모두가 기독교 공려회의 사역에 진심으로 빠져들었다.

여러 소년 선교사

\

기독교 공려회를 흔쾌하게, 기꺼이 떠맡고 책임졌던 한 어린 선교사를 알게 되었다. 포레스트를 제외하고 소년 소녀들은 열정을 가지고 합류했다. 그는 불안하고 신경이 예민한 소년이어서, 서약을 지키지 못할까 봐 두려워 사인하는 것을 거절했다. 헤럴드, 메리 무스는 그들의 명단을 인쇄하는 책임을 졌다. 염려 하지 않게 상당히 읽기가 수월했다.

어린이 회원들은 시간, 힘, 돈에 아주 후하고 너그러운 공헌을 했다. 로렌스는 모든 면에서 16살이라는 품위와 함께 나이가 제일 많았으며, 그다음 리라, 머티, 해리, 헬렌, 윌버, 더글러스, 프레드, 존, 볼링, 포스터, 스텔라, 매들린, 맥스, 뉴론, 루비, 리제트, 메리, 헤럴드였다.

그들은 꽤 바쁜 어린이들이었다. 크리스마스 전에는 물론 조선인—헤아리지는 않고 있는데—몇 사람을 위한 선물과 다른 사람들을 위한 선물을 만들었고, 그들은 거의 모두가 채소, 과일, 꽃, 닭을 길렀으며, 이것을 서로에게 또는 부모들에게 팔았다. 몇 명의 소년 소녀들은 뜨개질과 바느질을 했고, 유명할 만큼 장작을 잘 패고 자르고, 심부름을 하면서 수업을 받았는데, 그럼에도 그들의 기독교 공려회는 조금도 얕보이지 않았다. 병든 자들을 위한 위원회는 꽃송이를 한 아름 안고 장밋빛 발그레한 얼굴로 주민들이 병들어 누워 있는 현장을 방문했다. 수많은 환자가 있는 방안에서 환하게 웃는 얼굴은 환자에게 정말로 아주 좋은 약이라는 것이 드러났다.

명단에 있는 모두가 교대로 회의를 진행했으며 관련된 일에 책임과 품위를 느끼게 했다. 해리와 월버와 더글러스가 속해 있는 이 선교위원회는 나중에 존이 추가되었는데, 지체 없이 소책자를 가져와서 나눠주는 일을 했다. 꼬마 외국인 소년들의 참신함은 길거리에서 호기심을 불러일으키면서 이 일을 지원하겠다는 많은 사람을 이끌어 냈다. 병영생활로 막사에 있는 군인들은 책을 받기 위해 높은 창문에서 바구니를 땅에 내려 주었고, 거리의 차들은 그들이 탑승할 때까지 사려 깊게 멈추었고, 열광적인 어느 승객은 차에서 훌쩍 뛰어내렸다.

어느 달 보고서에도 대략 기록했듯이 기독교 공려회를 통해서 3000부의 소책자가 분배되었다. 공려회 소년들은 주일 학교 수업에 또래의 마을 소년을 초대했다. 이 일은 월버가 진두지휘했으며, 금세 수많은 작은 동료들이 매주일 다녀갔다. 월버는 조선어를 읽지도 못하고 마을 소년처럼 행동할 수도 없었고 마을 소년을 가르치기에는 학생들보다 나이가 더 많지도 않았다.

그러나 찬양을 하고 작고 조용하게 이야기를 나누고 난 뒤에 그들은 정기적인 주일 학교로 이끌려 왔다. 이 수업은 보통 상당히 많은 아이들로 가득 찼으며, 어느 정도 청중을 변화시켰다. 한 번 왔던 사람들이 어떻게 계속 오도록 할 수 있는지가 문제였는데, 윌버에게 아이디어가 하나 있었다. 윌버와 해리는 그 문제를 논의하여 3주 동안 정상적으로 오는 사람들은 따로 주선해서 매직 랜턴 쇼(이미지를 움직여 보여주는 간단한 애니메이션 슬라이드 옮긴이)를 약속했다. 그들 중 15명이 신실했는데, 주일 오후 해리 선생은 장난감 손전등을 손에 들고 그들에게 볼거리와 즐길 거리를 제공했다. 해리가 가지고 있는 슬라이드는 대부분 재미있는 것과 같은 슬라이드 모음을 다른 친구에게 빌려왔다. 해리는 슬라이드를 묘사하고 해석할 때 조선인 친구 한 명을 비유하여 품위 있는 농담과 유머를 발휘했으며 모두를 마음껏 기쁘게 해주었다. 어린 강사의 노력에 황홀하게 넋이 빠져 깔깔 웃는 아이들은 기뻐했고 아주 성공적이었다. 게다가 마을 소녀 한 반을 맡고 있던 리라는 학생들의 유익을 위해 이 매직 랜턴 쇼를 다시 해달라는 요청을 받았다. 이것은 어느 또 다른 소년 반을 위한 재요청에 의한 것이었다. 그래서 랜턴 장난감은 하나님 나라에 아주 조금 도움이 되었고, 소년들 두 명이 그 해에 세례를 받았다.

어느 주일 소년들의 소책자가 모두 동났을 때, 그들 아버지의 서재를 헛되게 샅샅이 뒤지고 있었다. 부모들은 조선인을 위한 예배 참석으로 부재중이었다. 그들은 조선인 방문자의 대기실에서 그들이 원했던 것이 정확히 들어 있는 아주 기쁘고 만족스러운 커다란 파일을 찾아냈다. 이것은 당장 재빨리 마지막 종이 한 장까지 분배되었다. 이 소책자는 아이들이 따로 소장하는 한편, 주민을 위해 모두 분배되었다. 어린 선교회는 바로 그날 오후 설교 후, 교외의 마을에 이 책자를 나눠주기로 했고, 시무룩한 얼굴들, 불안한 의심 속에 열광적인 관심으로 찾는 사람의 손에 모두 전해져 하나도 남지 않았다. 특히 그날 책자를 받지 못한 사람은 아무도 없었다. 여러 아버지의 소책자를 훔쳐 간 진짜 범인들이 발견되었을 때, 그 실수는 용납할 수 있는 좋은 품행과 의도였으며, 사람들이 그 소년들에게 책값을 받으라고 설득하는 것은 어려운 일이었다. 하지만 소년들은 아무 말도 듣지 않았고 이 소책자는 전부 꽤 안정적으로 마을에 전해졌다.

아이들을 위한 집

소년들은 크리스마스에 극빈층 어린이를 위하여 집에서 축제를 열기로 했다. 수를 헤아릴 수 없고 친구 하나 없는 조선의 꼬마들이 있었다. 거리의 아이들이거나 노예, 아니면 아마도 그들을 사랑하지 않는 사람들—아마도 불교 사원 또는 무속인의 집—에 의존하는 아이들이었다. 마을에 있던 어느 큰 집과 건강에 좋은 산비탈의 아름다운 땅이 제공되었으며 몇몇 어린이들이 모여들었다.

이 학교에 대한 지원은 아주 불안정하고 위태로웠으며 아버지의 역할이 되어 줄 이사회도 전혀 없었고, 자선 단체의 후원도 없었다. 그래서 이따금 여기저기서 친구들의 도움과 선교사들의 선물, 서울에 있는 외국인들에 의존해야만 했다. 지금 이 학교는 외국인 관리 감독자의 한 명의 월급을 지급하기에도 자금이 부족한 상황이다. 그러나 그들은 여전히 이 학교를 유지하고 있으며 집 없는 작은 친구들을 거리로 되돌려 보내기보다는 마을 주민 관리자와 함께 운영을 계속하고 있다. 위원회의 계획은 어린이들에게 상업을 가르쳐서 가능한 한 빨리 홀로 설 수 있도록 하고, 필요한 자금을 지원하는 것이었다.

그때 조선의 선교사들은 교파를 초월해 모두들 아무것도 없는 이 학교가 아등바등 운영되기보다는 넉넉한 후원으로 제대로 지원되는 것을 희망했다. 이 아이들의 마음은 부도덕과 악에 빠져 있었으며, 정신이 어둠의 권세와 함께 달음질치면서 오래도록 이익을 얻으려는 악으로 겹겹이 둘러싸이기 전에 이들을 구출하려 했다. 그래서 외국인 어린이들은 그들에게 도움을 주기 위해 자신들이 감당할 몫을 계획했다. 모두가 너 그렇게 공헌을 했고 축제가 열릴 때는 그 집으로 갔다. 게임을 하면서 놀아주고 작고 비쩍 마른 아이들에게 가능한 좋은 시간을 선물해주기 위해서였다. 상처를 줄 가능성이 있는 크고 깊은 격차가 그들 사이에 정면으로 인식하지는 못하게 마치 없는 것처럼 아이들이 뛰놀 수 있는 건전한 놀이를 하면서 어울렸다. 그럼에도 불구하고 어둡고 시무룩한 분위기가 있었다. 한쪽은 태어나면서부터 부유하고 종교적인 자유를 가진 어린이로 하나님의 자녀임을 당당히 주장했던 그 숨결은 자유, 깨끗함, 사랑의 호흡이었다. 그들의 삶은 그분의 빛 안에 있었고 그분의 울타리에서 빛나는 진로는 열매와 인생이라는 나무의 꽃들이었으며, 이미 생명수를 마셨고, 그분이 주시는 양식을 먹었던 아이들이었다. 또한 희망의 꿈을 꾸준히 키워왔고 온전해질 날을 향해 환하게, 더욱 환하게 자라났다.

그러나 다른 한쪽은 삶의 끝자락에서 위태롭게 망해 가고 있었다. 이교도 야만의 가엾고 작은 인간쓰레기, 이 버림받은 폐기물과 쓰레기 더미는 역경의 폭발 속에서 살을 에는 듯한 고통을 겪으며 쓰라린 비통함 속에서 벌벌 떨고 있었다. 그 영혼들은 무지, 어둠, 질병, 범죄, 어리석음에 굶주려 있었다. 이곳 쉼터로 그들은 야생 동물보다 나은 희망이나 빛이 없는 상태로 모여들었다. 이 아이들이 외국 어린이들과 친숙해질 즈음 가장 분명하게 진짜 엄마의 사랑에 대한 희미한 깨달음 없이, 집이나 이를 표현할 단어 하나조차 없이, 장래에 대한 아무런 꿈도 없는 상태였다. 하지만 지금은 빛이 흐릿하게 비추기 시작했다. 아이들은 예수님에 대해 이해하기 힘들고 낯선 문제들에 대한 이야기를 들었다. 어느 정도 조금은 그들을 위해 돌아가신, 그들을 사랑했던 한 분(사랑에 대한 그들의 생각은 아주 희미했고, 나와 여러분이 같지 않았음에도), 그리고 이미 그들의 아버지였던 위대한 하나님의 아들이었다는 것을. 그렇지만 아직 아이들은 이 모든 것을 깨닫고 이해하려는 노력을 하지 않았다. 이것은 조선 소년과 여인들에게 너무도 깊이 뿌리내린 고유의 신앙심이 깊은 것이 분명했다. 그러나 가끔 그들은 곰곰이 심사숙고했으며 어느 낯설고 좋은 것, 실제로 그랬던 외국인들이 주는 음식, 옷, 따뜻함, 물질과 신체적, 물리적, 윤리적인 것들이 계속 제공되는 가운데 깨닫고, 그들을 위해 돌아가시고 사랑하셨던 그분과 같은 마음으로 하나가 되었다.

야만의 부랑자들

결국 조선의 아이들과 소수 미국인 사이에 놓인 모든 격차가 완전히 해소되도록 아주 희망이 없는 것은 아니었다. 그러나 많은 부분이 쉽지 않게 보였다. 그럼에도 그들이 감추어 둔 죄악에서 나오기를 간절히 바라시는 숨겨졌던 그분의 사랑은 이 모든 격차를 줄이는 연결 다리가 될 수 있었다.

해리가 11살이었을 때 주민 연합 예배에 참석했고, 해리보다 조금 더 나이가 많았던 소년들과 우애를 맺는데 참여했으며, 많은 사람의 눈이 사랑과 감사의 슬픔으로 젖었을 때 해리는 성찬식에서 분위기가 숙연한 것 같다는 거룩한 충동을 느꼈고, 해리는 조선 교회에 합류하기를 허락해 달라고 애걸을 했다. 그러나 순진한 아이의 충동은 그 소망을 곧바로 실행할지도 모른다는 두려움 가운데, 부모는 2년 동안이나 합류를 연기해 두었지만 그 뒤로는 더 이상 거절할 수 없었으며, 해리뿐만 아니라 나이 많은 세 어린이가 이 교회에 합류했다.

물론 해리보다 어린 소년들 모두가 이것을 역시 고대하고 있었다. 조선 교회에 합류한 아이들의 부모는 위험이 따르는 아주 중요한 책임을 일깨워 주면서 의견을 존중했지만, 이는 내가 그들이 아직 그럴 만하지 않다고 두려워했던 일이다. 해리는 에드먼드가 이에 대한 확신을 거절했던 에피소드를 이야기해 주었다.

"에드먼드, 왜 그래" 존이 말했다. "나는 집에 바로 가서 엄마한테 말할 거야. 네가 해리를 믿지 않는다면 말이야. 너는 해리가 한 사람의 기독교인이고 더욱이 장로교도라는 것을 몰라?" 그래도 에드먼드는 대답이 없었다. 꼬마 의심자는 그런 강력한 주장에도 확신이 서지 않는다며 조용히 입을 다물었다.

내가 해리에 관해 글을 더 쓰기에는 이미 너무 커가고 있었다. 반은 기쁘고 반은 두려운 상태로, 이제는 동양 땅에 있는 모든 미국인 아이들의 생애와 삶, 그 안에서 이와 같았던 해리의 인생에 새로운 한 장이 시작될 것이다. 그들은 부모, 형제, 자매, 친구들과 멀리 떨어져 가고 있었는데 자발적으로 새로운 삶을 시작하기 위해서였고 정말로 그렇게 절대로 어린애들처럼 집에 되돌아오지 않을 작정이었다.

부모들은 이 일을 가능한 한 오랫동안 지연시켜 왔다. 예기치 못한 순간들이 곧바로 따라올 것이라는 생각조차 하기 싫었다. 대부분의 경우 고독하고 외로운 밤을 지키며, 조선 아이들을 위해 눈물을 흘리고 가슴 아파하면서 길은 고통스러운 손가락을 구부리며 주먹을 꽉 움켜쥔 채로 지체 없이 나아갈 때, 먼 훗날 사람들이 '얼마나 창백해 보였는지!' 또는 서로에게 '점점 더 나이가 들었구나. 얼마나 고생스러워 보였는지!'라고 말할 것이다.

희생과 씨앗

\

때때로 소년의 어머니는 아이들과 함께 갔다. 가족이 부재중인 외로운 남편은 홀로 남겨져 있었다. 남편은 멀리서 힘써 수고하고 저 먼 곳에서 혼자 생활하고 있는 아내가 있으며 그의 가슴은 바다 건너 고향에 있을 것이다. 그리고 선교 소년들은 너무 어린 나이로 인도자나 보호자 없이 유혹을 마주치게 되는 시기임에도 불구하고 점점 품에서 떨어져 나가, 이제는 아버지 얼굴을 겨우 알아보았다. 그리고 집 없이도 젊음을 지키고 있는 아이의 남편들은 이런 이유로 아내와 아이를 떠나보낸 채

홀로 지내야만 했으며 이제는 아이를 세상으로 반드시 보내야만 했다. 그 선택은 결코 쉬운 일이 아니었고 양쪽 중에 어느 선택이나 만족할 만하다고 판명되지도 않았다. 우리 미국인은 소위 '교육'이라 불리는 교육 선교 일을 위해 자기 아이를 희생시키는 몰렉(Molech, 아이를 제물로 바치고 섬긴 고대 셈족의 화신)을 만들고, 그것 때문에 우리 아이들과 가정을 희생하고 있는 것인가? 그들 사이에 몇 해 동안, 선교사 가정은 변화의 깊은 시점에 이르렀다. 정말로 형언할 수 없이 가깝고 소중했던 가족을 서로 다시 만나지 않을 작정인 그들에게 가족은 영원히 깨어진 것이 아닌가.

하나, 둘씩 다른 아이들이 가정을 떠날 때 해리는 가장 나이가 많이 들 때까지 남아 있었으며 어느 정도는 혼자 있기도 했다. 어머니와 아버지는 시, 역사, 소설 등 그들이 가장 좋아하는 책과 구독하기에 가장 좋은 고급 잡지를 가져왔으며 다른 것은 주의 깊게 선택하지 않았다. 그들은 장기, 바둑 등을 하며 놀았다. 그들은 새로운 게임 설명서를 보면서 궁리했지만 매우 바쁜 사람들이었다. 해리는 어느 정도 외로운 시간을 보냈고 그런 뒤 어머니 원 목사 부인은 침통하게 자기 가슴에 질문을 던져 보았다. 그녀가 아들을 잘못 인도하고 있는 것은 아닌지, 해리를 고국에서 미국인과 함께 하는 기쁨에 넘치는 젊은 시절에서 떨어뜨려 놓는 것은 아닌지?

불안과 공포의 유령이 아주 가까이에 찾아왔으며 그 고통은 아직도 매일같이 또 다른 수위로 변해 갔다. 하나님은 그 시간들이 찾아올 때 톰킨스 엄마를 도와주셨다. '그렇습니다, 주님, 해리는 그럴 것입니다.' 그리고 아들을 향한 그녀의 가장 애정 깊은 희망은 모든 고통에도 불구하고, 주님이 예비하신 날이 되었을 때 해리는 아마도 조선에서 '하나님의 허락하심으로 복음을 향한 믿음 안으로 걸어 들어갔다'고 일컫는 정말로 큰 영예가 있을 것이다. 그러므로 우리가 넘치는 희망 가운데 있도록 해 주길 바랄 뿐이다.

훗날에는 우리 어린 미국인이 더 행복하고, 문명화되고, 계몽되고, 더 많은 교육을 받은 새로운 조선 민족의 이야기를 써 나갈지도 모른다. 그 진리에 대해, 비본질적이고 나약한 결과들을 모방하면서 만족하는 문명화의 피상적인 허식과 겉치레가 아니라, 이것들은 단지 겉으로 보이는 표면상의 외형에 불과하며, 백성들의 가슴과 심장에서, 민족의 가슴 안에 있는 새로운 생명, 그 안에서 시작되는 진정한 기독교 문화다. 바로 그런 원동력에서 나오는 힘을 가진 한 인생은 이기적이지 않은 그분의 사랑 그 자체이다.

이 사랑은 '삶의 더 숭고한 형태의 사랑스러운 관습, 더 선한 법률'이라는 명쾌하고 확실한 열매를 맺고 그 꽃을 정정당당하게 피울 것이다. 그리고 그들은, '더 이상은 반쯤의 동물 같은 모습을 하지 않을 것이며', 우리가 생각하고 사랑하고 행동하고 희망하며 고생을 겪은 모든 것은 그 안에 존재하는 씨앗이고 꽃이며 열매이다.

부록
호러스 호턴 언더우드 연보

1890 서울 정동에서 장남으로 출생
1906 미국 뉴욕대학 입학
     문과대 교육학과 심리학 전공
1912 장로교 선교부 준선교사로 한국에 입국
1915 연희전문학교 출강
1917 연의전문학교 문과 전임교수
     한국 최초의 사회학 강의 개설
1919 3·1운동과 제암리 사건을 세계에 알림
1925 뉴욕대학 철학박사 학위 수여
1926 한국으로 귀환
1928 연희전문학교 교장 서리 취임
1931 연희전문학교 발전기금 조성을 위한 미국 순회 모금
1934 연희전문학교 3대 교장으로 취임
1940 일제의 탄압으로 명예교장으로 밀려남
1941 일제에 의해 외국인 수용소에 6개월간 수감 후 강제 출국
1944 미국 북장로회 목사 안수
1946 미군정청 검열국 총무 및 연희대학교 명예총장 추대
1947 미군 직위 사임, 연희대학교로 복귀
1949 부인 Ethel Van Wagoner, 연희동 사택에서 공산당에 의해 피살
1951 부산에서 과로로 별세